国家社会科学基金项目"武陵山区散杂居民族的生态适应与文化传承研究"（编号：14XMZ092）中期成果；

教育部人文社会科学研究项目"散杂居民族的文化变迁与文化固守——重庆蒙古族的个案研究"（编号：09XJC850001）成果；

湖北省民宗委民族文化研究项目"武陵山散杂居少数民族非物质文化遗产保护现状与对策研究"（编号：HBMW2012008）中期成果。

武陵文库系列丛书

王希辉 著

从马背到牛背：
散杂居蒙古族社会与文化变迁

——以重庆彭水向家坝村为考察中心

中国社会科学出版社

图书在版编目（CIP）数据

从马背到牛背：散杂居蒙古族社会与文化变迁：以重庆彭水向家坝村为考察中心／王希辉著．—北京：中国社会科学出版社，2015.8
ISBN 978-7-5161-6483-9

Ⅰ.①从… Ⅱ.①王… Ⅲ.①蒙古族—社会生活—研究—中国 Ⅳ.①K281.2

中国版本图书馆 CIP 数据核字（2015）第 152602 号

出 版 人	赵剑英
责任编辑	孔继萍
责任校对	邓雨婷
责任印制	何　艳
出　　版	中国社会科学出版社
社　　址	北京鼓楼西大街甲 158 号
邮　　编	100720
网　　址	http://www.csspw.cn
发 行 部	010-84083685
门 市 部	010-84029450
经　　销	新华书店及其他书店
印刷装订	北京市兴怀印刷厂
版　　次	2015 年 8 月第 1 版
印　　次	2015 年 8 月第 1 次印刷
开　　本	710×1000　1/16
印　　张	18.25
插　　页	2
字　　数	313 千字
定　　价	69.00 元

凡购买中国社会科学出版社图书，如有质量问题请与本社营销中心联系调换
电话：010-84083683
版权所有　侵权必究

序 一

中国是一个多民族的国家，各民族呈现出大杂居、小聚居的分布格局。近年来，散杂居民族研究已成为我国民族学、人类学研究的重要课题，越来越受到学界的关注和重视，出现了一批新的研究成果。这些成果从不同角度探讨了以下问题：第一是散杂居民族格局形成的机理和特点。我国散杂居民族格局有城市散杂居少数民族、农村散杂居少数民族和民族乡散杂居少数民族三种形态。由于受自然、社会、经济、政治、人口、文化等多重因素影响，我国散杂居民族分布具有"广、多、杂、散、偏、弱"等基本特点，散杂居民族问题具有普遍性、广泛性、敏感性和联动性等明显特征，共生互补是散杂居民族关系格局形成的重要原因。第二是散杂居民族问题的应用研究。这类研究侧重于三个方面：一是对民族乡的研究，主要探究了民族乡的设置与历史演变、地位和作用，以及撤乡建镇与民族乡的治理等基本问题；二是对城市散杂居民族和民族问题的研究，主要讨论了我国城市散杂居民族的分布、人口流动、文化融合、族群关系、社区功能以及城市民族工作等问题；三是对农村散杂居民族问题的研究，主要分析了农村散杂居民族的人口流动与生计转型、民族社会变迁与文化调适、民族文化村建设与非物质文化遗产传承、民族特色经济发展与民族文化保护等问题。

这些研究成果从理论和实践两个层面初步建构了我国散杂居民族研究体系，推动了我国散杂居民族研究的发展，拓展了我国民族学学科研究领域。就武陵山区而言，学术界固然对白族、蒙古族、回族、瑶族等散杂居民族的社会文化进行了实地调查与研究，也出版或发表了一些研究成果，但研究深度和广度还略显不够，尤其是对散杂居民族的生态变迁和文化传承研究关注不足。有鉴于此，王希辉以武陵山区散杂居蒙古族为研究对象,将环境变迁、生态适应与民族文化传承问题紧密联系起来进行实地调研,写出了《从马背到牛背:散杂居蒙古族社会与文化变迁——以重庆彭水向家坝村为考察中心》一书,在一定程度上弥补了当前我国散杂居民族研究的缺陷和不足,具有较强的理论价值和现实意义。

这部著作是作者近几年来研究成果的总结。作者通过对武陵山区散杂居蒙古族社会与文化进行田野调查,全面而系统地将散杂居蒙古族的经济生活、宗族治理、社会结构、宗教信仰、民族关系、风俗习惯、文化教育等日常生活内容详细记录下来,立意高远,视野开阔,具有一定的深度和高度。具体而言,我以为,本书具有如下突出价值。

首先,本书通过对武陵山区散杂居蒙古族的生计方式转型与文化选择进行深入调查与剖析,归纳和总结了移入民族"本土化"和"农耕化"转换的内在原因及动力。这不仅发展了传统人类学经济文化类型与文化变迁理论,而且还丰富了我国蒙古学的研究内容,同时在一定程度上也推动了"武陵民族走廊"的理论建构与完善,有利于推动我国民族学学科理论的建设。

其次,本书以长期的田野调查为基础,真实再现了武陵山区散杂居蒙古族的经济与社会发展现状,为相关政府部门民族政策的制定、扶贫开发、生态环境保护、民族文化保护与开发等工作的开展提供了有益的参照。

此外,本书在实地调研过程中,还十分注意收集散杂居蒙古族的集体记忆材料,有助于推动武陵山区散杂居民族非物质文化的保护、传承与利用。

本书综合了人类学、民族学、历史学、生态学、社会学等学科的研究方法,运用生态民族学与人类学文化变迁理论,将武陵山区散杂居民族研究推向了一个新高度。无论从深度还是广度而言,本书都会拓展且突破相关学科的研究领域,字里行间既有高屋建瓴式的宏观洞见,又有日常生活的细微描写,创获良多。所论内容中,如下方面尤富创新意义。

首先是学术理论创新。伴随着社会的急剧变迁、生态适应与文化调适的发生,本书在散杂居蒙古族个案调查与分析的基础上,归纳并提炼出

"文化固守"的新概念，总结了散杂居民族文化固守实现的基本手段和主要特征。这在一定程度上弥补了学术界长期以来仅关注"文化变迁"而忽视客观存在的"文化固守"的缺陷和不足，是一种学术理论的创新。

其次是研究选题创新。本书对散杂居蒙古族的经济社会与文化发展进行了全面而深入的实地调研，这不仅为我国散杂居民族研究提供了新材料和新个案，而且也有助于推进武陵民族走廊研究，选题新颖独到。

最后是研究领域创新。本书将散杂居蒙古族的生态变迁、社会适应与文化传承问题结合起来，探讨了引起散杂居蒙古族文化发生变迁的内外原因以及动力，总结了处于"文化孤岛"的散杂居蒙古族的文化选择与文化适应的内在机制。这就拓宽了我国民族学、人类学的传统研究领域，具有创新性。

本书在作为博士论文提交评审时，就获得了校外盲评专家的好评，并给予了很高的分数，答辩时也以全优通过。例如有校外专家评价道："作者对蒙古族人的居住、生产、生活、习俗、信仰均有全面的把握，体现出该文是一篇长期雕琢而成的态度严谨的论文。作者善于运用历史文献和考古资料加上田野调查的自身感受，使本文具有较强的科学化倾向。尤其是作者将民族文化问题统摄到文化变迁与文化固守的大框架下，除了关注文化变迁的表现形式、变迁原因、变迁的动力机制外，尤其注重文化固守的基本内涵、实现形式、基本特征以及价值取向的追究，这是本书的最具新意之处。"

希辉在华中师范大学历史文化学院学习了三年，为人、为学皆优。他勤于耕耘，善于思考，乐于分享，读博期间形成了良好的学术素养。同时，他也愿意将所学、所作与社会问题相联系，希望自己的研究成果有益于地方社会与文化建设。这种学术责任感是我们历史学者经世致用优良传统的体现，也是我非常赞赏的。

如今，在书稿即将付梓之际，我作为本书的最早读者，非常高兴为之作序。我认为希辉所做的是一项具有开拓性的工作，书中的核心内容和基本观点，在散杂居民族社会与文化研究领域，做出了新的贡献。本书虽然在诸多方面发挥了很好的带头作用，但是散杂居民族研究需要探讨和阐述的问题仍然很多,不是一部著作所能解决的。期待希辉在这一领域继续努力,以本书为基础,将这一课题深入研究下去,站在时代的高度,取得更有价值的学术成果,对中国民族史的研究做出更大的贡献。

姚伟钧
2015 年春于武昌桂子山

序　二

"文化固守"与文化自觉

很感谢希辉博士的抬举，让我有机会写序，这还是生平第一次。在我看来，给别人写序的人，一定是才高八斗、学富五车，要么就是行家里手、资格老道，而我很难算得上，所以心里很是惶恐，又却之不恭，只好写两句，也借此机会，任性地说一下自己对学术的理解。

我与希辉相识、相交近10年。当时，他与同为恩施土家族农家学子、也都是毕业于湖北民族学院的陈沛照老师一起在广西民族大学读硕士时，我们就常常在一起交流，虽然我没有亲自指导他们，但关系很不错，时常往来。毕业后，希辉就联系到重庆长江师范学院工作至今，从一个土家族农家子弟，成长为大学老师，且已评上高级职称，获得博士学位，实乃可喜可贺。

出于学术交流及怀旧目的，希辉好几次邀请我前往重庆市考察。大概是2008年吧，具体记不大清了，终于成行，这也是我第一次去重庆，看三峡，尽管看的更多的是水库与大坝，但也给我以震撼。后来我们又多次在会议上碰面。有次可能是2012年前后我们还专门从武汉绕道怀化，在怀化学院姜又春兄的带领下，考察了好几处抗战遗址。也驱车从重庆到贵州的铜仁等地。正是这些经历，我才有了一些更为深刻的学术感想，也更明白为什么杨承志先生讲"民族学是靠人的两条腿走出来"的道理。

2008年以来，我去得最多的可能就是西南山地民族聚居区这块，学习了贵州、湖北、湖南、重庆、四川、云南等地兄弟院校的科研着力点，以及地方政府在重构民族文化方面所做出的诸多努力，并于2014年在

《思想战线》第 5 期发表了《对文化复杂性的认知：基于中国西南地方文化抒写讨论》一文，讲出了自己关于民族文化认知及现代民族志书写的一些粗浅看法，借此再次感谢希辉、沛照等的帮助与引导。

民族学、人类学如何认知社会或某一群体？毫无疑问就是借助民族志来反映出其文化或者社会结构的独特之处。高丙中老师曾在《广西民族大学学报》（哲学社会科学版）2006 年第 3 期发表过《关于民族志发展的三个时代》一文，里面对民族志写作方式讲得就很清楚。现在我们大多采用的还是马林诺夫斯基倡导的"科学的或规范的民族志"，对文化各部分描述完整，方法得当，最后还要有所升华。从这一点来看，希辉这篇民族志写的就很是标准。

作者从重庆市蒙古族入手，以向家坝村为例，讨论了自元以来重庆蒙古族的社会文化变迁，内容很是全面，在此不必赘述。方法上也很规范，如文献法、文化遗存考证、参与观察等，资料运用得当，可看出笔者的专业功底，以及学科研究方面的娴熟。

记得希辉在工作初始及博士学位论文选题时，就跟我谈及过对重庆蒙古族研究的问题，我当时还不是很看重这样的选题。建议他在学术初发时应注重区域内主体民族或主导文化特征的研究。当时我们还讨论过关于乌江流域族群研究等话题。现在看来，希辉不仅选对了题，而且有了标志性的成果，也绕开了西南山地民族研究的一些成熟话题，弥补了一些研究空白点。从他的这个成果我也悟出了一个道理：虽然中国的 56 个民族都有着其主要聚居地，但是在任何一个地域研究某一个民族都是合理的，也是有可能的。其中的主要原因就是千百年来，中华民族始终处在一个不断迁徙、交流、融合、共同繁荣的过程，这么一个特征在信息化、城市化不断加速的今天，表现得更为明显。

蒙古族可说是入主中原的第一个少数民族。如同中国历史上各个大一统王朝，为了保持帝国的统一与安全，总会派军队、官员、普通百姓来"镇守"边疆地区，这么一个特征在中国西南这一块表现得特别突出。较为明显的几个案例如秦始皇派 50 万大军征岭南，令赵佗率领 50 万秦军长期驻扎岭南，在那里生活、繁衍后代；明太祖朱元璋在洪武十四年（1381 年）派 30 万大军进攻西南，消灭了元朝残余势力，并把军队留在云贵地区，又下令将留成者的父母妻子儿女全部送到成地。在当地，军队的驻防地称为"屯"，移民的居住地称为"堡"，他们的后裔就成为今天居住在贵州安顺的"屯堡人",等等。重庆的蒙古族大致也是同样的原因,这一点希辉的论著中已交代得很清楚。

更重要的问题是我们如何准确把握这些族群特有的文化习俗,以及其在长时期的历史过程中的文化变迁。以重庆蒙古族为例,希辉将之概括为"从马背到牛背",我以为较为准确。马背为游牧,牛背为农耕,以主要生产工具来概括文化变迁,既形象又凝练。当然,同为西南山地民族,重庆是高山大川,与云南、贵州一些少数民族"刀耕火种"式的游耕又有很大的不同,很可惜,希辉在这里没有着笔,少了一点比较视角。这可能与他从"散杂居民族"研究的视角切入有关。

关于散杂居民族的研究,希辉在书中交代得很清楚,这可说是中华民族多元一体结构里的一个典型特征。特别是在城镇化加速的今天,更是值得研究的课题。城镇化有着同质性,但是更多的民族在城市生活、工作、定居,其在文化方面有没有异质性?窃以为,中国的城镇化要避免千城一面的窘境,传承与弘扬民族文化便不失为好的路子。

这便涉及希辉在书中讨论的文化固守问题,实际上这也是作者的点题之处。即作者所说的文化"向后"研究视角。"学术界往往关注到并较多地对社会与文化变迁进行了系统研究,发表或出版了大量研究成果,这值得肯定。但是,在笔者看来,已有的社会与文化变迁研究的价值维度多是'向前',即主要探讨已有的变迁或变化对社会与文化的未来发展产生什么影响、怎样影响和产生什么后果以及要如何应对等,却往往忽视了一种'向后'的新的研究视角,即在已有变迁和发展的过程中,社会与文化体系仍然存在维持'相对稳定的状态'的文化固守,已有研究缺乏对这种文化固守的内在原因、动力机制、基本特性、对文化变迁与社会发展的影响等内容的深入研究和把握,更缺乏对文化固守理论的建构和梳理,这是当前学术界研究中的明显不足"。

从本书来看,从马背到牛背,居于重庆的蒙古族生计方式已有了质的变迁,据理讲其文化也有根本转型。但是事实上,其文化的某些层面如信仰、习俗等,反倒有所强化。希辉将这一文化事象称作"文化相对稳定状态",其原因就在于人们对文化的"固守"。

记得在20世纪80年代,整个社会在讨论中国社会改革与发展时,当时讨论较多的一个问题就是中国传统文化的"超稳定结构",或者历史上形成的中国人的"文化积淀",即某些文化传统积淀为民族心理,成为某种自然而然的生活习惯。在此，也不便于讨论这么宏大的问题，仅想就"固守"说说。

在谈及文化传承时，人类学通常用"文化濡化"来表述与解释，希辉博士以及一些学者用了"文化固守"这个词。希辉原来专门写过一篇文章讨论为什么要用"固守"，我们学报没敢采用，当时我觉得文章还不大成熟，还需要找出更多的文化事象来支撑。今天借此机会，我再谈谈，以便与希辉博士讨教。

文化濡化指的是文化一代接一代地传承，其采用的方式通常是"教化"，譬如"叨陪鲤对"式的日常生活中的潜移默化，读书、考试、毕业等正规的学校教育，口传心授式的师徒传承，等等。其或多或少地都有着"文化自觉"在里面，有着主动、积极的因素。按我的理解，也不知对不对、妥不妥，"文化固守"应是不得已而为之，虽然也有一定的文化自觉，但更多的是"文化责任"、"文化担当"，即一定要这样，要不然就愧对祖宗，难容于天地之间。这样的文化现象在人们的日常生活中常常能够见到，尤其是在中国人身上体现得更为明显。理由是，大凡有文化常识的人都懂得，西方人是敬上帝，人人一律平等；而中国人是敬祖宗，一定要把老祖宗的基因、文化传下去。当然，希辉对之解释的立意更高，"即对少数族群或少数民族文化发展史和文化体系进行重构，以及对少数族群或少数民族文化现象和文化内容进行去伪存真的鉴别"。但是，我觉得不从根本上解决问题，"固守"之意便难以解释清楚。

从价值观上来讲，鲁迅先生笔下曾有个"九斤老太"，是老一代保守思想的代表人物，盲目留恋过去的一切。在近代中国激烈变动的时代，这样的"顽固派"比比皆是。20世纪80年代初中期，我那会儿在上大学，有一个系列丛书，叫作"走向未来"，里面就讲到了许多这样的文化现象。我现在还记得一个例子，说的是当年英国人在上海市修了一条20公里长的铁路，但是当地的遗老乡绅们，觉得火车整天轰隆隆地叫，惊扰了地下祖先的清静，最后凑钱把铁路权买了回来，拆掉了。当然这可说是个极端的例子，但也表明文化的"固守"，应有积极与消极两方面的意义与价值。从积极方面看，就是对传统文化的承接与发展，在保护与传承人类文化多样性方面有着重要的价值；从消极方面看，就是排斥新生事物，拒绝变革，势必被历史所淘汰。

希辉在著作里讲的显然是积极的"固守"，其笔下蒙古族对自己的文化有着深深的眷恋与自豪感。我想正是这样的"文化固守",中华文明才持续不断,绵绵不绝,才在每一次大的社会动荡与转型中,给人以脱胎换骨而又似曾相识之感,这也正是中华民族的"文化自觉"所在。

秦红增
2015 年 4 月于广西民族大学相思湖畔

目　　录

导言 …………………………………………………………（1）
　一　选题缘由与背景 ……………………………………（1）
　二　研究目标、研究路径与基本方法 …………………（2）
　三　研究意义和研究价值 ………………………………（5）
　四　主要内容和基本观点 ………………………………（5）
　五　散杂居民族研究述评 ………………………………（6）
　六　重庆蒙古族研究综述 ………………………………（21）

第一章　重庆蒙古族的散杂居特征及田野点概况 ……（28）
　第一节　重庆蒙古族的族属认定及来源 ………………（28）
　　一　民族识别与族属认定 ………………………………（28）
　　二　民族来源与人口分布 ………………………………（31）
　第二节　重庆蒙古族的散杂居特征 ……………………（36）
　第三节　彭水苗族土家族自治县少数民族简况 ………（38）
　　一　民族来源 ……………………………………………（39）
　　二　民族分布 ……………………………………………（42）
　　三　民族人口 ……………………………………………（43）
　　四　民族关系 ……………………………………………（45）
　第四节　彭水自治县鹿鸣乡向家村基本情况简介 ……（49）
　　一　鹿鸣乡基本情况 ……………………………………（49）
　　二　向家坝村基本概况 …………………………………（50）

第二章　土地制度与经济生活变迁 …… (52)
第一节　新中国成立前重庆蒙古族的经济生活 …… (52)
第二节　重庆蒙古族经济生活的现代变迁 …… (55)
　　一　新中国成立以来向家坝村的土地制度变革 …… (55)
　　二　产业结构的调整与变化 …… (66)
　　三　职业多样化与家庭收入方式转变 …… (92)
本章小结 …… (95)

第三章　血缘、宗族与乡村社会建设 …… (96)
第一节　血缘与宗族制度的演变 …… (96)
第二节　村民自治与乡村社会治理 …… (103)
　　一　村民自治的历史进程 …… (104)
　　二　村民自治与乡村社会建设 …… (105)
本章小结 …… (108)

第四章　婚姻与家庭制度 …… (110)
第一节　婚姻制度的演变 …… (110)
　　一　蒙古族传统婚姻形式 …… (111)
　　二　重庆蒙古族的婚姻形式 …… (113)
　　三　重庆蒙古族婚姻习俗的演变 …… (118)
第二节　家庭制度的变迁与发展 …… (131)
　　一　家庭结构的变动 …… (132)
　　二　家庭规模的缩小 …… (137)
　　三　家庭功能的变迁 …… (141)
本章小结 …… (149)

第五章　民族教育与文化传承 …… (151)
第一节　家庭教育 …… (151)
　　一　道德教育 …… (151)
　　二　劳动技能教育 …… (152)
　　三　审美教育 …… (153)
　　四　民族文化知识教育 …… (154)

五　其他方面的教育 …………………………………………（154）
　第二节　社会教育 ……………………………………………（154）
　第三节　学校教育 ……………………………………………（155）
　　　一　新中国成立前的学校教育 ……………………………（155）
　　　二　新中国成立后的蒙古族教育 …………………………（156）
　本章小结 ………………………………………………………（159）

第六章　民间宗教与丧葬文化 ……………………………………（160）
　第一节　民间宗教与信仰文化 ………………………………（160）
　第二节　丧葬文化 ……………………………………………（169）
　本章小结 ………………………………………………………（173）

第七章　地域、文化与认同 ………………………………………（174）
　第一节　地域认同 ……………………………………………（175）
　　　一　族源地：对北方草原的追溯与认同 …………………（176）
　　　二　居住地：对重庆向家坝的认同和热爱 ………………（178）
　第二节　民族文化认同 ………………………………………（181）
　　　一　对民族历史的关注与强调 ……………………………（182）
　　　二　对民族身份的认同和追溯 ……………………………（186）
　　　三　对民族传统文化的强调和重视 ………………………（190）
　第三节　国家认同 ……………………………………………（194）
　本章小结 ………………………………………………………（198）

第八章　文化遗存与民族记忆 ……………………………………（199）
　第一节　象鼻塞洞与象鼻塞碑 ………………………………（200）
　　　一　碑刻基本情况及内容 …………………………………（200）
　　　二　立碑的原因与历史背景 ………………………………（203）
　　　三　学术意义和研究价值 …………………………………（204）
　第二节　八角庙文化遗址 ……………………………………（205）
　第三节　捆刀洞遗址 …………………………………………（207）
　　　一　《捆刀洞记》的基本内容 ………………………………（207）
　　　二　《捆刀洞记》考释 ………………………………………（209）

第四节　清代墓碑 …………………………………………… (211)
　　　一　张人龙墓碑 ……………………………………………… (211)
　　　二　张人龙妻许氏墓碑 ……………………………………… (212)
　　　三　张学鲁墓碑 ……………………………………………… (213)
　　　四　张桂墓碑 ………………………………………………… (214)
　　　五　张柄妻黄氏墓碑 ………………………………………… (214)
　　　六　谭世武墓碑 ……………………………………………… (215)
　　　七　张经墓碑 ………………………………………………… (215)
　　　八　张志立墓碑 ……………………………………………… (215)
　　　九　谭珏墓碑 ………………………………………………… (216)
　　第五节　军事活动遗址及其他 …………………………………… (217)
　　　一　箭池和马道子遗址 ……………………………………… (217)
　　　二　清代寿圆 ………………………………………………… (218)
　　本章小结 …………………………………………………………… (219)

第九章　风俗习惯 …………………………………………… (220)
　　第一节　服饰习俗 ………………………………………………… (220)
　　　一　蒙古族的传统服饰 ……………………………………… (221)
　　　二　重庆蒙古族服饰的演变 ………………………………… (222)
　　第二节　饮食习俗 ………………………………………………… (225)
　　　一　蒙古族的传统饮食 ……………………………………… (225)
　　　二　重庆蒙古族的饮食变迁 ………………………………… (226)
　　第三节　居住习俗 ………………………………………………… (229)
　　　一　蒙古族的传统居住文化 ………………………………… (229)
　　　二　重庆蒙古族居住文化的变革 …………………………… (230)
　　第四节　出行与交通习俗 ………………………………………… (233)
　　第五节　节日习俗 ………………………………………………… (236)
　　　一　蒙古族的传统节日习俗 ………………………………… (236)
　　　二　重庆蒙古族的节日文化 ………………………………… (237)
　　第六节　其他习俗 ………………………………………………… (239)
　　本章小结 …………………………………………………………… (241)

结论：文化固守的理性思考 ……………………………………（242）
    一　"固"、"守"与"文化固守"的词源学解释 ……………（243）
    二　文化固守的分类及主要实现形式 ……………………（244）
    三　文化固守的基本特征 …………………………………（250）
    四　文化固守理论建构的基本价值取向 …………………（254）

参考文献 ……………………………………………………（258）

附录　重庆向家坝蒙古族调查问卷 ……………………（267）

后记 …………………………………………………………（271）

导　言

一　选题缘由与背景

自著名社会学家、民族学家费孝通先生于1979年提出"民族走廊"的新学术概念以来，"民族走廊学说"得到了很大发展，学术界先后提出了"藏彝走廊"、"土家—苗瑶走廊"、"阿尔泰走廊"、"古氐羌走廊"、"壮侗走廊"等多个"民族走廊"。[1] 其中，"土家—苗瑶走廊"就是费孝通先生所倡导的"武陵民族走廊"。[2] 随后，李绍明先生[3]、李星星[4]、黄柏权[5]等学者不断建构和丰富"武陵民族走廊学说"，取得了较多成果。

武陵地区是位于我国中西结合部、以武陵山脉为中心、地跨湘鄂渝黔四省（市）的一个特殊地理与文化单元。国土幅员总面积11万多平方公里，总人口超过2300万人。其中，包括土家族、苗族、蒙古族、白族、回族、侗族等30多个少数民族在内的人口合计约1100余万人，占到整个人口总数的48%。长期以来，汉族、土家族、苗族、侗族、蒙古族、白族等民族相互交错杂居，形成了富有地域特色和民族特色的南方山地农耕文化。同时，基于特殊的社会历史背景和自然地理原因，武陵地区不仅是东进、西出、北上、南下的重要通道，而且更是我国中原文化与西南少数

---

[1] 李星星：《论"民族走廊"及"二纵三横"的格局》，《中华文化论坛》2005年第3期。

[2] 黄柏权：《费孝通先生与"武陵民族走廊"研究》，《中南民族大学学报》（人文社会科学版）2010年第4期。

[3] 李绍明：《论武陵民族区与民族走廊研究》，《湖北民族学院学报》（哲学社会科学版）2007年第3期。

[4] 李星星：《论"民族走廊"及"二纵三横"的格局》，《中华文化论坛》2005年第3期；《再论"民族走廊"：兼谈"巫山—武陵走廊"》，《广西民族大学学报》（哲学社会科学版）2013年第2期。

[5] 黄柏权：《武陵民族走廊及其主要通道》，《三峡大学学报》（人文社会科学版）2007年第6期。

民族文化的交融地带、中东部发达地区与西部欠发达地区的分水岭和地理分界线。因此，不断推进和强化武陵地区少数民族和少数民族社会与文化研究，不断建构和丰富"武陵民族走廊学说"的内涵与特质，具有极强的理论价值和现实意义。

自 2008 年以来，在我国西藏自治区拉萨"3·14 事件"、北京奥运火炬传递干扰事件以及新疆维吾尔自治区境内出现的一系列暴力恐怖袭击事件发生后，中央政府和社会各界都关注到了中国当下切实存在的民族问题。因此，对祖国内陆腹地散杂居蒙古族社会与文化进行调查与研究、真实把握内地蒙古族经济与社会发展实际，也具有极强的现实价值。

同时，历史上，蒙古族是一个聚居在我国北方草原的游牧民族。自元代以来，由于军事征战、移民等多种原因，部分蒙古族及其先民在向南迁徙的过程中进入武陵山区并定居下来，逐渐转化成了武陵山区人口较多、分布也较广泛的散杂居少数民族，为开发和建设武陵地区、推动武陵地区经济与社会发展做出了重要历史贡献。因而，不断加强对武陵地区蒙古族社会与文化的研究，不仅具有进行"文化孤岛"研究的样本意义，而且还对推动武陵山区经济与民族社会发展、带动武陵山区少数民族脱贫致富等都具有重要实践价值。

基于对散杂居民族的长期关注和学术积累，2009 年，笔者主持申报的教育部人文社会科学青年项目《散杂居民族的文化变迁与文化固守——重庆蒙古族的个案研究》获准立项，这为武陵山片区散杂居蒙古族的调查与研究提供了有力支持。于是，在对武陵地区散杂居蒙古族进行前期调查与研究积累的基础上，经笔者申请、博士研究生导师姚伟钧教授同意，笔者以"从马背到牛背：散杂居蒙古族社会与文化变迁——以重庆彭水向家坝村为考察中心"为题来撰写博士研究生学位论文，试图从文化人类学"文化变迁与文化固守"的角度来探讨我国南方山地农耕区北方移入民族的社会与文化变迁和文化固守问题。

二 研究目标、研究路径与基本方法

（一）研究目标

本书的主要研究对象是散杂居民族，研究与调查个案为重庆蒙古族。通过个案调查与研究，在实证分析和理论探索的基础上，主要研究目标如下。

第一，散杂居蒙古族的文化变迁与发展问题。主要讨论在周边强势文化的影响下，散杂居蒙古族文化生态发生的巨大变化以及在物质文化与精神文化领域的具体表现。

第二，散杂居蒙古族的文化固守。分析在社会变迁的大背景下，散杂居蒙古族民族文化通过集体记忆与社会记忆、仪式与展演、文化固守与重构等方式维持民族边界与民族认同，以及在文化体系各方面的体现。

第三，重庆蒙古族在与周边汉族、苗族、土家族以及其他民族文化的交融与互动。通过分析散杂居蒙古族文化发生变迁的原因、文化涵化与文化调适、文化固守的方式与手段等，揭示散杂居民族文化自觉的内在规律。

（二）研究路径

文化变迁是一种永恒现象。从文化变迁的角度入手，探究处于"文化孤岛"状态的散杂居民族的文化固守问题，是学术理论研究的新探索，具有一定的开创性。鉴于学术界还没有成熟的研究理论和研究模式，为做好调查与研究工作，本书坚持"从实求是"，"理论—实践—理论—再实践—再理论"的研究思路，以人类学、民族学实地田野调查和文化比较研究为基本研究方法，广泛收集各种历史文献资料，以较长时段的实地调查获得第一手田野调查资料和个案，并在借鉴我国当下学术界散杂居民族研究经验的基础上，兼具本土根基和宏观视野，突出学术理论研究与具体实践操作相结合，紧紧围绕文化的变迁与固守主题，坚持历史文献资料和田野调查材料并重原则，进行踏踏实实的田野调查和文献整理工作，以做好本研究的调查和研究工作。

在整个调查和研究过程中，笔者严格按照研究计划开展调查研究。

第一，对已有资料进行整理、分析。基于长期以来从事民族学人类学等相关学科的教学和研究工作，以及专注于探讨少数民族社会变迁与文化适应问题，收集、积累了大量的相关散杂居民族社会和少数民族社区的文献资料与田野资料，通过对这些已有资料的整理、分析，可为本书的田野调查和理论剖析奠定基础。

第二，组织好调查团队，进行实地研究。本书选取重庆市彭水苗族土家族自治县向家坝蒙古族村这一典型蒙古族散杂居社区为田野点，并进行深入的人类学、民族学田野调查与研究，总结出南方山地农耕区散杂居少数民族文化变迁与文化固守的规律及特征等。

第三，多次调查与补充调查。重庆蒙古族农民们的活动有时令性，农忙、农闲、节假日的表现各有所不同，这就得选择不同的时期进行多次田野调查。

另外，在本书的调查与撰写过程中，多次进行补充调查，以保证信息的时效性和全面性。

（三）基本方法

在调查与研究的具体操作过程中，在多学科、跨地域比较研究的基础上，尽力实现理论与实践相结合、文献与田野相结合、点与面相结合，主要采取了以下研究方法。

第一，田野调查法。经过分析后，本研究选择重庆市彭水苗族土家族自治县鹿鸣乡向家坝村蒙古族为田野调查对象，通过实地观察、召开座谈会、面对面访谈、拉家常、开放式问卷等多种手段，全面了解和把握重庆散杂居蒙古族民众的社会生产、生活面貌，内容主要涉及当地的经济、社会、文化、教育、历史记忆等方面的基本情况，切实感受和体验当地蒙古族民族的真实生产、生活样态，以获得第一手的田野调查材料。

第二，问卷调查法。为搞清散杂居蒙古族的文化认同现状和进一步量化分析，根据需要自行设计非标准化问卷，内容涉及散杂居蒙古族的民族历史、教育文化、民族认同、国家认同、地域认同、风俗习惯等内容，以全面把握和了解重庆散杂居蒙古族社会与文化心态。

第三，历史文献法。通过多次实地考察，收集《彭水苗族土家族自治县概况》《重庆市民族志》《彭水苗族土家族自治县民族宗教志》《彭水县志》《蒙古族通史》《蒙古族社会历史调查》《蒙古族风俗志》《蒙古族——内蒙古正蓝旗巴彦胡舒嘎查调查》《蒙古族简史》、族谱、墓碑、清代匾额等大量地方史志文献和学术成果以及第一手实地调查材料，这些资料的收集与整理为本研究的进一步深入研究奠定了坚实的基础。

第四，比较研究法。本书将北方草原蒙古族、西南蒙古族尤其是云南省蒙古族以及湖北省蒙古族等不同地域蒙古族的社会文化进行深入考察和跨地域、跨时空比较，总结和归纳重庆蒙古族社会与文化特征、演变与发展规律等。

三　研究意义和研究价值

（一）理论价值

第一，本书把民族学和文化人类学的散杂居民族研究、乡村社会变迁研究、社会主义新农村建设与城乡统筹发展研究相结合，深化了民族学的应用研究。

第二，本书以重庆蒙古族为研究对象，不仅有利于总结我国南方山地农耕区蒙古族的社会变迁与文化适应规律，而且还可以为蒙古学研究提供新个案和新材料，并推动重庆蒙古族研究的发展。

第三，本书还有利于我国散杂居民族尤其是南方山地农耕区散杂居民族研究一般模式的总结和探讨。

（二）应用价值

第一，本书将实地考察散杂居蒙古族社会现状，有助于构建社会主义和谐社会，推动重庆社会主义新农村建设与城乡统筹发展。

第二，本书在调查的同时，将注意收集属于集体记忆的各类资料，从而有益于散杂居蒙古族非物质文化遗产的收集、整理、保护与开发。

第三，通过本书的调研与写作，在一定程度上还有益于强化重庆蒙古族的民族认同和国家认同，提升民族自尊心和自信心，增强中华民族认同，同时也有利于用实地调查来消除"重庆没有蒙古族"的误解，为重庆蒙古族村落文化建设提供一定的依据。

四　主要内容和基本观点

（一）主要内容

本书主要包括以下内容。

第一，重庆蒙古族社会的民族志书写。通过文献检索与田野调查，全面展示重庆蒙古族社会与文化，将山地农耕区散杂居蒙古族的经济生活、社区治理与发展、宗教信仰、风俗习惯、文化教育、民族认同等内容记录下来。

第二，散杂居蒙古族的社会与文化变迁。在田野调查和文献资料的基础上，具体研究蒙古族衣、食、住、行、用等民族事象的变迁与发展，分析蒙古族经济生活与生计方式、风俗习惯、民间信仰、婚丧嫁娶、道德伦理等文化特质的转型与变化。

第三，散杂居蒙古族社会变迁的归因分析。通过归纳、分析，总结散杂居蒙古族文化变迁的规律和特点，探究引起变迁的主要原因以及动力。

第四，散杂居蒙古族的族群认同与族群边界。在外来文化的冲击下，散杂居蒙古族社会总是通过风俗习惯、宗教信仰、生活方式、心理认同等集体记忆来维持自身的族群边界，固守自己民族文化的"根"。

第五，散杂居蒙古族文化固守的理论分析。作为一个人口较少的特殊族群，重庆蒙古族文化固守的手段、方法、规律以及内在原因。

(二) 基本观点

在长时间实地田野调查和研究的基础上，经认真分析第一手田野调查材料和历史文献资料，笔者认为，散杂居蒙古族的文化变迁与文化固守具有自己的特点和规律。

第一，从变迁的内容来说，重庆蒙古族在衣、食、住、行、用等民族文化事象上发生了巨大变迁，民族风俗与信仰、婚丧嫁娶、道德伦理等文化特质也随之发生改变。

第二，从文化变迁的原因来说，引起散杂居蒙古族文化变迁的原因有内部原因，也有外部原因。但是，外部原因是主要原因。内部原因和外部原因的共同作用，推动了重庆蒙古族的社会与文化变迁不断向前发展。

第三，从变迁的动力机制来说，散杂居蒙古族社会变迁的主要动力体现在现代科学技术、经济发展以及国家政策的引导等多个方面，尤其是近代社会代表国家权力的"大传统"对散杂居蒙古族社会与文化体系的全面"渗入"，迅速改变着蒙古族的传统社会与文化结构，带来了社会的急剧变迁与发展。

第四，从文化变迁本身来说，在文化变迁的同时，重庆蒙古族仍然通过重修族谱、碑刻、民族传说、集体记忆、制度与风俗等多方面的方式来维持和不断强化自己的民族边界与民族认同，这是一种明显的文化自觉行为。

五　散杂居民族研究述评

散杂居民族是我国民族大家庭的重要组成部分。长期以来，因各种客观因素和主观原因的影响，学术界多关注我国的聚居民族研究，而对人口数量较大、分布地域甚广的散杂居民族研究关注不多。自20世纪80年代以来，随着我国改革开放政策的逐步深入推进和国家政策的大力调整，我国少数民族人口流动地域迅速扩大，流动规模激增，散杂居化趋势进一步增强。因此，学术界逐渐关注并强化对我国散杂居民族理论和散杂居民族工作实践的调查研究，取得了一系列成果，推动了我国民族研究尤其是散杂居民族研究工作的深入开展，拓展了我国民族研究的新领域，丰富和发展了具有中国特色的民族研究理论。

自20世纪90年代以来，社会各界对散杂居民族的关注度进一步提高，学术界也逐渐强化散杂居民族研究并取得了一系列成果，初步奠定了我国散杂居民族研究学术架构。就研究成果来说，当前，国内学术界对散杂居民族研究主要集中在两个方面：第一，少数民族散杂居格局形成的机理分析；第二，散杂居民族问题探讨。上述两方面从理论和实践层面初步建构了我国散杂居民族研究的基本框架，搭建了散杂居民族的学术研究平台。[①]

（一）散杂居民族理论研究

散杂居是我国少数民族的一种重要分布形式。从词汇角度来说，散杂居是散居和杂居的综合体，散杂居民族是相当于聚居民族而言的一种客观存在。因此，散杂居民族理论研究主要集中讨论以下内容。

1. 散杂居民族格局的形成与历史演进

于衍学对散居少数民族、杂居民族和散杂居民族等核心概念及其提法进行了系统梳理和分析[②]，这是推进我国散杂居民族研究深入发展的重要前提和基础。青年学者李克建从历史的高度提出，我国多民族"大杂居、小聚居"的分布状态，不仅是我国各民族自然分布状态的历史延续，而且也是两千多年来我国多民族迁徙和人口流动的结果，更是我国古代各民族互动和民族融合的自然产物。[③] 陆平辉和康占北认为，由于自然环境与社会历史、经济与政治、人口与文化等诸多因素的影响，我国"大杂居、小聚居"的分布格局经历了古代、近代、现代等三个历史时期。[④]

[①] 王希辉、马广成：《中国散杂居民族研究反思》，《北方民族大学学报》（哲学社会科学版）2015年第1期。

[②] 于衍学：《散杂居少数民族有关理论的系列研究与探索》，《社科纵横》2006年第4期。

[③] 李克建：《中国民族分布格局的形成及历史演变》，《西南民族大学学报》（人文社会科学版）2007年第9期。

[④] 陆平辉、康占北：《中国民族散居化的历史与原因考察》，《贵州民族研究》2008年第5期。

2. 散杂居民族分布与特点

中南民族大学许宪隆先生从宏观角度归纳了我国散杂居民族分布具有广、多、杂、散、偏、弱等特点。[①] 李吉和教授认为，我国中东部地区城市少数民族具有大分散、小集中、散居化等明显特征，民族文化显性特征弱化而民族认同意识逐渐增强，从业多样化，社会分层明显，这些都会对民族关系产生重要影响。苏晨光则认为北京市少数民族具有人口数量非自然变动大、世居民族多、"大分散、小聚居"格局明显等特点。[②] 王锋在对宁夏回族自治区进行调查的基础上分析了当代我国少数民族人口散、杂居现状与发展态势。[③]

3. 散杂居民族关系与民族政策理论

岳雪莲博士从共生互补的视角总结了我国散杂居民族关系的特点：民族构成的多样性与分布的广泛性、居住地域的交叉性与生活的交融性、社会交往的联动性与流动的扩散性、民族意识的自觉性与行为的同步性、风俗习惯的相容性与信仰的重叠性、民族竞争的互惠性与利益的协同性、民族发展的层次性与目标的一致性。[④] 张丽剑博士认为，散杂居的弱势性决定了我国的散杂居民族关系成为新时期民族关系的重要焦点。基于经济因素而产生的劳动力流动，严重影响了我国散杂居民族关系。[⑤] 李吉和、周彩云则认为，伴随着城市化进程步伐的不断加快，我国城市民族关系呈现出复杂性、敏感性、利益性、广泛性和转化性等主要特点。[⑥]

在散杂居民族政策理论层面，学者马余文对新中国成立前中国共产党对散杂居民族的政策进行了讨论和分析，认为这对当前我国散杂居民族政

[①] 《中国民族》记者问，许宪隆答：《共生互补：构建和谐的散杂居民族地区——访中南民族大学民族学与社会学学院院长许宪隆》，《中国民族》2008年第1期。

[②] 苏晨光：《北京市少数民族人口散杂居状况的特点》，《中国民族报》2006年7月7日。

[③] 王锋：《当代我国少数民族人口散、杂居现状与发展态势研究——以宁夏回族自治区实证分析为例》，《人口与经济》2006年第5期。

[④] 岳雪莲：《共生互补视角下中国散杂居民族关系的特点》，《广西民族研究》2010年第2期。

[⑤] 张丽剑：《新时期散杂居民族关系的焦点》，《中南民族大学学报》（人文社会科学版）2007年第4期。

[⑥] 李吉和、周彩云：《我国中、东部地区城市民族关系特点刍议》，《中南民族大学学报》（人文社会科学版）2007年第4期。

策的制定和进一步完善具有极强的现实意义和价值。① 同时，沈林与李志荣合作编写的《散杂居民族工作政策法规选编》②一书，主要由《宪法关于散杂居民族权利的规定》《法律、行政法规、规章关于散杂居民族权利的规定》和《地方法规关于散杂居民族权利的规定》等三编组成，系统收录了自新中国成立以来我国政府制定并颁布的涉及散杂居民族权益保障的各种政策、法规，附录部分还汇集了世界各国关于散杂居民族社会基本权益保障的相关法律。这是关于我国散杂居民族政策和散杂居民族工作的基本资料。

4. 散杂居民族问题理论研究

雷振扬教授主编的《散杂居民族问题研究》③一书，是迄今为止散杂居民族问题理论研究的最新成果。该著作在实地田野调查的基础上，主要探讨了散杂居地区民族关系、城市少数民族流动人口、少数民族权益保障研究、民族工作研究、少数民族与民族社区研究、民族经济研究等六大方面内容，宏观探讨与个案调查结合、理论探讨与实践研究并重，具有重要的理论价值和现实指导意义。

5. 其他方面

河南大学原思明对新中国成立60年来的散杂居民族工作进行系统回顾与总结。他认为，新中国成立以来，我国先后建立并巩固了平等、团结、互助的社会主义新型民族关系，建立了一批适合我国散杂居地区实际的民族乡。尤其是改革开放以来，我国散杂居民族工作进入全面、快速发展时期，取得了很大成绩。在他看来，未来要进一步重视和加强调查研究，关注民族团结进步事业，强化和重视民族人才培养选拔工作，真正关注并做好散杂居民族工作。④

（二）散杂居民族问题研究

对于散杂居民族，学术界已基本形成一定的共识，即散杂居民族是相对于聚居民族而言，是一个比较层面的学术概念。散杂居民族主要包括三

---

① 马余文：《新中国成立前我们党对散杂居民族的政策》，《黑龙江民族丛刊》1987年第3期。
② 沈林、李志荣编：《散杂居民族工作政策法规选编》，民族出版社2000年版。
③ 雷振扬主编：《散杂居民族问题研究》，民族出版社2011年版。
④ 原思明：《新中国60年散杂居民族工作的历程与思考》，《中国民族报》2009年11月20日，第5版。

种形态：第一种，城市少数民族；第二种，农村地区散杂居少数民族；第三种，民族乡散杂居少数民族。因此，对我国散杂居民族问题研究的学理回顾与梳理，将主要从以下三个方面来展开。

1. 民族乡理论与实践研究

在宏观层面，主要有《中国的民族乡》[1]《中国民族乡统计分析与对策研究》[2]《民族乡政府管理》[3] 和《民族乡政府管理研究》[4]。《中国的民族乡》是我国民族乡理论与实践研究的集大成作。该著作对我国民族乡的形成与发展、工作原则与基本内容、取得的成就与积累的经验、民族乡的理论建构以及民族乡制度的修订和完善等内容进行了详尽叙述。《中国民族乡统计分析与对策研究》一书包括上、下两篇。上篇主要叙述了民族乡的民族工作、民族乡基本情况统计与分析、专项统计与分析、经济发展情况分析和民族乡工作思路及工作经验总结等内容，下篇则主要对全国所有省（自治区、直辖市）民族乡的资料收集与统计。可以认为，该书的最大亮点在于资料的全面性和系统性。《民族乡政府管理》则从管理学角度对我国民族乡的管理进行调查研究，主要包括民族乡的行政环境、法律地位和管理权限、政府机构及构成、政府职能、决策过程、行政执行、行政监督以及民族乡的人事管理、公共财政、政府发展等基本内容，是迄今为止民族乡政府管理研究的最新成果。《民族乡政府管理》则将民族乡置于"县—乡—村"系统中进行考察，全书对民族乡政府管理定位、县乡领导体制与民族乡政府管理、政村治格局与民族乡政府管理、民族乡政府管理的改革与完善等角度进行讨论，视角新颖。

同时，原广西民族问题研究中心主任覃乃昌研究员认为，民族乡是根据我国宪法和其他法律在少数民族杂居地区建立的乡一级基层行政区域，但我国的民族乡与一般乡都有很大区别，体现出了一定的自治性质，是对我国民族区域自治制度的重要补充。因此，他建议要进一步明确我国民族乡的性质和重要地位。[5] 对民族乡的治理问题，吴开松和张中祥指出，我

---

[1] 沈林等：《中国的民族乡》，民族出版社2001年版。
[2] 铁木尔、赵显人：《中国民族乡统计分析与对策研究》，民族出版社2001年版。
[3] 李俊清等：《民族乡政府管理》，人民出版社2009年版。
[4] 许才明：《民族乡政府管理研究》，博士学位论文，中央民族大学，2005年。
[5] 覃乃昌：《关于民族乡的几个问题》，《民族研究》2002年第3期。

国民族乡的治理还面临着环境的复杂性、权力的双重性和职能的外延性等主要问题，因此，应全面提高认识、落实相关政策、建立健全法制、转变政府职能、提升素质、传承民族文化等才是实现民族乡和谐治理的基本途径。①

2. 城市散杂居民族和民族问题研究

在这一领域，学术界的现有研究主要集中在城市散杂居民族关系研究、城市少数民族人口流动与民族融合、散杂居地区的城市民族工作、散杂居地区城市民族关系机制以及散杂居城市民族社区功能等方面。

第一，城市散杂居民族关系研究。在宏观层面，马戎和陈乐齐对城市散杂居民族关系进行系统调研和分析，并对我国的城市民族问题进行深层次思考。马戎认为，在我国不断深化体制改革和社会主义市场经济发展过程中，人口流动给我国的民族关系带来了新问题和新情况。必须强化调查研究，对症下药，解决少数民族在城市的工作与生活问题，加强团结，增强凝聚力，进而形成良好、和谐的民族关系。②同时，陈乐齐提出，随着我国市场经济的发展和城市化的推进，我国少数民族的散居化、城市化发展局面越发明显。要不断强化城市服务和管理职能，建立健全完善的社会管理机制和公共服务体系。③

在微观层面，李吉和教授对湖北武汉市的城市民族关系进行了实地调查与实证研究。他提出，武汉市要制定和规范民族法规法律，扩大民族间的交往和通婚范围，强化民族间的理解和互信，搞好城市民族关系。④陈纪则以天津市J社区为研究个案，在具体分析族员与居委会以及不同族员之间合作的基础上提出了四种原类型：制度性合作、志愿性合作、情感性合作和冲突性合作。⑤许燕在洛阳瀍河回族区个案调查基础上，从民族居住格局、民族交往、通婚以及宗教因素等角度分析了回、汉民族之间的民

---

① 吴开松、张中祥：《民族乡治理之道》，《华中师范大学学报》（人文社会科学版）2008年第4期。
② 马戎：《关于当前中国城市民族关系的几点思考》，《西北民族研究》2009年第1期。
③ 陈乐齐：《我国城市民族关系问题及其对策研究》，《中南民族大学学报》（人文社会科学版）2006年第5期。
④ 李吉和：《武汉市城市民族关系研究》，《中南民族大学学报》（人文社会科学版）2008年第4期。
⑤ 陈纪：《大城市散杂居社区的族际关系——天津市J社区的个案研究》，《青年研究》2007年第12期。

族关系，提出了对构建和谐民族关系的良性运转机制的对策和主要建议。①

第二，城市少数民族人口流动与民族融合问题。李吉和教授认为，首先，对城市少数民族流动人口的研究还不够深入和细致。其次，从民族工作角度、宏观上概括性多，而从民族学、人类学、人口学、社会学等多学科进行综合、交叉研究的成果很少，尤其是理论研究与实际工作结合得不够紧密。再次，研究的内容和方法也还尚需进一步扩展。对城市少数民族流动人口的权益保障、心理状态、社会支持与社会适应、对民族关系的影响及应对的措施等问题的研究也才刚刚起步，需要深化。另外，少数民族流动人口进入城市后自身文化的变化、对民族地区经济社会的影响和民族文化的冲击、流动人口的民族文化传承与教育问题、少数民族流动人口的族际通婚问题等，既需要进行宏观的研究，又需要微观个案的实证调查与研究。②

关溪莹、贾海薇两位学者在广东省广州市满族人口变迁个案的基础上认为，改革开放以来我国传统城市散杂居民族的居住格局逐渐被打破，自然分散趋势越发明显。城市散杂居民族通过保存民族节日、增强内部凝聚力等多种方式来维持自己的身份认同和族群边界，进而获得更多的社会流动机会和权益。③

江曼琦、翁羽认为，应遵循"发展产业、扩充岗位、加强培训、辅助就业"的政策导向和基本思路来解决城市散杂居民族的就业问题。发展民族特色产业培育，加强民族语言和基本技能的培训，提升并完善服务质量，辅助和关怀他们在城市的就业。④

第三，散杂居地区的城市民族工作研究。金铭认为，人口流动加快了我国散杂居地区城市多元化的进程，促进了城市人口的多民族化。这样的局面给我国散杂居地区城市民族工作带来了新问题和新挑战。他提出，做

---

① 许燕：《散杂居回汉民族关系调查与研究——以洛阳瀍河回族区为例》，硕士学位论文，中央民族大学，2007年。
② 李吉和：《近年来城市少数民族流动人口研究综述》，《西北第二民族学院学报》（哲学社会科学版）2008年第3期。
③ 关溪莹、贾海薇：《城市散杂居少数民族的融合与发展——广州世居满族文化重建过程中的人口变迁》，《社会科学论坛》（下）2008年第8期。
④ 江曼琦、翁羽：《散杂居城市少数民族就业竞争力与对策研究》，《城市发展研究》2009年第2期。

好散杂居民族的城市民族工作，必须要做好如下四点：第一，加强散杂居地区的民族团结进步宣传教育；第二，完善我国散杂居地区的少数民族权益保障立法；第三，创新散杂居地区的少数民族体制建设；第四，建立健全散杂居地区的少数民族监督体制。李吉和、周彩云认为，要建构政府主导型散杂居城市和谐民族关系机制，经济发展是基础，体制机制是前提，宣传教育是推动力，工作机制是基本手段。[①]

同时，李吉和教授还对现代城市散杂居民族社区功能进行了讨论。他认为，城市散杂居民族社区具有重要的经济功能、文化功能和政治功能，是城市民族传统文化保留和进行传承的文化空间，在城市化进程中要保留和建设好具有特色的民族社区。[②] 赵永忠提出，当下我国城市散杂居民族关系呈现出很强的联动性特征。这种联动性主要体现在农村与城市、不同城市之间、内地与边疆、国内与国外等四方面的联动，对我国城市散杂居民族关系造成了重要影响，必须构建城市散杂居和谐民族关系。[③]

此外，对于和谐社会建设与散杂居民族关系问题，沈再新提出，和谐社会构建将对我国散杂居民族关系产生重要影响，尤其可能会出现因经济方面的权益或利益、民族意识增强、宗教信仰不同、风俗习惯的差异、民族工作中因思想认识上的偏差等原因而产生不和谐因素，因此，要不断加强马克思主义民族理论和党的民族政策的宣传教育活动，进一步打牢构建和谐社会的思想基础和群众基础；加快散杂居地区的经济发展步伐，努力缩小地区差距和民族差距；推进少数民族传统文化的现代转型，实现民族文化和现代化的协调；加强民族法制建设，为协调民族关系、保护少数民族权益提供法制保障；大力培养高素质的少数民族干部队伍，为加快少数民族和散杂居地区经济社会发展提供智力支持和人才保证，处理并解决好在构建和谐社会历史进程中出现的不和谐民族关系。[④]

关于城市散杂居少数民族教育发展问题，刘明新和师丽华提出，散杂

---

① 李吉和、周彩云：《政府主导型散杂居城市和谐民族关系机制探讨——以河南省南阳市为例》，《黑龙江民族丛刊》2007年第5期。

② 李吉和：《现代城市民族社区功能探析——以武汉市回族社区为例》，《中南民族大学学报》（人文社会科学版）2006年第1期。

③ 赵永忠：《论当前城市散杂居民族关系的联动性》，《社科纵横》2010年第3期。

④ 沈再新：《论和谐社会构建对散杂居民族关系的影响》，《中南民族大学学报》（人文社会科学版）2007年第4期。

居地区的少数民族教育工作是我国民族工作的重要组成部分。少数民族教育发展在考虑和兼顾国家统一发展与需要的同时，还应关注并发扬自身的民族文化特色与历史传统。①

3. 农村散杂居民族问题研究

在农村散杂居民族研究中，学术界主要围绕人口流动农村散杂居地区经济发展、农村散杂居地区民族文化的保护与开发、散杂居少数民族社会等方面进行调查与研究，取得了较多成果。

第一，农村散杂居民族地区人口流动与经济发展研究。赵建国提出，推动散杂居民族经济发展，就要发挥优势，打造特色，培育主导产业。②田敏教授等学者在个案分析基础上认为，少数民族劳动力进城打工促进了民族地区社会的稳定和发展，也是当前解决我国少数民族地区"三农"问题的现实办法。③王希辉认为，散杂居民族地区打工族的出现带来了我国西部地区散杂居民族的土地观念④、婚育习俗、养老方式以及生产、生活方式的巨大变迁。他认为，打工族的出现既是少数民族社会文化变迁的重要原因，同时也是社会文化变迁的结果。⑤

第二，农村散杂居文化保护与文化传承研究。吴梦宝、楼跃文提出，散杂居民族文化的保护与传承，一要明确民族文化保护和开发的责任主体，二要制定民族文化保护和开发的可持续发展战略，三要探寻民族文化保护和开发的有效途径：重视民族文化理论研究，扶持民族文化资料的抢救、整理和挖掘；开展丰富多彩的民族文化活动，满足少数民族群众的文化生活需求；培养和壮大少数民族文化艺术人才队伍，繁荣民族文化产品的创作；加快文化产业开发，建立文化产业多元化投入机制。⑥ 在童莹看来，散杂居民族文化传承生境的改变是引起散杂居民族文化变迁，也是其

---

① 刘明新、师丽华：《散杂居少数民族教育现状与思考——以山东省青州市回、满族教育为例》，《民族教育研究》2008年第5期。
② 赵建国：《散居少数民族发展特色经济的措施》，《黑龙江民族丛刊》2008年第1期。
③ 田敏、沈再新：《论少数民族劳动力打工的原因及其影响——以鄂西南革勒车乡桐麻村为例》，《广西民族学院学报》（哲学社会科学版）2005年第5期。
④ 王希辉：《民族杂居山区农民工与农民土地意识变迁——以乌江下游小王村为个案》，《湖北民族学院学报》（哲学社会科学版）2007年第1期。
⑤ 王希辉：《"打工族"与西部民族杂居山区的社会文化变迁——以湖北省恩施土家族苗族自治州小王村为例》，《重庆邮电大学学报》（社会科学版）2007年第4期。
⑥ 吴梦宝、楼跃文：《少数民族散杂居地区民族文化的保护与开发——以畲族文化为例》，《中国民族》2004年第11期。

至引起文化消亡的重要原因。在湖北省松滋市卸甲坪土家族乡个案调查的基础上，她分析并归纳了我国散杂居民族地区文化的传承生境及生成原因，提出了重构文化传承生境的意见和建议。①

第三，散杂居少数民族社会研究。在散杂居民族社会研究中，学术界对散杂居民族文化互动与社会交往、散杂居白族、散杂居回族以及散杂居蒙古族、侗族等进行了较为深入的调查与研究，推动了散杂居民族研究的发展。

关于散杂居民族文化互动与社会交往研究。沈再新、唐胡浩认为，基于散杂居特性，散杂居民族往往借助民族口传历史、民族传统节日、特殊习俗、族群内部暗语等多种文化事项来不断凸显和强化对本民族的文化认同，并不断在代际间传承这种强烈的认同情感，依然坚守着"同而不化"的生存状态。② 同时，沈再新还对散杂居民族的闲暇生活方式进行了考察，认为伴随着社会的急剧变迁，散杂居民族闲暇生活的形式和内容都有相当大的变化与发展。③ 于海泉和王天真则从族际通婚、社会网络与社会交往角度探讨了当前散杂居地区的民族社会交往状况，总结并归纳了散杂居地区民族社会交往的基本特点。④

关于散杂居民族宗教问题研究。张枚通过对云南省华宁县盘溪镇宗教生态进行历时和共时比较，具体提出了"宗教生态平衡"形成的基本模式。⑤ 杨晓纯认为，散杂居回族已逐渐改变了传统的认同方式，并正逐渐开始向血缘、公民身份、宗教等多元化的认同准则转变。⑥

关于散杂居白族研究。张丽剑博士对湖南桑植白族进行了系统研究，先后发表了关于散杂居白族社会与文化研究的系列论文多篇，出版专著

---

① 童莹：《散杂居民族地区文化的传承与重构——以湖北省松滋市卸甲坪土家族乡为例》，《长江师范学院学报》2011年第4期。

② 沈再新、唐胡浩：《散杂居民族"同而不化"的策略性应对——基于湖北省鹤峰县三家台村蒙古族的人类学考察》，《中南民族大学学报》（人文社会科学版）2011年第3期。

③ 沈再新：《散杂居民族闲暇生活方式变迁的社会考察——以湖北省仙桃市沔城回族镇为例》，《三峡论坛》（三峡文学·理论版）2011年第3期。

④ 于海泉、王天真：《散杂居地区民族社会交往研究——以山东省平邑县为例》，《湖北民族学院学报》（哲学社会科学版）2007年第3期。

⑤ 张枚：《散杂居民族的宗教多样性研究——云南省华宁县盘溪镇宗教生态分析》，硕士学位论文，中南民族大学，2010年。

⑥ 杨晓纯：《散杂居回族宗教信仰现状调查——来自山东省台儿庄区的实证研究》，《西北民族研究》2008年第4期。

《散杂居背景下的族群认同——湖南桑植白族研究》，可以说，张丽剑博士是对湘鄂西白族乃至我国散杂居白族研究的重要学者。他对白族散杂居的语言、服饰、宗教信仰、民居建筑文化的变迁与发展进行了系统调查与研究，并对湖南桑植白族研究存在的问题进行了深入讨论，提出了推动散杂居白族研究的主要对策和具体建议。[①]

关于散杂居回族研究。回族是我国分布地域较广的少数民族。回建《中国散居回族经济发展研究》一书，主要对通过华北平原的散杂居回族进行实地调查与研究，提出了散杂居回族经济发展的"融合提升发展"观点。他认为，散居回族通过共同的民族文化使民族价值观、道德观和生活习惯世代相传，引导和制约了民族经济的进一步发展。因此，要因势利导，在充分发挥民族文化在经济发展中作用的同时，应继续创新民族文化。[②] 胡云生则对河南回族社会历史变迁进行了系统调查与研究。[③]

关于其他方面。黄柏权、葛政委在湖北恩施市芭蕉乡侗族调查的基础上，认为散杂居文化适应的选择，一方面使民族个体成员和群体在异地得到了很好的生存和发展，另一方面在文化发生变迁的同时，散杂居民族的历史记忆和民族认同仍然得以保留。[④] 王希辉对重庆蒙古族的来源与社会文化进行了实地调查与研究。[⑤] 李京桦系统研究了河南省散杂居少数民族问题，阐述了河南省各个时期民族关系的发展状况，总结了河南省民族经济工作的成功经验和深刻教训，以及对全国散杂居民族工作的重要启示。[⑥] 井莉在河南省睢县城关回族镇个案调查的基础上，通过数据分析对回族族内婚与族外婚进行深入比较，归纳和总结了回—汉通婚的影响因

[①] 张丽剑：《散杂居背景下的族群认同——湖南桑植白族研究》，民族出版社 2009 年版；张丽剑：《白族散杂居地区文化的变迁》，《中国民族》2007 年第 4 期；张丽剑：《湖南桑植散居白族研究现状及存在的问题》，《中南民族大学学报》（人文社会科学版）2008 年第 2 期。

[②] 回建：《中国散居回族经济发展研究》，中国经济出版社 2009 年版；回建：《文化对散居回族经济发展的导引与制约》，《理论前沿》2008 年第 20 期。

[③] 胡云生：《河南回族历史变迁研究》，博士学位论文，复旦大学，2005 年。

[④] 黄柏权、葛政委：《散杂居民族的文化适应和文化变迁——湖北恩施市芭蕉乡侗族调查》，《贵州民族研究》2008 年第 6 期。

[⑤] 王希辉：《重庆蒙古族来源及其社会文化》，《西南民族大学学报》（人文社会科学版）2011 年第 3 期。

[⑥] 李京桦：《河南省散杂居少数民族问题研究》，硕士学位论文，中央民族大学，2006 年。

素，并就回汉通婚所产生的影响进行了讨论。①

同时，散杂居民族工作也是学术界关注的重要焦点。其中，由国家民委散杂居处组织编写、杨侯第主编的《中国散杂居民族工作丛书》是迄今为止最具代表性、也最系统的最新研究成果。该丛书主要包括《中国的民族乡》《散杂居民族工作政策法规选编》《散杂居少数民族统计与分析》和《散杂居民族工作概论》以及《中国城市民族工作的理论与实践》等五本著作。②《散杂居民族工作概论》一书主要讨论了民族散杂居化的理论，散杂居少数民族形成的历史、结构和特点，以及散杂居民族工作内容与形式、成就与经验等三个方面的内容，从宏观层面对中国的散杂居民族工作进行了宏观论述和概括。《散杂居少数民族统计与分析》从人口学的角度对我国散杂居少数民族的人口变动与分布做了系统分析和研究，揭示了我国民族散杂居化的历史过程和发展趋势。其中，书中附有大量散杂居民族的人口资料，极富价值和资料性。可以认为，该书是散杂居民族人口学的典范之作。《中国城市民族工作的理论与实践》一书则对我国城市民族工作的地位、重要意义、基本内容以及工作方法、动力组合、面临的问题、未来发展趋势等内容进行了较全面的分析和论述，是一项系统研究我国城市民族工作的重要研究成果。

在应用研究层面，"中国散杂居少数民族发展现状与需求调查"课题组以散杂居回族和朝鲜族散杂居人口为重点，兼及散杂居东乡族、藏族、撒拉族、傣族等四个少数民族，地域涉及甘肃省、青海省、北京市等省（市），在实地调查与研究后最终形成《散杂居们民族调查：现状与需求》③一书。从内容来看，该书对城市流动人口、城市世居人口、民族村与民族乡、民族工作机构等进行了调查研究，提出了具有可行性的一些意见和建议，深具实践性和应用性，学术价值和实践价值较高。马环宇、王卫兴、吕政辉在山东省散杂居回族村个案调查的基础上认为，人口众多、分布较散等导致了散杂居民族的经济落后，并提出应具体分析散杂居

---

① 井莉：《民族散杂居地区回汉通婚研究——以河南省睢县城关回族镇为例》，硕士学位论文，中南民族大学，2010年。

② 沈林：《中国的民族乡》；沈林、和佳、王云新：《散杂居少数民族统计与分析》；沈林、李红杰等：《散杂居民族工作概论》；沈林、张继焦等：《中国城市民族工作的理论与实践》，民族出版社2001年版。

③ 张海洋、良警宇主编：《散杂居民族调查：现状与需求》，中央民族大学出版社2006年版。

民族经济发展中存在的具体问题，进而提出了应对措施①，具有一定的前瞻性和应用性。花永兰则具体分析了河北省散杂居民族权益保障存在的问题，提出要大力推进民族理论政策创新，建立健全体制、依法行政，促进民族经济社会科学发展，坚持走共同富裕之路等措施，成为推动河北省散杂居民族工作新局面的重要思路。②

值得一提的是，现有研究成果中，青年学者滕新才教授和陈兴贵博士主持编纂的《重庆民族乡概况丛书》（简称《民族乡丛书》）是对我国散杂居民族研究作出的最新努力。《民族乡丛书》于 2012 年 11 月由金城出版社正式公开出版发行，为重庆市民族宗教事务委员会"十二五"重点文化建设项目的最终结项成果。丛书主要包括重庆市境内的《恒合土家族乡》《地宝土家族乡》《红椿土家族乡》《清水土家族乡》《磨子土家族乡》《文复苗族土家族乡》《龙桥土家族乡》《石桥苗族土家族乡》《后坪苗族土家族乡》《浩口苗族仡佬族乡》《长安土家族乡》《太和土家族乡》《云雾土家族乡》《邓家土家族乡》，共 14 种约 350 余万字，研究对象涉及散杂居土家族、苗族、仡佬族等三个少数民族，地域包括重庆市武隆县、云阳县、奉节县、巫山县、忠县、万州区等五县一区 14 个民族乡。全套丛书在进行深度个案调查的基础上，对重庆市 14 个民族乡的经济与社会发展进行了全景式调查与分析，既有高度的理论考量，又有微观的具体探讨，也有真实的详尽资料，不仅对推动重庆民族理论与实践研究、丰富和发展我国民族乡研究体系等具有重要理论价值，而且对推动重庆市民族乡少数民族经济与社会发展、促进重庆散杂居民族地区各民族团结与社会和谐等也具有重要现实意义，是"微观民族志著作的典范"。③

（三）散杂居民族研究的学术反思

从散杂居民族研究与实践的学术发展来看，新中国成立尤其是 20 世纪 80 年代以来，我国的散杂居民族研究取得了较为喜人的成绩，初步建

---

① 马环宇、王卫兴、吕政辉：《散杂居地区少数民族家庭经济状况比较研究》，《科技创业月刊》2011 年第 2 期。

② 花永兰：《河北省散杂居少数民族权益保障研究》，《西北民族大学学报》（哲学社会科学版）2008 年第 2 期。

③ 王希辉：《中国散杂居民族研究的最新尝试——评〈重庆民族乡概况丛书〉》，《中国民族报》2013 年 11 月 15 日。

构起了散杂居民族研究的基本理论、研究方法和基本手段，搭建了散杂居民族研究的学术平台。在此背景下，一批专门从事散杂居民族研究的学术机构逐渐建立，散杂居民族研究学者也逐渐成长起来，部分高校和科研院所纷纷招收并培养从事我国散杂居民族研究与散杂居民族工作的专门人才，为我国的散杂居民族事业培养了大批后备人才和生力军。

如前所述，我国的散杂居民族研究固然取得了较多成果，也引起了学术界和社会的广泛关注，但是，我国的散杂居民族研究与散杂居民族工作实践仍然存在较多的不足甚至是缺憾，需要引起整个学术界的关注和进一步努力。

第一，研究对象问题。研究对象是一个学科乃至一门学问发展的首要前提和基础。对于散杂居民族研究的对象，当前从事散杂居民族研究的主流观点认为，散杂居民族研究主要是集中前文所述的三个领域，即：没有实行民族区域自治的少数民族、建有民族自治地区但是不在民族自治地方居住的少数民族以及在民族自治地方但是不实行自治的少数民族。

笔者认为，从学理角度来看，上述三个方面的确属于散杂居民族研究对象，这毋庸置疑。但是，在具体研究和工作实践中，学术界实际上是存在理解上的歧义和操作上的分歧。尤其是对于那些没有建立民族区域自治地方的少数民族，学术界和有关政府工作部门往往只将其作为单一民族看待，而忽视了这些非自治少数民族的"散杂居"特性。因此，在具体学术研究过程中，这些少数民族的"散杂居"也就为学术界和社会大众所忽视。这对于散杂居民族研究而言，甚至是对于这些"单一"的"散杂居民族"而言，不仅是一种缺憾，而且是一种"不公平"待遇。

当然，不可否认，笔者认为，作为我国民族大家庭的一种客观存在和特殊形态，散杂居民族应该成为我国民族研究的一个特殊领域。因此，随着民族学和人类学学科的发展和民族理论研究的逐步升华，有必要建构适合我国民族话语的散杂居民族理论与完善的散杂居民族学科，这不仅是推动我国民族研究发展和进步的需要，而且也是建构我国民族研究话语权的需要。当然，这需要学术界的共同努力和做出大量的工作，并付出艰辛的劳动。

第二，研究方法问题。研究方法是关系学科发展的关键所在。在当下的散杂居民族研究中，绝大多数成果都较多关注散杂居民族理论的建构和阐述。但是笔者认为，学理建构和阐述固然十分必要，但是，由于散杂居民族的固有特性——分布广,人口少,处于"文化孤岛"的散杂居民族个人或群体往往在历史进程中缺少较为正式或系统的历史文献,各种汗牛充栋的正史史籍也多对这些个体或小群体忽略不计,因此,在当下的研究过程中,就需要研究者在尽量挖掘和使用有限文献资源的前提下,借助民族学、人类学的田野调查方法,多实地调查研究,从历史人类学的研究视野多关注口述文献、族谱、碑刻、迁徙传说、仪式、象征等资料的收集与整理,复原和重构这些散杂居民族个体或群体的社会与文化体系,揭示社会历史文化变迁的发展脉络。因此,从研究方法的角度来看,学术界在强化理论建构的同时,需要进一步强化民族学与人类学田野调查方法的运用,从实际调查中去收集第一手资料。可以认为,传统民族学、人类学田野调查方法仍是散杂居民族研究最基础、最基本、最重要的方法和法宝。

第三,研究成果问题。从上述研究回顾可以发现,已有散杂居民族研究成果的分布具有"内卷化"特点和趋势。从研究阵地和研究队伍来看,当下的研究多集中在北京和华中地区,尤其是以湖北省武汉市中南民族大学的一批学者为主体,其他地区研究队伍较小、研究人员较少,成果也零星细碎。从研究成果来说,当下的成果多为祖国腹地散杂居民族研究的较多,比如河南回族、湖北侗族、重庆蒙古族、湖南白族以及部分散杂居土家族等散杂居民族群体。从成果发表阵地来看,学术成果多集中在《中南民族大学学报》上,其他刊物发表较少。当然,这可能与散杂居民族研究的专业强、研究面窄等特点密切相关。但是,笔者以为,不管是何种原因和特殊问题,鉴于散杂居民族分布"广"、"散"、"杂"等特点,我国散杂居民族研究也应该是研究队伍分布广、研究人员较多、成果发表阵地较宽的基本状况。

总体而言,从已有研究成果本身来说,田野调查成果相对较少,第一手调查资料较为不足,这也是当下散杂居民族研究成果体现出来的一个显著特征。如上所述,对未建立民族区域自治的散杂居民族,至今未见一部或一篇专门从散杂居角度来进行系统研究的代表性学术成果出现。这是当下散杂居民族研究的一大遗憾。

第四,研究内容。从宏观角度来说,现有的研究成果主要集中在散杂居民族理论和散杂居民族问题与实践两个方面。按照民族理论界的基本观点,民族问题主要是民族与国家、民族与阶级、民族与民族之间的问题。由此,散杂居民族研究,不仅要研究散杂居民族理论问题,而且还要研究散杂居民族与国家、散杂居民族与阶级、散杂居民族与散杂居民族之间，更要研究散杂居民族与聚居主体民族、散杂居民族与自治地方的自治民族之间的关系与问题。因此，从这个意义上来说，当下散杂居民族研究的领域还较窄，研究深度也还有待进一步深化。故而笔者以为，就当下散杂居民族研究的内容而言，未来的散杂居民族研究内容还有进一步拓展的空间，研究力度也还待进一步加强。

总体而言，已有的散杂居民族研究凸显了我国民族研究的基本特点和当下发展状况，也从一个侧面印证了我国"多元一体"民族的基本格局。在未来散杂居民族研究的过程中，学术界在进一步强化散杂居民族理论建构的同时，需要扩大散杂居民族研究新领域，踏踏实实搞调查，老老实实做田野，运用民族学、人类学田野调查的基本方法，借助新方法和新手段，推动我国散杂居民族研究的纵深发展，为推动我国民族地区尤其是散杂居民族地区社会稳定、经济发展与民族团结作出新贡献。

六　重庆蒙古族研究综述

近年来，随着学术界不断加大对散杂居民族、人口较少民族和地方文化研究的重视，重庆蒙古族社会与文化研究逐渐进入了学术视野。

（一）重庆蒙古族研究回顾[①]

有关重庆蒙古族研究，学术界也已做了许多有益的调查与研究工作，在民族族源、传统社会与文化、民族教育发展、民间信仰与宗教信仰文化等领域取得了一系列研究成果。归纳起来，主要集中在如下几个方面。

1. 关于民族来源问题

在重庆蒙古族社会与文化研究中，散杂居蒙古族源历来就是学术界关注最多、调查与研究也较多的重要焦点。关于重庆蒙古族及其来源，主要有以下研究方面。

一是关于重庆蒙古族的身份确认问题。自20世纪80年代以来，随着民族成分认定与归并工作的开展，蒙古族的族属问题也被提上日程。具体关于蒙古族的认定与识别工作，主要在《彭水苗族土家族自治县民族宗教志》中有明确而详细的记载。

[①] 王希辉、李琴：《重庆蒙古族研究与展望》，《湖北民族学院学报》（哲学社会科学版）2012年第1期。

二是关于重庆彭水自治县鹿鸣乡向家坝村蒙古族的来源问题。以荣盛等为代表的学者认为，彭水鹿鸣乡向家坝村蒙古族的族源只有一个，即明清时期迁入重庆的蒙古奇渥温家族的后裔。这在向家坝村蒙古族的民族传说、族谱、墓碑碑刻、祠堂遗址以及民族传说等方面均可找到一些证据。其中，《彭水县鹿鸣乡谭、张蒙古族简史》就记载了彭水向家坝蒙古族的民族族源、村规族规、宗教信仰、民族历史等基本内容，并附诗为证。

同时，《重庆民族志》《彭水苗族土家族自治县民族宗教志》和《彭水县志》等文献均记载，彭水自治县向家坝村张、谭两姓均为奇渥温家族的后代。赵开国在实地调查的基础上，在《血泪凝诗句、僻壤隐天骄——对彭水蒙古族调查》一文中提出，向家坝蒙古族是元朝最高统治者奇渥温·妥欢帖睦尔的后裔。三峡学院东人达教授则在《成吉思汗在西南的后裔》中明确指出，重庆彭水蒙古族都是蒙古奇渥温部的后裔，观点十分鲜明。

三是关于重庆彭水县太原乡香树坝村蒙古族的来源问题。赵开国提出，与向家村和马颈村的张、谭二姓一样，太原乡谭姓为蒙古族后裔。这在族谱中也有记载，"太原乡的谭姓蒙古族是元朝铁木耳的后代"，族谱中同时也有八句诗。同时，《彭水县志》《重庆民族志》《彭水苗族土家族自治县民族宗教志》等史志文献以及荣盛先生的《乌江河畔的蒙古人》等也持相同观点。

四是关于彭水向家坝蒙古族的姓氏问题。据彭水向家坝蒙古族《族谱》记载和当地蒙古的民族口头传说称，彭水蒙古族先民为躲避战争而迁入原四川（现重庆市），在潜逃过程中为逃避追杀而被迫改为其他姓氏。所以，姓氏就与其他地方的蒙古族有所不同：向家村的蒙古族为张、谭两姓；香树村的蒙古族则主要为谭姓。

2. 社会与文化研究

在迁入彭水后，为了适应新的特殊自然与人文生态，经过数百年的发展与演变，蒙古族逐渐形成了不同于北方游牧民族的社会与文化体系。当前，重庆蒙古族社会与文化研究主要集中在以下方面。

（1）经济生活。蒙古族迁入重庆定居后，因受自然环境与社会环境等因素影响，经济生产与生活方式都发生了很大变化。彭水蒙古族主要从事农业生产，农作物品种主要包括玉米、水稻、小麦、薯类等。经济作物则有烤烟、花生、水果、土豆等，尤其是夏天的李子和冬天的橘子品质特好。主要使用木犁、板锄、斧子、铁铧、冬锄、镰刀等农业生产工具。据《四川省志·民族志》记载，彭水的蒙古族大春种植采用三犁三耙或四犁四耙。

同时，受历史传统的影响，彭水蒙古族有饲养牲畜的传统习俗。彭水蒙古族主要饲养牛、狗、鸡、鸭、羊、猪等。家畜家禽饲养是农业生产中必不可少的重要部分，同时也是蒙古族居民的重要经济来源。饲养的牛主要是用于耕地，猪是为全年提供食用油和肉。这在《重庆民族志》、荣盛的《乌江河畔的蒙古族人（下）》中均有记载。

此外，重庆其他城镇的蒙古族主要选择在工业和商业领域从业，当然也有在党政机关和事业单位工作的蒙古族，但数量有限。

总体而言，重庆蒙古族主要是以农业生产为主，农业生产收入为主要经济收入来源，同时还饲养家畜家禽来获取一部分经济收入。

（2）社会习俗。伴随着社会变迁与发展，重庆蒙古族的衣、食、住、行等社会文化习俗也与其他民族日益趋同。当然，彭水蒙古族聚族而居，也保存下来一些特有的社会文化和民族风俗习惯。

一是节令习俗。以赵开国为代表的学者认为，新中国成立前蒙古族的节日文化主要是过"苏鲁定"节，时间在每年农历二月十七日。这在《四川彭水鹿鸣乡向家坝蒙古族张谭姓氏源流》《四川省志·民族志》中也均有记载。但是，荣盛在《乌江河畔的蒙古人（下）》中却认为，彭水蒙古族一般在每年农历二月中旬过"苏勒德节"。同时，《彭水县志》指出，蒙古族不过清明节、端阳节和中秋节，他们比较注重自己的民族节日"苏鲁定"节，时间是三月十八日。此外，已有文献对蒙古族节日的记载也有很大出入，其中《彭水县志》与《彭水苗族土家族自治县民族宗教志》记载就有明显差别，前者说蒙古族不过清明节和端午节，而《彭水苗族土家族自治县民族宗教志》认为，蒙古族过端午节，并且主要是为了纪念屈原。

二是饮食习俗。关于重庆蒙古族饮食习俗的记载，尤以《重庆民族志》最为详细。重庆蒙古族以大米、玉米为主食，辅以马铃薯、红苕、荞麦等食物。喜食菜油；肉类主要以自养的猪、牛、羊、鸡、鸭等畜禽为主；蔬菜种类众多，主要有青菜、白菜、萝卜、冬瓜、四季豆和辣椒等，品种多达50多种。

三是婚嫁习俗。《重庆民族志》对重庆蒙古族的婚嫁习俗有所记载。

重庆蒙古族婚姻是一夫一妻制，忌讳同姓、血缘通婚。新中国成立前，蒙古族的婚姻必须是"父母之命，媒妁之言"，喜早婚。新中国成立后，流行自由平等的恋爱，婚俗一般要经过相亲、放炮、过礼、出阁、迎娶、拜堂、回门等基本程序。

四是民居建筑习俗。《重庆民族志》载，彭水地区的蒙古族以平房和"干栏"式建筑为主。同时，民居建筑有"崇八习俗"，形似蒙古包。荣盛《乌江河畔的蒙古人（下）》、东人达《成吉思汗在西南的后裔》和赵开国《血泪凝诗句、僻壤隐天骄——对彭水蒙古族调查》以及《四川省治·民族志》都对蒙古族的建筑特色有所叙述。

五是丧葬习俗。《重庆民族志》记载，重庆蒙古族的实行土葬，丧葬文化与当地少数民族仍有一些细微区别。在早期，重庆蒙古族的坟头呈圆锥形，而下面部分呈圆柱形，像一个"蒙古包"，保留了部分民族特色。

六是传统骑射习俗。《四川省志·民族志》记载，历史上，彭水蒙古族比较重视培养族人的骑射能力。赵开国认为，新中国成立前，蒙古族还修建了马道、箭池等设施，现在仅存遗址。新中国成立后，骑射传统被抛弃。

由上述可见，在当前重庆蒙古族社会与文化研究中，主要对饮食、节令、婚嫁、家庭、民居建筑、丧葬、传统骑射等内容进行了讨论。可以说，现有研究不仅对礼仪习俗、服饰习俗、民族认同等内容没有涉猎，而且现有研究的深度也还尚欠深入。因此，要在今后研究中加强实地调查和深度挖掘材料，共同推动散杂居蒙古族社会文化研究的发展。

（3）民族教育。对重庆蒙古族民族教育的调查与研究，主要涉及两个时间段：一是中华民国时期及以前的民族教育发展。重庆蒙古族历来重视教育。荣盛在《乌江河畔的蒙古人（下）》中指出，清代，彭水蒙古族就建有私学，中华民国初年建有堡民学校，学生也多为蒙古族子弟。二是新中国成立后的民族教育发展。荣盛还认为，新中国成立后到2004年间，彭水鹿鸣乡向家坝村建有小学，1975—1977年间还曾设过初中班，后因师资力量不足而停办。2004年秋因美籍华人吴鹰先生的资助更名"惠美希望小学"。据说，当时吴鹰先生资助20万元人民币，再加上村民集资剩余部分资金，合资共同建成了建筑面积为1000多平方米的4层教学楼和100平方米的厨房以及1296平方米的操场，在一定程度上完善了基础设施建设。同时,《彭水县志》还曾对蒙古族人才培养情况进行了记叙,尤其是谭玉章等教师的感人事迹还广为传诵,被正式收录进入《彭水县志》。

可见,对重庆蒙古族的民族教育研究起步很晚,文献记录零碎,研究成果很少,研究基础薄弱,这是学术界今后还需强化调查和研究的重要领域。

3. 宗教信仰

在现有文献和研究成果中,仅见《彭水县志》中有少量记载。据称,彭水地区有道教、佛教、天主教、基督教等宗教以及民间迷信活动。同时,在《彭水县鹿鸣乡谭、张蒙古族简史》也略有记载。可见,重庆蒙古族的信仰文化研究还较薄弱。

4. 其他

关于彭水向家坝蒙古族人特有的"八"字现象问题,赵开国认为,"八"是证明彭水蒙古族同胞民族成分的最有力证据。在赵开国的《血泪凝诗句、僻壤隐天骄——对彭水蒙古族调查》、东人达的《成吉思汗在西南的后裔》以及荣盛的《乌江河畔的蒙古人(下)》中,都只提到了重庆蒙古族的日常生活中随处可见的"八"。

同时,笔者在实地田野调查的基础上,对重庆彭水向家坝蒙古族村象鼻子洞的"象鼻塞碑"及残碑进行考释与分析,推断出清代重庆蒙古族的一些基本史实,具有重要的理论价值和学术意义。[①]

(二)重庆蒙古族研究存在的主要问题

总体而言,对于当下重庆蒙古族的学术研究,学术界做出了许多努力,也出版或发表了一些成果,取得了一定的成绩。但是,就整体而言,当前学术界的重庆蒙古族研究还存在一些问题,主要体现在以下方面。

首先,文献发掘少。笔者发现,文献资料对重庆蒙古族的记载很少,现有的文献资料也主要集中在地方史志和残存族谱等两类文献中。一是史志类文献。从当前重庆蒙古族研究成果来看,仅见《四川省志·民族志》《彭水苗族土家族自治县民族宗教志》《重庆民族志》《彭水县志》《彭水苗族土家族自治县概况》等文献中有少量内容涉及重庆蒙古族。同时,这些文献也多有重复之处,缺乏新材料和新信息。二是族谱类文献。向家

---

① 王希辉:《重庆彭水"象鼻塞碑"考释》,《黑龙江民族丛刊》2010年第3期。

坝蒙古族族谱类文献也只有《彭水县鹿鸣乡向家坝谭、张蒙古族族谱》《四川彭水鹿鸣乡向家坝蒙古族谭、张姓氏源流》（张远杨、张友安整理——笔者注）、《彭水县鹿鸣乡向家坝谭、张蒙古族简史》等几个版本。同时，现有版本内容上多有重复，很多说法也相互矛盾。因此，要做好重庆散杂居蒙古族调查与研究，不仅需要克服文献资料少的难题，而且还应进一步充分发挥现有史料价值，切实利用好口头传说和现存遗址等资料，这些都是研究重庆蒙古族的重要素材，十分难得。

其次，研究成果少。笔者发现，直到1982年3月的民族识别开始，社会各界才开始逐渐关注重庆蒙古族，因此，学术界的调查与研究起步较晚，研究成果有限。现有对重庆蒙古族专门研究仅见：荣盛的《乌江河畔的蒙古族（上、下）》、赵开国的《血泪凝诗句，僻壤隐天骄——对彭水蒙古族的调查》、王希辉的《重庆蒙古族来源及其社会文化》等学术论文，同时东人达教授的《成吉思汗在西南的后裔》和李宗放的《明代四川蒙古族历史和演变略论》等论文也部分涉及重庆蒙古族研究。因此，总体而言，笔者认为，当前重庆蒙古族研究存在以下不足：一是研究成果非常少，涉及面窄；二是现有研究成果多有重复，缺乏新材料和新个案；三是忽视纵向与横向比较研究。

再次，研究机构少、队伍小。笔者发现，重庆散杂居蒙古族的研究不仅还没有引起足够的学术重视，而且重庆蒙古族的现有研究基础也还很薄弱，存在着研究机构少和研究队伍小的基本问题。从整体来看，仅重庆市彭水县民族研究所和长江师范学院少量学者对重庆蒙古族进行过专门研究，研究人员极少。

最后，社会重视程度不够。由于特殊的社会历史背景和自然地理环境的限制，重庆蒙古族很少为外界所关注，甚至还存在"重庆没有蒙古族"的各种社会误解。因此，直到1982年民族识别后，重庆蒙古族才真正恢复自己的民族成分，也才引起社会各界的重视。

总体而言，当下重庆蒙古族研究还存在文献发掘不足、研究成果不多、研究机构缺乏和研究队伍小以及社会重视程度不够等现实问题。因此，笔者认为，作为重庆市境内的第四大少数民族，地方文化与宗教部门、学术界以及社会各界人士都应该积极行动起来，不断加大对重庆蒙古族历史文献与口述史材料的发掘与研究力度，成立专门研究机构、组建专门研究队伍，引导社会各界关注和重视蒙古族社会与文化研究。同时，蒙古族同胞也应积极宣传和自我推销,为推动我国散杂居蒙古族历史与文化研究,促进蒙古学的学术繁荣和发展,推动散杂居民族地区和谐发展贡献力量。这不仅是学术研究的现实需要,而且是重庆民族地区经济发展、社会和谐与民族团结的紧迫需要,有着重要的理论价值和现实意义。

第一章

重庆蒙古族的散杂居特征及田野点概况

蒙古族是一个勤劳勇敢、历史悠久的游牧民族，是我国多民族大家庭的重要一员。长期以来，我国蒙古族多居住在北方大草原。随着社会的不断发展与变迁，蒙古族逐渐形成了以北方大草原聚居、全国各地散杂居的新的民族分布格局。

第一节 重庆蒙古族的族属认定及来源

重庆市是一个多民族地区，蒙古族是重庆市人口较多的少数民族之一。作为移入民族，蒙古族在迁来重庆定居以后，勤劳勇敢，艰苦奋斗，和土家族、苗族、汉族等民族一起为建设重庆、开发渝东南做出了重要贡献。

一 民族识别与族属认定

作为以土家族、苗族为少数民族主体的多民族地区，重庆蒙古族的族属认定和民族识别工作经历了较长的时间。

新中国成立初期，党中央、国务院和各级有关部门十分重视民族工作，多次派员深入到重庆民族地区进行调查研究。不少群众都声言自己是少数民族。原彭水县高谷区武装部长张友安则为自己是蒙古族而大声疾呼。[①] 但是，由于"左"倾思想的干扰，重庆蒙古族的这一愿望没有能实现。

---

① 《彭水苗族土家族自治县概况》编写组、《彭水苗族土家族自治县概况》修订本编写组：《彭水苗族土家族自治县概况》（修订本），民族出版社2007年版，第68页。

在十一届三中全会以后，党和国家的民族政策经过正本清源、拨乱反正，逐步恢复到正常状态上来，少数民族的识别和归并工作也正式提上日程。1981年9月，原四川省涪陵地区民族事务委员会召开第一届全委（扩大）会议，原涪陵地区各县县委统战部长、民委委员参加会议。会议澄清了各种错误思想，提高了对民族工作的认识，并要求各级党组织要加强民族工作的领导，会后印发《纪要》（征求意见稿）。这次会议为重庆蒙古族族属的认定扫清了思想障碍。随后在11月28日，就恢复和归并民族成分问题，原国家人口普查领导小组、公安部、民族事务委员会联合下发通知，明确指出并规定："凡属少数民族，不论其何时由于何种原因未能正确表达本人民族成分而申请恢复民族成分的，都应当予以恢复（民族成分）。"

1982年3月，原国家民族事务委员会和原四川省民委派出工作组深入彭水县实地调查民族情况。5月，彭水县正式成立民族成分调查领导小组。随后，彭水县委、县政府下发《关于开展民族成分鉴别认定工作的安排意见》，县民族成分调查领导小组办公室也印发《鉴别认定民族成分宣传提纲》。随即，县委、县政府派出工作组到太原乡开展民族成分的试点工作。经过政策宣传和民族识别认定，256名蒙古族群众的族属得到正式确认。

1982年5月下旬，彭水县委正式派出220人的工作组，先后奔赴各区、乡进行民族识别工作，并具体制定了《恢复民族成分的原则》。6月19日，原四川省涪陵地区民族事务委员会负责人明确指出："在恢复土家族民族成分的同时，对苗族等其他少数民族，也可按《纪要》精神，作类似处理。这是一个重要的工作依据，请注意研究执行。"于是，《纪要》所指范围扩大到包括蒙古族在内的所有少数民族，这为进一步推动蒙古族的族属认定工作创造了良好条件。

随后，彭水县委、县政府派遣工作组到各区、乡进行实地调查研究，并坚持两条基本原则：第一，在鉴别认定民族成分前，就被群众公认为少数民族，自己也承认或在家族内承认是少数民族，并有一定民族意识的；第二，保留了某些民族特点，保留有典型的少数民族服装、用具、民族语言、风俗习惯、称谓、民族情感强烈的。但不以姓套族。经过识别认定，彭水全县共恢复少数民族成分人口为102010人，其中共有1256名蒙古族群众的民族身份得到恢复和确认。

对于蒙古族的鉴别与认定工作，上级有关部门和领导十分重视并给予了专门指示。1982年6月19日，原四川省涪陵地区民委主任指出："太原试点简报转呈民委后，省民委负责同志已看过，并交马处长电话转告，蒙古族过去一致认为在我省（原四川省）并无分布，现在要慎重（对待），八句诗（也就是彭水蒙古族中流传的八句诗）证据不足。"

为进一步搞好识别认定与归并工作，1982年7月6日，彭水县专门派工作小组到鹿鸣乡向家坝村张友亮家召开专门座谈会，具体研讨关于蒙古族族源和族属等基本问题。参加座谈的张、谭两姓蒙古族群众纷纷举出民族传说、风俗习惯、文化遗存等方面的相关证据，以证实自己的蒙古族民族成分。经过具体识别和审查，当时担任县委民族成分鉴别认定办公室副主任的赵开国就曾这样描述："从（彭水）向家坝、马颈和谭家堡一带的张、谭两姓聚居地所残存的遗文、遗物以及遗址和更有象征蒙古族圣物的'苏鲁定'，足以证明他们是真正的蒙古族同胞。在民间，还有不少的蒙古族痕迹。"对于族源传说，赵开国写道："（关于蒙古族起源的）八句诗，（向家坝蒙古族）代代念传，大人小孩能记颂。为使后代不忘民族根本和'八兄弟'，向家坝张、谭两姓蒙古族人就共建一个祠堂，屋内的水缸、石磴、炕头等用具也都喜欢做成八面、八方或八角等形状，甚至有的连菜刀柄也呈八棱形。房子构造，一幢多间，建成'纱帽顶'。"对于风俗习惯和文化遗存，赵开国也在实地调查后认为："骑马射箭是蒙古族人民的独特风习。在向家坝蒙古族聚居地，还存在有祖辈骑马射箭的'箭池'、'马道子'和'旋涡子'等文化遗址。"当年在向家、马颈调查期间，赵开国还从当地年长者口中发现一副对联，上联为"元蒙尚古挥戈耀祖一代英豪乃文乃武千秋百代振箕裘"，下联为"舜尧虞后讨伐荣宗百载雄王能谋能征亿年万世建宏阁"。[①] 这些文化特征和文化遗存就成为确认蒙古族民族成分的重要证明材料。经过调查组开座谈会、实地调查和走访等多种方式进行研究后，截至1982年12月，彭水县最终确认蒙古族群众为1895人。

---

① 赵开国：《泪凝诗句，僻壤隐天骄——向家坝蒙古族的由来考察记》，《绿荫轩》（内部连续性出版资料）1984年第3期。

为进一步搞好民族鉴定识别工作，解决民族成分遗留问题，1983 年 5 月，原四川省民委郜志远、苏自强带队到彭水进行实地考察研究，并对群众要求强烈、有一定依据以及同宗同支的民族成分申请进行了鉴别和认定。截至 1983 年 12 月，彭水全县共有蒙古族同胞 1657 人。至此，重庆蒙古族的民族识别与族属认定工作基本结束。民族成分的认定，增强了重庆蒙古族的民族自信心和民族自豪感，凝聚了民族精神，体现了党的民族政策的优越性。

经过认定和归并，截至 1985 年 12 月 25 日，最终认定彭水全县共有少数民族合计 210877 人，占到全县人口的 40.72%。其中，有蒙古族 1657 人，占全县人口总数的 0.32%，为彭水县境内第三大少数民族。截至 2005 年底，彭水全县有 629889 人。其中，苗族 291850 人，土家族 84938 人，蒙古族 1997 人，侗族 1191 人，蒙古族仍居彭水县境内少数民族人口的第三位。[①]

二 民族来源与人口分布

据现有文献记载，重庆蒙古族大都为蒙古族奇渥温家族的后裔，有的是因为元代作为朝廷命官迁来重庆境内定居，有的则因屯军和避难迁来重庆境内。新中国成立以后，也有因经商、工作需要、学校结业分配等原因迁入重庆的蒙古族。[②] 其中，彭水苗族土家族自治县鹿鸣乡向家坝村和太原乡香树坝村是重庆蒙古族最为集中的地区，两地的蒙古族也最具代表性和典型性。

根据文献记载，彭水自治县鹿鸣乡向家坝村张、谭两姓均为蒙古奇渥温家族的后裔。元朝时镇守湖北，元末红巾军起义爆发后，蒙古族先祖战败并被赶入原四川地区。于是，当时兄弟五人便易族改姓，隐匿民间。元亡后，他们便秘密集聚力量以抗明复元。洪武七年，明帝调集大军歼元势力于合川，兄弟五人被追至凤柳桥头，决定各奔前程。临别时，留诗八句作为日后认宗合族的暗语：

[①] 《彭水苗族土家族自治县概况》编写组、《彭水苗族土家族自治县概况》修订本编写组：《彭水苗族土家族自治县概况》（修订本），民族出版社 2007 年版，第 12 页。

[②] 重庆民族宗教事务委员会：《重庆民族志》，重庆出版社 2002 年版，第 264—265 页。

>　　本是元朝帝王家，红巾追散入川涯。
>　　绿杨岸上各分手，凤柳桥头分柳桠。
>　　咬破指头书血字，挥开泪眼滴黄沙。
>　　后人记得诗八句，五百年前是一家。

　　分别后，其中一人被逼改谭姓，漂流落籍于夔府（现重庆市奉节县），定居240多年。繁衍九代，至谭启鸾。明末清初，谭启鸾迁至彭水下塘口，改名姓张，名攀桂，后再迁往鹿鸣乡向家坝，至今已传16代。①
　　彭水县另一支蒙古族人居住在太原乡香树坝村，为谭姓。据《谭氏族谱》记载，元顺帝至正二十八年（1368）正月初二晚，元朝廷托付心腹谭国知（化名谭国明）带着铁木耳十子中的铁满四等七人扮成汉人，改姓谭，逃出大都，远走河南隐居灵宝以北。次年（1369）二月初二，他们来到洛阳桥边插柳为记，后迁入湖北孝感乡高街珍珠石码头居住。后因明军追捕，又迁徙至原四川省万县三磺里龙王坝。洪武四年（1371）八月十五日夜，兄弟几人共议七言诗句：

>　　本是元朝帝王家，洪巾赶散入西涯。
>　　红阳岸上分携手，凤凰桥头插柳桠。
>　　一姓改为几样姓，几姓分居百千家。
>　　要想兄弟同相会，一梦云游海推沙。
>　　后人记得诗八句，五百年前是一家。

　　从此，七兄弟分手。他们虽改为谭姓，但那几句诗却代代相传，且只传子不传女，传内不传外。谭满四与妻黄氏曾落业于忠州，又迁居（重庆市）巫山县，再迁往（重庆市）石柱县沙子关。他们的长子元龙及其子宗贵，于明永乐年间又迁徙到（现重庆）彭水县龙射堡（现重庆太原乡）谭家堡定居，至1985年发展到了300多族人，其中不包括外嫁女性。在七兄弟中，谭满一及妻胡氏，去涪州黑石里；谭满三及妻秦氏，仍住（现重庆）万州三磺里龙王坝；谭满四及妻黄氏，去忠州珠子乡大梨树；谭满五及妻李氏，去云南罗海县沙子河；谭满六及妻易氏，去重庆狮子

---
① 重庆民族宗教事务委员会：《重庆民族志》，重庆出版社2002年版，第264—265页。

山；谭满七及妻王氏，去巴州秀月山；谭满九及妻文氏，去（现重庆）丰都高家镇文溪河。①

此外，有彭水润溪乡石坝村余氏，系先人余氏在清康熙年间因避难迁来。相传祖先为元代铁姓族人，兄弟共九人，分别时留诗八句：

> 铁姓原是宰相家，红巾赶散入西涯。
> 兄弟只想河中死，哪知河中插柳桠。
> 又有鱼儿滩上走，托我兄弟进洛阳。
> 洛阳桥上一分手，铁余两姓是一家。②

散居在我国西南地区各省（市）的余姓或又由余姓改为他姓的蒙古族民众中，往往都有家谱、墓碑碑文及内容基本相似的"铁改余"的民族传说。③而"铁改余"主要聚居于云南省通海市、贵州省大方县等地，重庆市境内也有少量分布。根据《余氏族谱》记载，"铁改余"蒙古族主要分布在现重庆市境内的江津区、荣昌县、长寿区、忠县等区（县）。

关于重庆蒙古族的民族来源，《四川蒙古族》一书记载："在明时，又有一部分驻防江南、安徽、江苏、长沙的蒙古族统帅和军户，随着红巾军起义，朱元璋的崛起，元朝王室北迁而无法北撤，退到当时属蒙古人统治的川滇黔地区。当时住长沙、武汉（即谭州）的拖雷支系的一支人马，从谭州顺长江撤出后，由于山高途险无法再退到梁王统治的云南行省（今四川一部分、贵州大部分和云南全境），只好驻在长江沿岸地区的万县、忠县、开县，黔江地区的酉阳、秀山、石柱、彭水等大山中。因从谭州撤出者居多，就以地名为姓改为谭姓，少数改姓花、张、余……只有彭水一个村（向家村）约1500人。"④

关于民族起源，彭水向家坝蒙古族认为，他们是蒙古族乞颜部落的直

---

① 彭水苗族土家族自治县民族宗教志编纂委员会：《彭水苗族土家族自治县民族宗教志》，重庆出版社2003年版，第17页。
② 彭水县志编纂委员会：《彭水县志》，四川人民出版社1998年版，第705页。
③ 东人达：《成吉思汗在西南的后裔》，《内蒙古大学学报》（社会科学版）2004年第1期。
④ 阿拉塔·扎什哲勒姆：《四川蒙古族——源的追溯，根的赞美》，香港大地出版社2004年版，第22页。

系后裔。在《族谱》中就有记载：

> 我们蒙古族是一个古老的民族，有丰富的文化遗产，有自己的文化、语言，勤劳勇敢，性情直爽，英勇善战，（有）为民族牺牲、有打抱不平、主张公道、见义勇为的优良习惯，有几经曲折的发展历程。
>
> 我们的祖先大略在公元前七八百年时期，在一次大的战争中失败，只剩下两对男女青年。男的一个叫古□，一个名乞颜，他们逃进额尔格湟昆山，吃草头、树皮、野果为生，经历千多年的过程，发展为一个较大的部落。纪元后迁居斡难河，住了十几代人。其中，一个青年名朵奔篾儿干，娶了个异族姑娘叫阿兰辖阿为妻，背父所生一子名孛端察尔，称神的后代。他的子孙很发达，后来成了一个大部落，叫泥伦部落，称孛尔吃（赤）斤氏族，也叫乞颜孛尔吃（赤）斤。另一青年古□也传了一些蒙部落，什东胡、室韦等，没有详记。我们正宗是乞颜的后代。

《族谱》接着续载：

> 孛尔吃斤氏，又过了十多代人，才有铁木真的父亲也速该。他娶了三个妻子，生了三个儿子。大老婆生铁木真（注：青铜的意思），全名乞颜乞颜孛尔吃斤铁木真，后称成吉思汗（注：伟大的国王）。铁木真有四个儿子，一个叫拖累（拖雷——笔者注）……有三个儿子，长子蒙哥，被箭射死。由另一个儿子完成大统，建立元朝，把孛尔吃斤谐音为奇渥温，称为国姓，一直传到元末，经过百年王朝六代十任皇帝。
>
> 元朝末年（1368）朱元璋起义攻入大都（北京），元朝崩溃。当时皇帝元顺帝奇渥温妥欢帖睦尔迁移上京。传记当时当权是八兄弟，有三人到北方上京，有五人逃到四川继续元统治达十年之久。到洪武六七年间，明帝调集大军围歼元势力，在合川一仗由于寡不敌众，战败，五兄弟逃至凤柳桥头，分手各去，留诗八句：本是元朝帝王家，洪军追散入川崖；绿杨岸上各分手，凤柳桥头插柳桠。咬破指头书血

字，挥开泪眼滴浪沙；后人记得诗八句，五百年前是一家。①

这是彭水蒙古族"八句诗"在当地《族谱》中的真实记载。

这里需要强调的是，事实上，由于正史文献材料匮乏，关于重庆蒙古族族谱和口述史料的特殊性和重要性已引起学术界的高度关注。因时间久远和处于相对文化弱势地位等因素的影响，再加上一些不可抗拒的客观原因，一些严谨的学者对重庆蒙古族族源记忆和祖先传说的科学性持有一定的保留态度，考虑到自新中国成立后一直延续到20世纪80年代的民族识别与民族归并工作成果，这些学者在不否认重庆蒙古族识别和归并成就的同时，仍旧期待重庆蒙古族族属认定的更多"科学证据"。② 在笔者看来，上述学者的质疑固然不无道理，在重庆蒙古族的族源记忆和口述史资料中可能存在某些历史细节"误差"甚至是脱离历史事实本身的"历史谬误"，但从民族学和人类学的立场来看，不可否认的是，正是这些富有"争议"的口传文献和族源记忆，却建构了重庆蒙古族的民族历史脉络，这是重庆蒙古族对自身族群发展与演变的历史解释和"文本"表述，本身就是一种"主位"建构与历史书写行为。所以，作为域外的"他者"和外来文化的"介入者"，我们对此也不能视而不见。

可见，不管是从《彭水苗族土家族自治县民族宗教志》《四川蒙古族》《重庆民族志》《彭水县志》等史志和文献来看，还是从《族谱（残谱）》以及笔者的实地调查来说，重庆蒙古族为蒙元时期蒙古族之后裔，族源甚至还可能追溯到奇渥温家族，经过数百年的发展演变而成今日之蒙古族。③

根据2000年全国第五次人口普查统计数据显示，蒙古族为重庆市境内第四大少数民族，共有7846人，约占全市少数民族人口的0.02%，主要集中分布在彭水苗族土家族自治县、万州区、沙坪坝区、巴南区、北碚区、九龙坡区、南岸区、涪陵区、江津区、合川市、荣昌县、綦江县等

---

① 张远杨、张友安整理：《四川彭水鹿鸣乡向家坝蒙古族张、谭姓氏源流》（残谱），1985年印刷，2004年再版。

② 王希辉、刘琴：《重庆蒙古族研究回顾与展望》，《湖北民族学院学报》（哲学社会科学版）2012年第1期。

③ 王希辉：《重庆蒙古族来源及其社会文化》，《西南民族大学学报》（人文社会科学版）2011年第3期。

地。① 在重庆市所有区（县）当中，彭水苗族土家族自治县蒙古族共有1871人，数量最多，姓氏均为张、谭两姓。

新中国成立后，随着民族识别工作的落实，蒙古族等少数民族成分得到进一步确认，再加上少数民族地区经济与社会发展取得了很大进步、人民生活水平的逐步提高以及医疗卫生事业的发展，重庆彭水苗族土家族自治县蒙古族人口数量也随之增加。

表1-1　　　　1982—2005年彭水苗族土家族自治县蒙古族
人口统计

年份	1982	1983	1985	1989	1998	2005
数量（人）	1895	1657	1657	1825	2453	1997

由表1-1可知，新中国成立以来，总体而言，重庆彭水苗族土家族自治县境内蒙古族人口总体呈上升趋势，这在一定程度上体现了改革开放以来我国民族政策的执行情况和蒙古族地区经济社会发展取得的巨大成就。

第二节　重庆蒙古族的散杂居特征

蒙古族是重庆的主要少数民族之一，在重庆民族格局中具有重要地位和作用。从全国来看，重庆蒙古族在全国蒙古族尤其是散杂居蒙古族中具有一定的代表性，散杂居特征非常明显。从民族学人类学而言，研究重庆蒙古族具有"解剖麻雀"的意味，对推动散杂居蒙古族研究乃至我国散杂居民族研究都具有一定的借鉴意义。

第一，人口较少但居住却相对集中。据第五次全国人口普查统计数据显示，重庆蒙古族人口不多，蒙古族族属认定时间是在20世纪80年代，时间也比较晚。同时，从重庆蒙古族分布来看，蒙古族遍布重庆市十多个区（县），分布地域较广。但是，大部分人口却主要集中居住在重庆市彭水苗族土家族自治县，而在彭水自治县境内，蒙古族又主要是集中分布在鹿鸣乡向家坝村和太原乡香树坝村两地。因此，可以说，人口少但居住又

---

① 重庆地方志编纂委员会：《重庆民族志》，重庆出版社2002年版，第264—265页。

相对集中，这是重庆蒙古族散杂居文化特征之一。

第二，山地农区居住的游牧民族后裔。从前文可以得出基本结论：虽然还不能确认重庆蒙古族的最初远祖，但"族源甚至还可以追溯到奇渥温家族"。可以说，重庆蒙古族是游牧民族的后裔，是一个从游牧民族转变成农耕民族的典型案例。

如今，重庆蒙古族乃至整个武陵地区的蒙古族都已是地地道道的山地农耕民族。在迁来重庆后，虽然重庆蒙古族在相当长一段时间里还骑马尚武，不忘民族根本，并以此保境安民，抵御盗匪劫掠，在漫长的历史进程中逐渐转化为南方山地农耕民族。农时以农为生，闲时打猎捕鱼以补家资，已从一个"马背民族"转化为一个"牛背民族"，这已是不争的历史事实。因此，从"马背"到"牛背"，山地农区居住从事农耕生产的游牧民族后裔，这是重庆蒙古族散杂居文化特征之二。

第三，文化边缘化但文化认同强烈。长期以来，随着社会环境的改变和生产、生活方式的变革，重庆蒙古族北方游牧民族的显性文化特征已基本消失或"隐藏"起来，北方草原民族已逐渐成为一个与周边苗族、土家族、汉族等其他民族在衣食住行用等文化习俗方面都基本相同或相似的山地农耕民族，再加上远离北方聚居蒙古族和草原以及长期以来历史上明清政府不公平合理的民族政策，使重庆蒙古族一直处于整个蒙古族群体的文化边缘位置。文献记载，元、明两代的"赶蛮拓业"，彭水及周边地区少数民族群众，或迁居深山老林，或背井离乡……以求生存。① 由此，可以说，长期以来，重庆蒙古族一直处于社会的边缘地位。这一情况一直到新中国成立建立人民政权才有根本性改变，但时至今日，重庆蒙古族文化认同非常强烈。② 大量的墓碑记载、族谱、蒙古族祖先崇拜、八角楼、祠堂包、箭池、马道子、象鼻塞碑、民族传说以及大碗喝酒、大块吃肉、热情待客之道等文化遗产和文化习俗的发掘与整理，真切证实了重庆蒙古族文化边缘化发展的历史事实和文化认同强烈的现实状况，这正是重庆蒙古族散杂居文化特征之三。

第四，建立有民族自治地方、在民族区域自治地方聚居但又不是自治

---

① 彭水苗族土家族自治县民族宗教志编纂委员会：《彭水苗族土家族自治县民族宗教志·序言》，重庆出版社2003年版，第17页。

② 王希辉：《重庆蒙古族来源及其社会文化》，《西南民族大学学报》（人文社会科学版）2011年第4期。

民族。按照学术界的基本共识，散杂居民族主要包括三种形态：第一种是没有实行民族区域自治的少数民族，如京族、门巴族、珞巴族、塔塔尔族、德昂族、土族、阿昌族、赫哲族、基诺族、鄂温克族、高山族、乌孜别克族、俄罗斯族等13个少数民族。第二种是指本民族已实行民族区域自治但又不在自治地方居住的少数民族。第三种主要是指居住在民族区域自治地方的非自治少数民族。① 可以认为，重庆蒙古族是第二种散杂居民族和第三种散杂居民族的综合体。蒙古族不仅建有省级自治区一个，而且还建有地州级民族自治地方三个，县级自治地方八个。② 但是，重庆蒙古族却不在上述本民族自治地方居住，也不享有本民族区域自治的任何便利和政策优惠。同时，重庆蒙古族的主要聚居地彭水是苗族土家族联合自治县，在彭水苗族土家族自治县境内，蒙古族人口又是仅次于苗族、土家族人口的第三大少数民族。也就是说，人口数第三的蒙古族在彭水苗族土家族自治县境内仍旧是少数民族，而非自治民族。可见，重庆蒙古族不仅是蒙古族中的散杂居群体，而且也是居住在民族自治地方的散杂居民族，这是重庆散杂居民族文化特征之四。

可以认为，重庆蒙古族散杂居民族文化特征非常具有样本意义，尤其是代表了游牧民族散杂居化发展和农耕化转换的历史演变轨迹，极富学术研究价值和现实意义。

第三节 彭水苗族土家族自治县少数民族简况

彭水苗族土家族自治县是重庆市乃至整个武陵地区蒙古族人口分布最多的少数民族自治县，也是唯一的以苗族、土家族为自治主体的民族自治县。在整个重庆市乃至武陵地区，彭水苗族土家族自治县境内的蒙古族具有人口相对较多、居住相对集中、民族认同相对强烈等显著特点。因此，本书选择彭水苗族土家族自治县境内的蒙古族聚居村落作为田野调查点，具有较强的代表性和说服力。

根据第五次全国人口普查统计数据，2005年彭水苗族土家族自治县

---

① 张丽剑：《散杂居背景下的族群认同——湖南桑植白族研究》，民族出版社2009年版，第3页。

② 杨圣敏主编：《中国民族志》，中央民族大学出版社2003年版，第107页。

有少数民族25个，主要为苗族、土家族、蒙古族、维吾尔族、满族、仡佬族、哈尼族、侗族、回族、瑶族、壮族、布依族等。① 这些少数民族可以分为两类：一是自治民族，主要是指苗族和土家族；二是非自治民族，即除苗族和土家族以外的23个少数民族。②

一 民族来源

（一）自治民族来源

1. 苗族来源

根据现有材料来看，彭水苗族的主要来源有三个：一是古代蚩尤、盘瓠等苗蛮系统；二是近现代社会迁入并定居的苗民；三是巴人时期的"属""共"系统，即巴民族的板盾蛮中的龚姓等姓氏。

苗学研究者普遍认为，作为中国南方的一个古老族群，苗族原初的族源就呈现出多元性特征。③ 苗族始祖蚩尤在和黄帝战败后，便向南方迁徙，后来经长江中下游地区进入彭水地界生息繁衍下来，并充分开发郁山盐业资源，促进了民族的发展和彭水经济与社会的进步。据清代《彭水县志》和《酉阳直隶州总志》载，郁山龙滩河边原有蚩尤庙（新中国成立后被毁——笔者注），把蚩尤当作"咸泉龙王"（主管卤水之神——笔者注）来崇拜。从这一信仰来看，蚩尤部落或其部属可能是郁山盐业的开发者。尧、舜时期，三苗中的驩兜部落被赶到南方，这部分苗族先民被称为"南蛮"，《山海经·大荒北经》记载："西北海外，黑水之北，有人有翼，名曰苗民。颛顼生驩头，驩头生苗民。"驩头又作驩兜，见《尚书·舜典》："放驩兜于崇山。" 1985年在彭水县郁山镇发现的"人面鸟喙"就是证明驩头的有力证据。汉代，盘瓠部落由于受到朝廷压制，逐渐向西转移，进入现武陵山区。盘瓠以神犬（狗）为图腾或者民族标志，因此忌食狗肉。在彭水民间不仅有人忌食狗肉，而且在很多民间墓碑上还有神犬雕刻，敬奉神犬（狗），这可能也与盘瓠信仰有很大关系。据文献记

---

① 《彭水苗族土家族自治县概况》编写组、《彭水苗族土家族自治县概况》修订本编写组：《彭水苗族土家族自治县概况》（修订本），民族出版社2007年版，第12页。

② 杨涛源：《论彭水苗族土家族自治县的民族关系》，硕士学位论文，中央民族大学，2006年，第3页。

③ 田晓岫：《说"蚩尤"》，《中央民族大学学报》（哲学社会科学版）1997年第3期。

载,(渝东南地区)苗族"吃年饭,要先送狗吃,人再吃"①。

再者,《山海经·大荒南经》记载:"蚩尤所弃其桎梏,是为枫木。"郭璞注云:"蚩尤为黄帝所得,械而杀之,已摘弃其器,化而为树也。"所以在彭水农村地区,一些民居周围都种植大量枫树,从外面看不见房子。民间巫师在祭神时,就会将烧红的铁三角反戴在头上,俨然传说中铁头铁额的蚩尤,到每间屋子驱鬼。②从语言角度来看,因彭水苗族多从湘西苗族地区迁徙而来,故在语言上可以找到一些证据。在湘西苗语的上古音中,把"盐"称为"有","有"和"郁"是同一个音,郁山即为盐山。当苗族先民从湖南湘西进入现郁山地区以后,就将盐业资源丰富的地方称为郁山,郁山由此得名。当然,这一迁徙路线在湘西苗族中流传的《迁徙歌》中还可以找到影子:苗族从"水乡"迁入武陵、五溪地区后,"一支去往平款(重庆秀山平款),一支去往酉阳……一支迁到务戒(今重庆武隆)等地方"。③史书记载,明代,从湖北、江西等地大量移民来到包括彭水在内的原四川地区,其中部分人口就为苗族。乾隆、嘉庆年间,在清政府大力镇压川湘黔边区苗族大起义后,一部分苗族迁入彭水,如郁山麻坝口田姓、乔梓乡蛇皮峰的梅姓等。④

同时,部分彭水苗族也可能来源于巴人中的"共"姓。《华阳国志·巴志》载巴国中的"属"中有"共"人,据此学者认为"共"人就是板盾蛮中的龚姓。对于乌江上的"龚滩",学者邓少琴认为:"或以其地曾为龚人居住,就称呼它为'龚','共'应即为'龚'字。"⑤何光岳认为:"蓬即洪之转音……这些地名都与龚人分布有关。"⑥彭水《龚氏族谱》记载,"吾母族龚姓,肇自共工","世居黔地,由来久矣"。因此,有学者认为,彭水苗族中的"龚姓、洪姓"当为巴人中的"共"姓。⑦

---

① 重庆市民族宗教事务委员会编纂:《重庆民族志》,重庆出版社2002年版,第234页。
② 《彭水苗族土家族自治县民族宗教志》编纂委员会:《彭水苗族土家族自治县民族宗教志》,重庆出版社2003年版,第9页。
③ 伍新福、龙伯亚:《苗族史》,四川民族出版社1992年版,第85—86页。
④ 《彭水县志》编纂委员会:《彭水县志》,四川人民出版社1998年版,第727—728页。
⑤ 邓少琴:《巴蜀史迹探索》,四川人民出版社1983年版,第19页。
⑥ 何光岳:《南蛮源流史》,江西教育出版社1988年版,第176页。
⑦ 《彭水苗族土家族自治县民族宗教志》编纂委员会:《彭水苗族土家族自治县民族宗教志》,重庆出版社2003年版,第10页。

近代以来，从贵州、四川等附近省份以及重庆市内其他区、县因通婚和工作需要而嫁入的苗族同胞，也是彭水苗族的一个重要来源。据文献记载，清代以来，贵州省沿河土家族自治县、道真仡佬族苗族自治县、务川仡佬族苗族自治县以及重黔江区、庆市酉阳土家族苗族自治县、石柱土家族自治县等县婚嫁入彭水的苗族人不少，也有部分是来县工作的。①

2. 土家族来源

彭水土家族主要为廪君后裔。以廪君为首的巴人先民，最早的居住地在湖北的武落钟离山，后从长阳清江顺夷水西进，到达现在的恩施地区。② 在鄂西地区，巴人取得了巨大发展，随后，巴人一支进入现湖北省恩施土家族苗族自治州利川市，从郁江顺流而下，到达郁山并留下开发盐泉。另一支进入现恩施州咸丰县境内，再顺冷水河、大河进入阿蓬江，进入现重庆市黔江区、酉阳境内，再从两县转入彭水县。姓氏多为冉、向二姓。

根据史书记载，元代以后，还有土家族先民迁入彭水境内。如明末的总兵冉茂胤、阮氏兄弟等都是被派兵来"赶苗"后定居下来的。③

新中国成立后，随着社会的不断进步与发展，彭水土家族地区通婚圈逐渐扩大，周边区县，如黔江区、酉阳土家族苗族自治县、秀山土家族苗族自治县、石柱土家族自治县和涪陵区等地土家族也因婚姻嫁入彭水。再者，还有一些土家族因工作调动等原因来彭水定居。

(二) 非自治民族来源

在非自治民族当中，蒙古族、侗族、回族、满族等民族人口相对较多。

彭水侗族均为杨姓。据西南民族学家李绍明先生考证，彭水侗族祖先为杨再思后人，杨氏为侗族中的强宗大姓。④ 因而，根据这一研究，可以认为彭水侗族主要是来源于湖南芷江地区。

回族多为清代至民国时期零星迁入。根据民国二十九年 (1940) 版

---

① 《彭水县志》编纂委员会：《彭水县志》，四川人民出版社1998年版，第728页。
② 曾超：《巴人尚武精神研究》，中国教育文化出版社2006年版，第76页。
③ 《彭水县志》编纂委员会：《彭水县志》，四川人民出版社1998年版，第733—734页。
④ 李绍明：《从川黔边杨氏族属看侗族与土家族的历史关系》，《贵州民族研究》1990年第3期。

《彭水概况》记载："本县回民，仅马姓数家，与齐民混居，尚属相安。惟本县并非产牛之区，自来严禁屠牛，其所需肉食，殊难觅取耳。"现今，彭水回族风俗习惯已与当地人没有多大区别。①

彭水满族主要是来彭水任职的满族官员的后代。据史书记载，清朝光绪年间，满族人奎荣任彭水知县。民国年间，满族官员阴庆楷先后于1917年和1924年两次任彭水知事，其妻满族女子章承曼卿·淑仪②生六子一女，其中有四个儿子随阴庆楷在彭水定居。这就是最早的彭水满族。新中国成立后，又有一定数量的满族职工因工作原因在彭水定居下来③，从而使彭水满族人口逐渐增多。

同时，彭水苗族土家族自治县境内还有藏族、彝族、京族、壮族、仡佬族、水族、哈尼族、朝鲜族、瑶族、独龙族、布依族、傣族、黎族、东乡族、鄂温克族、白族、仫佬族、撒拉族、德昂族等少数民族。这些少数民族人口较少，居住也较为分散。调查发现，这些少数民族主要是新中国成立后，或因工作原因到彭水任职或因通婚而定居下来的。

二　民族分布

彭水少数民族多集中在县境的北部、东部和南部。从总体上来看，彭水少数民族大多居住在交通较为偏僻、经济较为落后的边远山区或者农村地区。从两个自治民族分布来看，彭水苗族主要居住在普子、砂石、三义、鹿鸣、联合、平安、新化、鞍子等28个乡，而且这些乡的苗族人口都超过千人。在所有苗族人口较多的乡中，梅子垭乡最多，超过8000人，其次为鞍子乡，也超过5000人。对土家族而言，人口超过1000人的乡有10个：太原、砂石、三义、连湖、善感、迁桥、鹿鸣、龙射等，其中连湖土家族人口最多，超过3000人。④

从分布情况来看，普子区、郁山区、桑柘区、鹿鸣区和黄家坝

---

① 《彭水苗族土家族自治县民族宗教志》编纂委员会：《彭水苗族土家族自治县民族宗教志》，重庆出版社2003年版，第17页。
② 《彭水苗族土家族自治县民族宗教志》中署名为章承卿·淑仪。
③ 《彭水县志》编纂委员会：《彭水县志》，四川人民出版社1998年版，第736页。
④ 《彭水苗族土家族自治县民族宗教志》编纂委员会：《彭水苗族土家族自治县民族宗教志》，重庆出版社2003年版，第20页。

少数民族人口分布最多，而黄家坝区和鹿角区最少。

表1-2　　　　彭水苗族土家族自治县少数民族人口分布情况

序号	分布	人口总数（人）	少数民族所占人口数（人）	少数民族所占人口比例（%）
1	汉葭区	52771	22112	41.90
2	高谷区	66733	20860	31.25
3	普子区	51272	28746	56.06
4	郁山区	114093	31931	27.93
5	桑柘区	77391	34760	44.91
6	鹿角区	42413	28131	66.32
7	黄家坝区	42856	26409	61.62
8	汉葭镇	23521	2520	10.71
9	保家区	62959	17559	27.88

资料来源：《彭水苗族土家族自治县民族宗教志》编纂委员会：《彭水苗族土家族自治县民族宗教志》，重庆出版社2003年版，第20页。

从表1-2可以发现，鹿角区和黄家坝区的少数民族人口占总人口比例最高，超过了60%，而汉葭镇少数民族人口比例最小，刚超过10%。从人口绝对数来看，则郁山区和桑柘区少数民族人口最多，超过30000人，汉葭镇少数民族绝对人口最少，不到3000人。

三　民族人口

随着不同时期社会发展条件的不同，彭水境内总人口因行政区划变动、人口迁入与迁出以及人口自身的发展规律等原因一直处于不断变化之中，但是总的来说，人口总数和民族数量一直处于上升趋势。

在明代，就有关于彭水县人口户数的记载。文献记载，彭水人丁数及田赋额，在明以前，已无可考。明代编列人丁，共2966丁口。[①] 明天顺年间，彭水有人口880户。清代，有了关于彭水人口数量的具体记载。嘉庆十九年（1814）就有人口82797人，道光八年（1828），彭水县有人口242802人。民国五年（1916），有人口301605人。1950年有人口

---

① （民国）彭水县政府印：《彭水概况》，民国二十九年（1940），第63页。

334984人。

关于彭水少数民族人口，清康熙《彭水县志·疆域志》就有"四邻苗疆，犬牙交错"、"苗汉杂处"等记叙。民国二十四年（1935）《川边季刊》上发表的陈济涛的文章《四川的边地与开发》记叙"川东南区以前为苗民聚居区"，并统计了当时苗族为3344人。这是关于彭水少数民族人口数量最详细也最早的文献记载。

新中国成立后，伴随着彭水少数民族经济与社会发展，少数民族人口数量增加较快。同时，随着党和国家民族区域自治政策的逐步实施和民族关系的不断改善，彭水境内的少数民族数量也逐渐增多。有关年份彭水境内少数民族及其人口数量统计如表1-3所示。

表1-3　　　1982—2005年彭水苗族土家族自治县少数民族
人口统计　　　　　　　　　单位：人

年份\民族	苗族	土家族	蒙古族	回族	其他民族	合计
1982	135534	46835	1895	455	21	184741
1983	159574	49144	1657	452	43	210877
1985	159574	48140	1657	456	50	210877
1989	179844	78074	1825	408	70	260211
1998	199849	63766	2453	1667	1003	268817
2005	291850	84938	1997	560	280	380816

说明：1982年其他少数民族主要是满族、藏族、彝族、壮族等。1983年其他民族主要是满族、藏族、壮族、京族和彝族。1985年其他少数民族主要是满族、藏族、彝族、壮族和京族。1998年其他民族主要是满族、藏族、彝族、壮族和仡佬族。2005年其他少数民族主要是维吾尔族、满族、仡佬族、哈尼族、壮族、彝族、藏族、朝鲜族、瑶族、独龙族、布依族、傣族、黎族、水族、鄂温克族、白族、东乡族、仫佬族、撒拉族和德昂族等。

资料来源：《彭水苗族土家族自治县民族宗教志》，重庆出版社2003年版，第132—133页；《彭水苗族土家族自治县概况》，民族出版社2007年版，第10—12页。

从表1-3可以发现，不管是彭水少数民族的个数，还是单个少数民族的人口数量，都呈上升趋势，这充分说明了彭水少数民族社会发展取得的巨大成就。

表1-4　　　近二十年来彭水苗族土家族自治县少数民族
人口演变情况

分类\年份	1982	1983	1985	1989	1990	1998	2005
少数民族人口数（人）	184741	210877	210877	260211	238338	268817	380816
占总人口比例（%）	35.69	40.72	40.72	46.99	42.78	44.26	60.46

从整个重庆市来看，彭水是重庆市内苗族人口最多的民族自治县。据2000年全国第五次人口普查统计，彭水县境内有苗族273488人，占到全县总人口的46.3%。[1]

笔者对近二十年来彭水县少数民族总人口数作了抽样梳理（见表1-4）。从表中分析可以发现，近二十年来，彭水少数民族人口总数逐渐增加，尤其是近十年来增速加快。与此同时，少数民族占全县总人口数比例也随之变大，1998年以来增幅已超过了15%，可谓迅速。民族人口学理论认为，经济因素是影响人口变动的主要原因。[2] 经济状况好，则人口数量增加，反之，则减少。彭水少数民族人口的变化情况在一定意义上正好印证了这一观点。

四　民族关系

根据民族理论界的主流观点，民族关系在人们的交往联系中，不仅具有社会性，而且具有民族性，本质上是涉及民族这个社会人们共同体的地位和待遇、民族这个社会利益群体的权利和利益、民族及其成员的民族意识和感情等特定内涵的社会关系问题。民族关系有多种表现形式，有以民族群体出现的民族与民族之间的关系，有以不同民族成员之间相互交往中表现的民族关系，有以曲折的方式表现的某种民族关系。民族关系的基本表现形式是民族群体之间的关系。[3]

在数千年的历史发展进程中，历代中央政权都曾对彭水地区进行过多次大规模的征剿，使境内各民族不断迁入、迁出，各民族之间相互交往

---

[1] 重庆市民族宗教事务委员会编纂：《重庆民族志》，重庆出版社2002年版，第198页。
[2] 林耀华主编：《民族学通论》（修订本），中央民族大学出版社1997年版，第557页。
[3] 图道多吉主编：《中国民族理论与实践》，山西教育出版社2002年版，第124—125页。

融合。

先秦时期,彭水历史上发生了第一次少数民族的反抗斗争。楚庄王三年(前611),楚国发生大饥荒,庸人(今湖北竹山为古庸国治所)率领包括当时属巴国、今彭水等地的"群蛮"起来反叛。楚国联合秦国、巴国灭了庸国。"群蛮"见庸国被灭,遂结盟楚国。

秦汉时期,彭水属于黔中郡。西汉时,盘瓠部落逐渐强大起来,他们占有武陵、长沙等地,不时"寇掠郡县"。东汉时期,彭水及周边地区的少数民族多次反抗,从建武二十年(44)起到中平三年(186),武陵蛮反叛17次,长沙蛮反叛3次,江夏蛮反叛2次,零陵蛮反叛1次,东汉政府派大军镇压,平均每6年就有一次大规模的军事行动。[1] 客观地讲,秦汉中央政府对彭水各族先民的镇压与统治,也在一定程度上促进了彭水少数民族与汉族之间的民族联系和交往,密切了彭水少数民族与汉族之间的关系,推动了彭水少数民族和社会的发展。[2]

西晋时期,彭水及周边少数民族势力又强大起来。东晋时期,民族矛盾趋于尖锐。北周时期,中央政府推行了一系列的民族怀柔、羁縻政策,蛮帅田思鹤才"以地内附",被正式纳入北周版图,接受中央政府的统治,结束了长达200多年的割据局面。

隋大业三年(607),包括彭水在内的少数民族反叛,隋炀帝派武侯骠骑将军郭荣带兵镇压。大业五年(609),"黔安夷向思多反,杀将军鹿愿,围太守萧造"[3]。唐代,中央政府在湘鄂川黔边设羁縻州县,先后委任冉安昌、田世康和田英分别为思州招抚使、黔州刺史和溪州刺史。开元二十一年(733),中央政府置黔中道,治所在今彭水县城,为全国十五道之一。可以说,隋唐时期彭水及其周边地区的民族关系多以和为主,彭水地区的民族关系得到进一步改善和发展。

北宋王朝设置羁縻州县官职,黔州辖羁縻州49个,到南宋时增加到56个,初步建立起土官制度的雏形,把"以蛮夷治蛮夷"视为上策,有效地改善了彭水的民族关系。元代,黔州等在内的九溪十八洞"蛮獠叛

---

[1] 《彭水苗族土家族自治县民族宗教志》编纂委员会:《彭水苗族土家族自治县民族宗教志》,重庆出版社2003年版,第10页。

[2] 杨涛源:《论彭水苗族土家族自治县的民族关系》,硕士学位论文,中央民族大学,2006年,第6页。

[3] 《隋书》卷六十五·列传第三十。

服不常，往往劫掠边民"。但总体上来说，宋代各民族友好往来、交流合作的关系得到加强，而元时彭水的民族关系表现为两方面：一是各民族的经济、文化联系加强；二是民族间的不和谐、不团结表现突出，少数民族反抗不断。①

明代，随着土官势力的膨胀和税负的日益繁重，彭水少数民族不堪忍受，因而反抗斗争非常激烈。同时，从元朝末年到明末，"赶苗拓业"（"赶苗夺业"、"赶蛮图业"）也在一定程度上激化了阶级矛盾和民族矛盾。

在众多"赶苗"事件中，众多苗民被赶杀，死亡极多。"赶苗"时，萧、余、聂、汪、汤等姓氏民众躲藏到盘瓠河一带的深沟密林中，桑柘乡龙塘村李国朝、李国民兄弟在"赶苗"时率族人100多人四处躲藏。他们躲在洞中，饿死了一些人，直到官兵退后他们才出来重振家业。"赶苗拓业"使彭水及其周边地区人口锐减。文献记载，元世祖至元二十七年（1290）时，彭水有3944户，15189人。到明天顺（1457—1464）初年，彭水仅剩880户；到万历年间，全县仅有人口2966丁②，不足10000人。

在历史上"湖广填四川"期间，外省人大量迁入，彭水人口构成发生了很大变化。再加上"改土归流"政策的实施与推行，不少官兵落户彭水，逐渐带来了彭水民族结构的改变。同时，明清政府为了更好地管理和统治少数民族地区，推行了鼓励少数民族读书应试的政策，为此，明清时期，彭水的郁山丹泉书院、汉葭书院以及一批"社学"、"义学"相继建立，彭水少数民族社会的汉化进程逐渐加快。

民国时期，彭水县各少数民族纷纷掀起反抗斗争。抗日战争时期，彭水党组织坚决地执行了中共中央的抗日民族统一战线政策，团结彭水各族人民、各界人士投入抗日斗争中，反对共同的敌人，使彭水各族人民联合起来共同战斗。1932年2月，彭水各族人民组建了"抗日义勇军敢死队"并奔赴前线。卢沟桥事变后，彭水又成立抗敌后援分会，在城乡广泛开展抗日宣传并禁用日货，社会各界购买救国公债、认购飞机、慰劳前线战

---

① 杨涛源：《论彭水苗族土家族自治县的民族关系》，硕士学位论文，中央民族大学，2006年，第9页。

② 《彭水苗族土家族自治县概况》编写组、《彭水苗族土家族自治县概况》修订本编写组：《彭水苗族土家族自治县概况》（修订本），民族出版社2007年版，第11—12页。

士，共捐资1.8万余元。分会还为出川抗日部队征集军粮1.1万石，组建2万民夫的运输队运输军需物资，为抗日战争做出了贡献。①

新中国成立60多年来，彭水各族人民奋发图强，艰苦奋斗，全心全意投身社会主义现代化建设事业，各项事业都取得了很大成就，在政治、经济、文化等多方面成就显著。

在政治上，彭水各族群众实现了人民当家做主的权利，建立了民族区域自治县，管理自治县区域内各种地方性事务。1983年11月14日，国务院第242号文件批准成立苗族土家族自治县。1984年11月10日，彭水苗族土家族自治县人民政府正式成立，这是彭水各族人民社会生活中的一件大事。自治政府成立以来，彭水各族人民在党的领导下，严格贯彻党的民族区域自治政策，坚持以经济建设为中心，较好地完成了党和国家交给的各项任务，管理着本地区、本民族事务内部的各项工作，取得了较大成就。

在经济上，彭水各族人民群众在党和国家制定的一系列发展民族地区经济政策的指引下，大幅度调整农业内部结构，对海拔800米以上的耕地免去粮食征购任务和生猪派购任务，并对不适宜种植粮食的地方，实行退耕还林、退耕还牧。对800—1000米的山区，坡度在25°以上的耕地和800米以下的坡陡地，也免去征购任务，逐步退耕还林、还草。

同时，国家有关部门也加大了对彭水经济社会发展的支持力度。拨给"支持不发达地区资金"，用于发展工、农业生产以及交通、文教事业。在财政上还增加了民族补贴和民族机动金，对民族贸易企业实行低息贷款以及财政包干。② 在国家政策的支持下，彭水各族人民因地制宜，大力发展经济作物，在生产粮食的同时，发展了青麻和烤烟生产，带动了经济的发展与进步。2005年，彭水农村居民年均总收入3048元，年人均纯收入2125元，年人均现金收入1913元。农村居民人均占有粮食481公斤。城镇职工年均工资12689元，城镇居民人均可支配收入6513元，城镇居民

---

① 杨涛源：《论彭水苗族土家族自治县的民族关系》，硕士学位论文，中央民族大学，2006年，第12页。
② 《彭水苗族土家族自治县概况》编写组、《彭水苗族土家族自治县概况》修订本编写组：《彭水苗族土家族自治县概况》（修订本），民族出版社2007年版，第70—71页。

人均消费性支出4578元。① 可见，彭水经济与社会发展取得了较大成就，各族人民的社会生产、生活水平有了很大提高。

在文化教育上，各级有关部门不仅拨给教育经费，而且还对少数民族考生报考大专院校实施考分照顾，极大地推动了彭水民族教育事业的发展，培养了一大批德才兼备的少数民族干部。在民族文化方面，不仅大力推进本民族、本地区少数民族文化研究，而且还大力推介本地丰厚的少数民族文化旅游资源，让大山中的民族走向山外，走向全国。

由此可见，新中国成立以来，在中国共产党民族政策的指引下，彭水苗族土家族自治县各族群众经济社会发展取得了重要成就，推动了彭水地区的社会变迁、经济繁荣与文化发展，形成了各民族平等、团结、互助、和谐的良好的社会主义民族关系。

第四节 彭水自治县鹿鸣乡向家村基本情况简介

向家坝村又称向家村，不仅是彭水自治县境内的蒙古族聚居村落，而且也是重庆市乃至整个武陵地区重要的蒙古族聚居地。

一 鹿鸣乡基本情况

鹿鸣乡是彭水苗族土家族自治县境内蒙古族人口相对较多、居住也较为集中的乡镇，也是重庆市蒙古族聚居地。鹿鸣乡位于彭水县城西北部，东与平安乡接界，南邻高谷镇，西与武隆沧沟乡接壤，北邻武隆县鱼子乡，东北连接龙射镇，乡镇府距彭水县城30多公里，全乡幅员国土面积132.1平方公里，其中包括林地面积132000亩。

鹿鸣清代置乡，1958年改名为鹿鸣公社，1984年复置为乡。2001年区划调整后，鹿鸣乡管辖原鹿鸣乡、合理乡所属行政区域，下辖向家村、红岩村、转平村、合理村、万年村、回龙村、龙田村、大塘村、双联村、万峰村、双枫村、马金村等19个村委会。全乡有汉族、苗族、土家族、蒙古族等，总人口19000多人。

鹿鸣乡平均海拔约800米，境内海拔最高处漆园林场海拔在1200—

---

① 《彭水苗族土家族自治县概况》编写组、《彭水苗族土家族自治县概况》修订本编写组：《彭水苗族土家族自治县概况》（修订本），民族出版社2007年版，第76—77页。

1500米，夏季平均气温在22℃左右。境内资源丰富，空气清新，环境优美，有松鼠、长尾红嘴蓝鹊、野猪、白鹭等大量野生动物，生物多样性特征非常明显。自然资源蕴藏量大，硫铁矿、石油天然气、煤矿、硝石、萤石等尚待开发。

二 向家坝村基本概况

向家坝村是鹿鸣乡境内唯一的蒙古族聚居村。向家坝村位于鹿鸣乡西北部，民族公路穿村而过，距鹿鸣乡政府所在地10公里，东与本乡万年村相邻，南与本乡马金村相连，北与本乡焦家坝村相接，西与武隆县沧沟乡木棕河为界。海拔在250—400米，年均气温21.5℃，全村下辖6个村民小组，全村幅员6.0平方公里，耕地面积143.6万公顷，旱地面积125.8公顷，山林面积4300亩。2005年，全村有432户，1750人，6个村民小组。[1] 其中，蒙古人为1250人，占到全村总口数的71.43%。2008年年底，全村有常住人口1868人。2008年，向家村农业生产总值572万元，人均纯收入2827元，主要以农业、牧业为主，分别占总收入的44.4%和44.1%，劳务收入200万元。2012年，全村人口1987人，其中蒙古族人口1378人，苗族33人，土家族105人，汉族167人，分别占人口总数的69.4%、16.9%、5.3%和8.4%。[2] 可见，向家村是一个以蒙古族为主体的散杂居民族村落。

向家坝村又称庙坝，由三冲七坝构成，村内32座小山头错落交织，有"向家坝一盘棋"的说法。相传在很久很久以前，向家坝方圆百里都是大森林，人烟稀少，四面横山，东为大坝岭，南为笔架山，西为钟岭山，北为柒园山（都是现地名——笔者注），形成了一个锅壁状地形，而锅底却是一块大约为1平方公里的丘陵平坝，就是现今的向家坝。在这块平坝上游有32个小堡，中间有1000多米长的土槽，名大路槽（现名——笔者注）。

这个地貌的形成，传说是远古时代的两个神仙造成的。有的说是韩湘子和吕洞宾，有的说是铁拐李和钟汉华。传说，一天两人下棋，一个坐在

---

[1] 荣盛：《乌江河畔的蒙古人》，《北方新报》2009年4月21日。
[2] 彭水县鹿鸣乡人民政府：《2012年鹿鸣乡人口统计报表》，2012年。原件存彭水县鹿鸣乡人民政府。

号房岭，一个坐在西阳寨（现地名——笔者注），几天都没分输赢。突然，南天门钟声响起，玉皇大帝临时召见，他们二人放手就走。撂下的棋子、棋盘，一下子就演变成了32个小堡，大路槽就是界河。因此，现今包括彭涪两地（现重庆市武隆县）的很多老人都知道"向家坝一盘棋，龙坝半盘棋"的说法。

关于向家坝村的起源，至今还流传着一些故事。传说，向家坝蒙古族先祖张经、谭伦兄弟俩刚来向家坝时，向家坝一片荒芜，杳无人烟，到处是沼泽地，可谓一无人迹、二无地名。于是，张经、谭伦兄弟就搭棚为房，插标为界。后来，随着向家坝的逐渐开发和人口的不断增多，涂家、丁家、李姓等其他姓氏也不断迁来向家坝定居。

后来，张经、谭伦兄弟俩偶遇一过路的阴阳先生，阴阳先生告知兄弟俩现在所居住的地方风水不好，建议兄弟搬迁。于是，兄弟俩就按照阴阳先生的意思，搬到了"老屋场"（现地名——笔者注）居住，也就是以前向家坝张姓居住的老屋基，随后蒙古族就人丁兴亡，逐渐发展起来。

对于向家坝的得名，有人认为向家坝是因象鼻塞而得名，但蒙古族张友安老人认为这并不足为证。张友安老人介绍说，传说很久很久以前，向家坝"高坎子"那个地方曾经发现过一块很古老的墓碑，在墓碑上发现坟冢的主人姓"向"，于是以人名为地名，向家坝的名称可能就由此而来。

第 二 章

土地制度与经济生活变迁

经济生活是人类社会生活的重要内容之一,在人类社会发展史上占有重要地位。经济是社会发展的重要物质基础,人类只有在满足一定的物质需求之后,才能创造出一定的社会文化遗产。同时,经济也是一切社会制度的基础。马克思主义认为,经济基础决定上层建筑,经济的进步与发展,对人们的社会生产生活活动、宗教信仰、文化与教育、道德习俗、婚丧嫁娶等都产生了深远影响。因此,可以认为,经济生活的变迁与发展,对一个人、一个民族、一个国家,甚至是对整个社会的发展与进步都具有举足轻重的作用。

第一节 新中国成立前重庆蒙古族的经济生活

元明时期,社会动荡不安,重庆蒙古族先民颠沛流离,文献史籍对重庆蒙古族的经济生活记载不多。

清代,蒙古族已成为重庆彭水地区的主要居民之一。据象鼻塞碑记载说明,第一,清同治年间,蒙古族已成为向家坝及周边地区的主要居住者和重要族群。第二,根据推断,蒙古族已可能在向家坝及周边社会的政治和经济生活中处于主导地位。[①] 笔者调查发现,谭姓蒙古族先祖谭珏的墓碑立碑时间为"乾隆二十三年岁次戊□□吉旦",乾隆二十三年即公元1758年。也就是说,至清乾隆年间,也就是在18世纪中期,蒙古族先民已成为向家坝的主要居住者。因此,在一些清代地方志文献中,仍然可以发现区包括蒙古先民在内的彭水地各族人民经济生活的基本情况。

---

① 王希辉:《重庆彭水"象鼻塞碑"考释》,《黑龙江民族丛刊》2010年第3期。

清光绪版《彭水县志·民俗》记载："境内山多田少，近水平陆处颇可种植粳稻，其高山深谷多种御麦及荞稗为食。农民勤苦终岁，仅足自给。间有充裕之家，亦不过积谷数百斛而已，遇荒歉，辄以赈贷乡邻，无闭籴以厚自封殖者。值军兴之年，农民捐助饷需，未尝违抗，虽竭蹶困备，无怨言。"① 可见，清代重庆蒙古族地区民众生活艰苦，生活困难，仅能维持基本生存需要。但是，随着对外交往的扩大和交换活动日渐频繁，彭水各族群众的日常生产、生活发生了一定改变。

《彭水县志·民俗》又载："近年山地有种膏、桐、漆、枲者，获利稍厚，然恶其妨本业，亦不多植也。城乡中，铁、石、金、木、染、绘、陶、馒，诸工毕具，然所造诸物，皆民居日用，朴素浑坚，无奇技淫巧縻物力，以供细娱者。邑在国初时，钱币尚未流通，贸易惟以粟、布。近年，则舟楫往来，商贾辐辏，百货云集，盐、茶、油、漆、苎麻诸物，转运各处，而楚、黔、闽、粤、江右等省，俱通商贩焉。本年，城内书贾坊肆，亦较前为多。邑当商贾未通时，民间衣止布素，食止鸡豚。近因各省通商，锦绣纨绮，及山珍海错，市肆中皆可购买。然土俗惟尚质朴，无以鲜衣美食相侈者。"② 这说明了清代工商业演变的基本情况。由于交通的日渐方便，舟楫往来，商贾辐辏，百货云集，商品交换的产品数量和种类逐步增加，带来了重庆彭水地区经济的初步繁荣，人们的衣食住行都有了很大改变。

随着社会变迁的加剧和人们审美观念的变化，彭水各族人民的缫丝纺织业有了很大发展，服饰文化变化迅速。据《彭水县志·民俗》记载："邑内旧无蚕桑，妇女惟勤纺织。近年，境内多养桑缫丝者，茅田细沙等乡纺棉织布，机声相闻，妇女皆有恒业焉。旧时，簪珥服饰，无珠翠金宝。近年，世家富族颇有之，然皆雅淡，无雕镂奇巧珍异之物。"这是服饰文化变迁的真实状况。

对于生产活动，《彭水县志·节令》记载："正月，商贾诹吉择期开市。二月，农夫治田器，犁山土。惊蛰后，浸稻成芽，撒田中，曰下秧。总□天之寒暖，地之高卑，以为下秧之早晚。妇女摘桑叶饲蚕。三月，山农皆种御麦，植茶者采茶，艺麻者耘麻，收诸豆及春蔬。四月，秧长五六

---

① （清）庄定域修、支承祜等纂：《彭水县志·民俗》，光绪元年刻本。
② 同上。

寸,农人通功栽插,疏密成行。山农刈麦,摘晚茶。五月,端阳日,艺麻者剥麻,肃去粗皮,曝干、售之。养蚕者缫丝。六月,农人薅秧,前后必三四薅,则苗茂。薅御麦者,亦然。收诸瓜壶。初六日,士民曝书帙、衣服于庭。七月,农民获稻,诹吉荐新于田祖及其先代。薅御麦者,亦然。七夕,妇女献果品乞巧。中元日,士民其酒馔,焚楮铤,自远祖以下,及旁支亲族,遍祭之。艺麻者再收麻。八月中秋节,士民具茶果,祀月于庭。九月重九日,土民佩茱萸,载菊酒登高。农薅晚稻,刈诸豆秸,收甘薯。艺麻者三收麻。十月,刈获者皆竣,登仓廪。复种荞麦、蚕豆、豌豆及冬春诸蔬。山农采桐子,有遗者,贫妇、小儿随拾之,曰散桐子,亦犹遗秉滞穗之利也。村塾解馆,有欲读者,另议三冬束脩,曰议冬学。十一月,山农翦茅覆屋,采蕨及甘薯,各作粉售之。榨桐子为油。十二月,山农伐薪草,焚以御寒。"① 可见,在清光绪年间,重庆蒙古族的农业生产依时而行,农事季节分明,农事活动和农事生产都较为规律。

晚清时,彭水各族民众主要的粮食种类有粳米、水稻、黏米、高粱、豆子、豌豆、洋芋(马铃薯)、红苕(甘薯)、豆芽、芝麻、五谷子等。②

民国时期,彭水县粮食产量较低。水稻每亩200公斤,玉米每亩100公斤。粮食作物主要有大麦、小麦、大豆、小米、回麦、绿豆、豌豆、胡豆、米豆、巴山豆、饭豆等,薯类有红苕、白苕、马铃薯等。③ 但由于生产力水平不高,生产动力较为原始,粮食产量不高,包括蒙古族在内的各族民众的生活变化不是很明显。

总体而言,从有限的文献记载来看,在新中国成立前,重庆蒙古族的社会生产还较为粗犷原始,生产方式较为单一,生产力水平不高,仅能满足最低的经济需求,生活十分艰苦。生产活动也主要是为自给自足,商品交换活动也不频繁。在仅有的少量交换行为中,多为出售桐油、苎麻、生漆、五倍子、麝香、虎皮、茶叶、黄蜡、蜂蜜等山货。④

---

① (清)庄定域修、支承祜等纂:《彭水县志·节令》,光绪元年刻本。
② 彭水苗族土家族自治县民族宗教志编纂委员会:《彭水苗族土家族自治县民族宗教志》,重庆出版社2003年版,第38页。
③ 同上。
④ 吴家让:《建国前彭水商业发展简况》,《彭水文史资料·工商史料专辑》(第四辑),1988年,第1页。

第二节 重庆蒙古族经济生活的现代变迁

自迁来重庆定居后,蒙古族及其先民充分发挥聪明才智,艰苦奋斗,不仅推动了蒙古族社会的发展与进步,而且为重庆民族地区的经济与社会发展贡献了力量。尤其是新中国成立以来,勤劳、善良的蒙古族群众,不畏恶劣的自然环境和艰苦的社会生产、生活条件,在中国共产党和人民政府的正确领导下,自力更生,走出了一条极富民族特色的发展之路,推动了重庆民族地区的经济建设和社会发展。在党的十一届三中全会以后,家庭联产承包责任制等政策在重庆蒙古族地区的实施与推行,解放了蒙古族地区的社会生产力,带来了蒙古族地区农村产业结构和家庭生产与经营模式的巨大变革,推动了蒙古族群众社会生产、生活方式的巨大改变,提高了蒙古族的社会生产、生活水平。

一 新中国成立以来向家坝村的土地制度变革

在迁来重庆以前,蒙古族是传统的游牧民族,长期在草原牧区生产、生活。迁来重庆以后,经过数百年的民族融合与文化交流,再加上自然环境与社会环境的改变,居住在重庆的蒙古族及其先民经过不断学习和交流,逐渐接受了农耕生产模式,由一个游牧族群逐渐转化为一个农耕民族。

对于农耕民族而言,土地是农民最重要的生产、生活资料,离开了土地,农民就无法生存和发展。因此,作为以农为生的族群,重庆蒙古族社会经济的发展与变迁,都与土地制度息息相关。土地制度及其相关制度的变革与发展,无疑是蒙古族经济社会发展的主要动力和力量。因此,正如新中国成立60多年来民族地区土地制度变迁一样,向家坝蒙古族土地及其相关经济制度也都随着中国社会的巨大变革而发展变化。

从历史的角度来看,向家坝村土地制度的完善与变迁是一个长期的历史过程。重庆蒙古族多居住在大山之中,地理环境恶劣,交通不便,信息不灵,很难纳入原本就发展不充分的全国资本市场中来,商品经济发展先天不足,因而,重庆蒙古族地区经济社会发展也相对滞后。新中国成立后,向家坝土地所有制经历了农民个体土地私有到全民集体共有、再到家庭联产承包责任制以及家庭联产承包责任制的调整和完善的过程。从经济学角度看，土地制度的不断调整与变革，是生产关系不断通过自身调整来逐步适应生产力发展、社会生产力反过来促进生产关系不断发展的结果。从文化人类学角度看，向家坝土地所有制的不断调整与完善，是"人与自然、人与生态环境、人与社会三者不断调和与适应的过程"①。

新中国成立60多年来，重庆蒙古族农村经济的巨大发展与变迁始于家庭联产承包责任制实施以后。家庭联产承包责任制是土地集体公有制的一种新的表现形式，适应了当时中国农村社会生产力的发展要求，带来了中国农村社会翻天覆地的变化。可以认为，家庭联产承包责任制是蒙古族社会文化变迁与发展的历史临界点。在家庭联产承包责任制实施以前，蒙古族除在新中国成立之初短期实施过土地农民个体私有外，很长一段历史时期都是实行计划经济体制下的农民土地集体公有。在家庭联产承包责任制逐步实施后，伴随着我国社会主义市场经济体制的逐步建立，重庆蒙古族地区逐渐建立了以"集体所有、农民分包"为基本特征的新型社会主义公有制形式。可以认为，家庭联产承包责任制是重庆蒙古族市场经济体制与计划经济体制的分水岭。党的十一届三中全会以后，重庆蒙古族地区经济社会发展取得的巨大成就，也是从家庭联产承包责任制的实施和推行开始的。因而，从一定意义上讲，家庭联产承包责任制的实施和推行推动了重庆蒙古族由传统社会向现代社会的转型，是重庆蒙古族社会发展与变迁的新的历史起点，必将对重庆蒙古族社会的生产、生活产生深远影响。

(一) 剿匪、土地改革与土地个体农民私有

1949年11月，中国人民解放军第二野战军在刘伯承、邓小平的指挥下，迅速进军渝东南民族地区，先后解放重庆秀山、酉阳和黔江地区，并于11月26日乘势解放彭水县城。从此，彭水历史翻开了新的篇章。

为稳定社会秩序，保护革命成果，维护新生的人民政权，在中国共产党和人民政府的领导下，彭水各族人民积极参与剿匪，为解放军侦察匪情，带路送信，站岗放哨，运送伤员，与解放军并肩战斗，② 取得了剿匪运动的胜利。剿匪运动的胜利，大大提高了彭水各族群众的觉悟，提高了

---

① 玉时阶等：《现代化进程中的岭南水族——广西南丹县六寨龙马水族调查研究》，民族出版社2008年版，第17页。
② 《彭水苗族土家族自治县概况》编写组、《彭水苗族土家族自治县概况》修订本编写组：《彭水苗族土家族自治县概况》（修订本），民族出版社2007年版，第54页。

党和人民政府的威信，巩固了新生的人民政权。

为进一步打击地主恶霸，根据西南军政委员会和原川东行政公署的相关政策，彭水县人民政府掀起了轰轰烈烈的"减租退押、清匪反霸"运动。"减租"就是将农民缴纳的地租从原先的50%—70%减少到20%；退押就是将佃农过去交给地主的押金，保本保值地全部还给佃农；"清匪"就是将隐藏下来的匪徒清查出来，根据情节轻重，按有关政策处理；"反霸"就是打击鱼肉乡民、为非作歹的恶霸豪绅。①

包括蒙古族在内的彭水各族群众，尤其是贫农、雇农、下中农被纷纷发动起来，通过诉苦、算账和面对面说理等方式，清算地主、恶霸的罪行，同时还建立乡村农会、农民武装等，使彭水各地面貌焕然一新。

此后，在1951年10月到1952年4月半年时间内，先后开展了两期土地改革运动。在具体的土地改革过程中，彭水各级地方政府严格贯彻"依靠雇农，团结中农，中立富农，保护工商业，消灭地主阶级，发展农业生产"的阶级路线。通过土改，包括蒙古族在内的雇农人均土地占有量从土改前的0.47市石，上升到5.21市石，净增了4.74市石，为原来的11倍；贫农的人均土地占有量在原来1.66市石的基础上净增1.72市石，比原来增加1倍。②

在向家坝蒙古族村，当地人民政府为贯彻彭水县委、县政府的土改方针，并结合向家坝村的实际情况，制定了具体的实施政策。第一步，在人民政府的领导下，向家坝村民将所有没收上来的土地按照土地产量进行分类，并插上标签予以注明。第二步，各家各户按照每人350斤口粮的标准进行土地再分配。在具体实施过程中，坚持好地和差地、近处的地和远处的地进行搭配、结合的原则，以保证公平、公正和合理。但是，由于土地产量有限而人口相对较多，出现了人地冲突的矛盾。于是，在上级有关部门的协调下，向家坝地方人民政府允许那些人口相对较多而又愿意向外迁徙的家庭向其他地方迁徙。为此，部分蒙古族家庭也向附近地区迁出，形成了新中国成立后的第一次人口外迁。

在具体土改过程中，向家坝当地政府为团结社会各阶层人员，维护新

---

① 《彭水苗族土家族自治县概况》编写组、《彭水苗族土家族自治县概况》修订本编写组：《彭水苗族土家族自治县概况》（修订本），民族出版社2007年版，第54页。
② 同上书，第56页。

生人民政府的稳定和社会安宁，对富农、地主、中农以及贫农、雇农等不同阶级和阶层的家庭采取了不同的政策，具体家庭具体对待。

对于富农、地主，只是将富农、地主手中那些用于出租的土地收回分给那些没有土地和生产、生活资料的贫农与雇农，而富农、地主手中的自耕、自食的那部分土地则予以保留。

对于中农阶层，当时向家坝人民政府采取保护的政策，即不没收土地、也不重新分配土地，争取了中农阶层的大力支持。对于数量相对较多的贫农、雇农，则积极团结、争取，让他们积极参加革命运动，分给他们土地和最基本的生产、生活资料，如耕牛、农具等，极大调动了他们的生产、生活积极性。据72岁的张友明先生回忆，当时谭敦慧、谭永忠、谭永胜等雇农几乎一无所有，在土改后他们不仅分得了自己的土地，而且还得到了政府给他们的基本生产工具，如耕牛、犁头、种子等，生产积极性得到了很大提高。因此，这些措施的制定和实施，不仅较好地团结了富农、地主和中农阶层，而且最大限度地争取到雇农、贫农的支持和帮助，对于维护新生人民政权的稳定与团结、推进土地改革运动等都具有重要的现实意义。

实践证明，土地改革不仅巩固和保护了新生的人民政权，使包括蒙古族在内的彭水各族人民真正实现了当家做主的权利，而且还建立了以农民土地个体私有为主要内容的经济体系，极大调动了彭水各族人民的积极性，推动了社会生产的发展与进步。据不完全统计，1952年，彭水县粮食产量就比1951年增长了5.7%，新植的油桐树就有845167棵。[①]

但是，以解决当时农民土地问题为目标的土地改革运动，只是在一定程度上改变了当时农村土地地主所有的社会制度，维护了当时社会的稳定与团结，并在一定程度上也恢复并促进了社会生产的发展、进步。但是，这并没有从根本上废除土地私有制度，也没有建立起一套防止社会分化和土地集中的有效机制。因此，为真正解决困扰中国几千年以来的土地问题，真正实现人民共同富裕，建立起一套维护社会稳定和安定团结的有效制度，中国共产党和人民政府选择了另外一条道路：农民土地的集体化和国有化。

---

① 《彭水苗族土家族自治县概况》编写组、《彭水苗族土家族自治县概况》修订本编写组：《彭水苗族土家族自治县概况》（修订本），民族出版社2007年版，第56页。

(二)"三大改造"与农村土地集体所有制的建立

在土地改革基本完成后，国民经济基本恢复，社会各项事业逐渐回到了正常发展轨道，大规模经济建设随之也逐渐拉开序幕，"三大改造"运动逐步开始开展起来。

1951年12月，中共中央、国务院发布了《关于农业生产互助合作的决议》，规定农民可以组建农业互助合作组。在减租、退押、清霸、反霸结束后，彭水县委、县政府就积极引导县内各族人民走上互助合作的道路。

蒙古族自古就有互助合作的传统。调查发现，当时向家坝蒙古族参与并建立了七个互助组，其中，有四个互助组的成员基本上都是蒙古族群众。互助组有三种，即季节性换工互助组、常年互助组和互助联组。季节性换工互助组机动性很大，规模也小，主要是限于农忙时节的一些互帮互助。常年互助组所有成员几乎都要参加全年的主要农事活动，并且在劳力、畜力和生产工具等方面实行全面互助合作。互助联组则是常年互助组或季节性换工组的组合和联合。截至1954年4月，包括向家坝蒙古族互助组在内，彭水县内共建立各种类型的互助组达8930个。①

在总结互助组发展经验的基础上，中共中央认为初级农业生产合作社具有互助组不具备的优势，于是，在大力发展互助组的基础上，鼓励发展农业初级合作社。1953年12月，中共中央制定并颁布了《关于发展农业生产合作社的决定》。于是，截至1953年，全国初级社发展到1.5万个，入户人口达到27.3万人。1954年，全国共有农村合作社11.4万个，1955年则迅速达到1688.1万个，占全国农户数的15%。

为贯彻和执行中央政策，在彭水县委、县政府的直接领导下，在土地改革完成后，彭水的合作化运动迅速兴起。到1954年4月，彭水入社农户达到农户总数的77.5%。到1955年12月13日，彭水全县合作社发展到了797个，还有互助联组600个，常年互助组673个，季节性换工组9560个。②

在向家坝，随着建立社会主义初级社运动的兴起，蒙古族参与组建初

---

① 《彭水苗族土家族自治县概况》编写组、《彭水苗族土家族自治县概况》修订本编写组：《彭水苗族土家族自治县概况》（修订本），民族出版社2007年版，第56页。

② 同上书，第57页。

级社5个，即鹿鸣初级社一分社、二分社、三分社、四分社和五分社。在初级社组建和发展的过程中，向家坝一些蒙古族还从事一些副业，如木工活、篾匠、石匠等一些行业仍然出现并允许经营，但是经营收入必须上缴公社共有，实行集体分配。特殊情况则不然，如在灾荒或者自然灾害的年份，则不用将收入缴纳到公社分配。

在国家政策的推动下，在互助组和初级合作社的基础上，全国掀起了新一轮合作化高潮，公有化程度进一步提高。1955年7月31日，毛泽东主席在中央工作会议上作了《关于农业合作化问题》的重要报告，标志着农业合作化高潮的兴起。在此背景下，全国各地迅速大规模组建农业生产合作社，将小社合并为大社，初级社转化为高级社。彭水县贯彻"加强领导，全面规划"的方针，掀起了全县合作化高潮。到1956年1月，彭水县发展初级社共2022个。1956年7月，在大办初级社的基础上，彭水县试办了21个高级农业合作社。这21个高级社，是有108个初级社、7个互助组和368个单干农民组织合并起来的。截至1956年底，彭水县全县共建有1233个高级农业合作社，754个初级社，入社农户占到全县农户总数的95.44%。[①]

1956年，包括向家坝在内的鹿鸣初级社分为马鞍、双峰、鹿鸣、合理四个乡。进入1958年，马鞍、双峰、鹿鸣三乡合并为鹿鸣人民高级社，真正实现了生产农具、耕牛、家庭财产集体共有的社会主义集体所有制阶段。在此，向家坝蒙古族群众全部正式加入到高级农业合作社中来。

根据当时社会生产力发展水平和传统的土地私有制度，农业合作化运动在一定程度上适应了当时社会生产力发展的要求，促进了经济与社会的稳定和持续发展。以粮食生产为例，包括向家坝在内，整个彭水县粮食由1952年的15474万斤增加到1956年的22732万斤，每年递增速度为1953年的6.9%、1954年的6.3%和1956年的8.2%。包括蒙古族在内的人均粮食生产量也从1952年的455斤上升到1956年的641斤，增加了40%。[②]

不可否认，不论是向家坝蒙古族村，还是全国各地，高级农业合作社

[①] 《彭水苗族土家族自治县概况》编写组、《彭水苗族土家族自治县概况》修订本编写组：《彭水苗族土家族自治县概况》（修订本），民族出版社2007年版，第57页。

[②] 同上。

的建立和发展，无疑都是社会发展历史上的重大经济变革。高级农业合作社的建立，标志着以土地制度为核心的生产资料私有制向集体公有制的转化。在公有制度下，同其他农村村民一样，向家坝蒙古族也仅仅是土地等生产资料的实际使用者而不是所有者，土地的所有权全部收归为集体和国家。也就是说，所有蒙古族农户只是土地的实际耕作者。

从互助组、初级农业合作社到高级农业合作社，标志着向家坝蒙古族村以土地和主要生产、生活资料公有为基础的经济制度的建立，所有蒙古族群众随之都成为人民高级合作社的社员。首先，从向家坝蒙古族互助组、初级农业合作社到高级农业合作社的经验看，高级农业合作社公有化水平最高。从规模来看，互助组合并组建为初级合作社，初级合作社合并为高级合作社。在互助组阶段，向家坝蒙古族分属七个互助组；在初级农业合作社阶段，分属五个分社，而到高级农业合作社阶段，所有蒙古族村民都加入了鹿鸣人民高级社，人口数量和规模都要大、要多。其次，土地、耕牛和其他主要生产、生活资料都不归家庭所有，而是公社集体财产的一部分。再次，从劳动方式来看，互助组、初级农业合作社时期，蒙古族家庭还具有一定的自主性和灵活性，但到了高级农业合作社阶段，所有人都必须按时参加集体劳动、集体作业。复次，从分配方式来看，高级农业合作社集体劳动，集体平均分配，食物、肉类都由公社统筹，公社按人头和工分分配。最后，高级农业合作社的组织化程度也相对较高。

高级农业合作社的建立，标志着农民土地所有制形式和性质都发生了根本性变化，"大集体"时代真正来临。这一时期最大的特征就是"吃大锅饭"、"一大二公"，"集体劳动，集体吃饭、集体分享劳动成果"。土地、农具、牲畜等主要生产、生活工具都为集体和国家公有，农民集体劳动，集体分配享有劳动成果。

向家坝所属的鹿鸣人民高级社，实行统一劳动、统一核算和统一分配制度，组织军事化、行动战斗化和生活集体化特征非常明显，工资制和食堂供给相结合，大办公共食堂。因此，在这种高度集约式管理体制下，所有社会成员的所有活动都要围绕集体而进行，脱离集体个人就几乎无法生存。

在公社内部，实行政社合一，党委和政府可以无偿地大规模使用一切人力、物力和财力，有着集中力量办大事的优势。但是，这种大包干的政策，也严重扰乱了传统农村的社会生产、生活秩序，干扰了社员的家庭生活和个人生活。

在1959—1961年三年间，由于我国大面积自然灾害，蒙古族村民很多人因缺少食物和水源等而病死、饿死。据72岁蒙古族张友明老人介绍说，有部分家庭是全家饿死或者病死，非常凄惨。

由于高度的集体共有和集体分配，公社权力过大和过于集中，再加上当地政府对国家政策理解的偏差和执行方式粗暴等种种原因，也造成了一些社员的不满。于是，在1957—1958年期间，在国家政策的引导下，开展大鸣大放、大辩论运动，向家坝蒙古族纷纷表达热爱党、拥护人民政府、热爱农业生产合作社的想法，并提出了一些改进措施和意见，如公社权力过大、分配不合理、干部作风粗暴等。

为此，根据规定，彭水县实行公社统一领导，生产大队为基础；分级管理，权力下放；公社、大队、生产队三级核算，各计盈亏；分配计划，由队决定；物资流动，等价交换等原则和政策。后来又根据党中央决定，土地所有权归大队，土地经营权及耕牛、一般农具使用权下放给生产队；生产队按照规定上缴大队产品，由大队统一支配；生产队的其他收益，在社内进行按劳（工分）分配。因而，向家坝蒙古族村建立以生产队为基本核算单位的三级集体所有制，确立了"三级所有，队（生产队）为基础"的管理体制，并一直延续到家庭联产承包责任制的实施和推广。

由上可见，向家坝蒙古族自新中国成立以来，土地所有制发生了巨大变化。在新中国成立前，是土地地主所有制。在新中国成立后到三大改造完成，是土地农民个体私有制度。在党和国家政策的推动与引导下，在经历互助组、初级合作社再到高级农业合作社建立和三大改造完成，向家坝蒙古族村则开始实行完全具有社会主义性质的集体所有制和全民共有制，土地所有形式和性质都发生了根本性变化。这是几千年来中国土地所有制的划时代的变革，具有重要的历史意义。

（三）家庭联产承包责任制的推行与完善

从一定程度上来说，与土地个体农民私有和地主所有制比较而言，土地集体化、国有化以及与之相适应的经济制度在某种程度上割断了农民与土地的直接联系，损害了农民的土地情感，抹杀了农民之间的技能差别和劳动投入差别，这不仅没有提高农业生产力，而且在一定程度上还阻滞了农村经济的发展。因此，以提高农户生产积极性为主要目标的家庭联产承包责任制应运而生。

家庭联产承包责任制就是在保证土地集体所有的前提下，将过去由公社、大队或者生产队集体所有、共同经营的土地承包给农民，也就是定产到田，责任到人，包产部分交由生产队统一负责分配，规定超产则奖励、减产则受罚。同时，生产队将土地承包到各个农户，农具、牲畜等固定到农户手中，让农户自己管理，以户为生产单位完成生产任务，产品除要完成国家征购及集体提留外，剩余的就归农民自己所有。当时，这种政策被农户归纳为"交够国家的，留足集体的，剩下的都是自己的"。这一政策的实施和执行，一定程度上打破了以前集体经营、集体劳动、统一分配的僵化模式，使农民有了生产经营自主权，从某种意义上说就是调整了生产关系，促进了社会生产力的发展。

彭水农村土地改革在1979年就拉开了序幕。当时，棣棠公社党委书记吴仕烈从《四川日报》上看到成都实施土地承包到户的报道后，就暗示让所属各大队搞分户承包，与之相连各公社也随着偷偷推广开来。在彭水县4400多个生产队中，实行土地分户经营承包的就有1400多个，占33%。[①]

1981年，彭水县委、政府先后于4月11日发布《关于采取包产到户责任制生产队经营管理办法若干规定》（讨论稿）、5月4日发布《关于实行包产（包干）到户责任制若干问题的规定》（征求意见稿）等文件，内容涉及地段划分的原则和办法、经济作物、经济林木、山林、社队企业、财务、耕牛农具、水利设施、计划生育、社员的权利和义务、干部的职责和待遇等，规范了土地承包责任制的落实。

1981年4月26日，社员与生产队签订了合同的有1905个生产队，占彭水全县生产队总数的42.9%；土地耕牛已经搭配好，但是还未签合同的有2348个生产队，占52.8%，只剩下有192个生产队还没有落实。截至1981年6月，采用两包责任制的生产队，已经达到生产队总数的87%。[②] 1981—1984年，包括彭水全县农村实行社员联产承包责任制；

[①] 《彭水苗族土家族自治县概况》编写组、《彭水苗族土家族自治县概况》修订本编写组：《彭水苗族土家族自治县概况》（修订本），民族出版社2007年版，第60页。

[②] 同上。

1984年1月1日，人民公社改为乡级政权。①

向家坝蒙古族群众积极顺应改革的历史大潮，极力排除"左"的思想干扰，推动向家坝蒙古族村的土地改革。对于当时分田到户，现今向家坝蒙古族群众的记忆已比较模糊。据72岁的蒙古族老人张友明介绍，在分田到户的具体过程中，向家坝蒙古族村一般按照两个原则进行土地再承包：一个原则是按人头平分，即每人都一样分田，人人平等；二个原则是坚持"人七劳三"原则，即将所有的土地70%进行平分，人人有份，剩下的30%则按照劳动力分派，劳动力多则多分，劳动力少则少分。据张友明回忆，当时分田下户时，人均土地大约每人1亩。他家有5口人，一共分得土地约5.05亩。

在具体的分配过程中，则坚持土地好坏搭配、产量均等的原则进行分配，尽量公平、公正。因此，随着改革的不断推进，向家坝所有蒙古族群众都分得了土地、农具、耕牛等生产生活资料。据蒙古族老人们回忆，在刚刚分田到户的初期，当时土地、农具、牲畜等都下放到各个农户，但是所有权仍然归集体所有。同时，还保留一定数量的公有生产工具和公积金，比如山林等。

由于土地家庭联产承包责任制的建立，分田到户，实行包干包产，蒙古族群众不仅得到了最基本的社会生活、生产资料，而且还获得了自由生产、自主经营的权利，可以按照自身的需要和爱好、根据市场的走势来调节自己的生产经营活动。因此，蒙古族群众生产积极性得到了很大提高，粮食产量提高很快。从那以后，向家坝蒙古族人民自己生产的粮食基本上就能够填饱肚皮，粮食奇缺的时代基本结束。甚至可以这么认为，农户获得了极大的生产自主权，大大地提高了农户生产的积极性，使社会生产力水平得到了空前提高。

历史发展也证明，我国推行的农村家庭联产承包责任制是适应我国社会生产力水平和我国农村社会实际要求的，是成功的，当时的决策也是正确的。家庭联产承包责任制的实施和推行，带来了我国农村地区经济与社会的巨大发展，促使乡村社会发生了翻天覆地的变化，这是经得起考验的历史事实。

---

① 彭水苗族土家族自治县民族宗教志编纂委员会：《彭水苗族土家族自治县民族宗教志》，重庆出版社2003年版，第39页。

1997年前后，为适应向家坝蒙古族经济社会发展的实际需要，解决发展中出现的新的人地矛盾，向家坝进行了新一轮土地承包，并对部分土地进行了细微调整。由于人口的快速增长和人口的大量外流，向家坝蒙古族出现了新的问题：一则部分家庭人口增加而土地没有增加，土地人均占有量减少；二则由于死亡、婚嫁等原因，部分家庭人口增加不多，但人口外流情况严重，留守劳动力不足以完成基本的农业生产活动，劳动力严重不足。为此，在乡和村委、政府的领导与协调下，核实村内土地总亩数，将农户家里的多余土地，包括女子出嫁后剩下的土地、老人过世后剩下的土地、家庭迁走留下的土地以及新开垦的土地等综合起来，然后再平均分给新娶进来的媳妇和新出生的婴儿，尽量使每个人都分得数目一样多的土地。另外，农户还与政府签订了土地再延包30年的承包合同，以协议的形式将土地使用权交给农户，使农户的土地使用权法制化。据回忆，到1999年前后，第二轮土地承包基本结束。

以上两次土地承包，虽然都是为了解放和发展生产力，调整农村社会生产力和生产关系之间的矛盾而采取的重要变革，但是二者仍然有不同之处。第一，蒙古族村民对这两次土地承包的关注度不一样。在第一次承包时，几乎是人人参与，人人高度关注，而第二次关注度明显下降，很多人根本不关心此事。少部分家庭因为人口总数没有变化而没有退还土地或者增加土地的情况，所以他们觉得第二次承包对他们几乎没有影响。值得一提的是，几乎所有的蒙古族村民都认为，农户继续承包土地是国家大政方针，不会改变，因而农户会按照现在的样子进行生产、经营，国家不可能、也不会把土地再收回去，必要那么紧张了。第二，两次土地承包的社会背景和目的也不相同。第一次土地承包是在计划经济体制下打破计划经济体制的行动，而第二轮承包是在家庭联产承包实行20年以后、社会主义市场经济体制基本形成的环境下进行的。从目的来看，第一次土地承包的目的是确保广大群众有饭吃、有饱饭吃，是为了解决温饱问题，而第二轮承包是为了保证广大群众不仅要有饱饭吃，还要吃得好，是保证农户生活的温饱问题，也是为了促使达到小康社会生活水平的目标而采取的新的改革措施。第三，两次承包的法律保障体系有所差异。对于第一次承包，部分村民说没有签订任何协议或者合同，而另一部分村民说不知道或没有听说过。老人们回忆，当时的政策多是口头宣布，没有经过程序签订协议。而在第二轮承包过程中，土地承包农户与政府签订了土地承包协议，以法律的形式明确规定农民与土地、与政府、与村委会的关系，蒙古族农户取得了土地经营权证，获取了承包土地的使用权，并受到法律的保护。

可见，新中国成立60多年来，向家坝蒙古族村土地所有制经历了土地农民个体私有、土地集体公有和家庭联产承包责任制三个不同的历史发展阶段。从向家坝蒙古族60多年来的社会发展和变化来看，蒙古族社会发生的巨大变化与中国共产党和各级人民政府不断调整生产者（主要是指人）、生产资料（主要是指土地）和环境（主要是指自然资源和社会资源）之间的比例关系是密不可分的。当三者关系处于三者的最大公约数时，社会生产力和生产关系处于最佳结合点，社会生产关系促进社会生产力的发展，社会得到巨大进步，人们生活水平就得到很大提高；与之相反，生产关系就阻碍了社会生产力的发展，人们社会生活水平很难得到提高。因此，可以得出一条规律：要推动农村社会又好又快发展，必须处理好农民与土地的关系，这是关系我国农村社会稳定、民族团结与和谐发展的关键。

二 产业结构的调整与变化

农村产业结构是指第一、第二、第三产业在农村经济结构的比例关系和结合形式，是衡量农村经济结构的重要宏观指标，也是反映农村经济社会发展与进步程度的重要标志。新生产工具的更新与使用、耕作技术的提高、新种子的使用、新杀虫剂的开发和管理经验的积累等，都会在一定程度上影响农村产业结构的发展，是推动农村社会生产发展的重要因素。

新中国成立60多年来，向家坝蒙古族在土地制度变革与发展的前提下，不断调整农村产业结构，引进和采用新的农业耕作技术和新的社会生产工具，使用新的种子和杀虫剂，改变传统的生产、生活方式，极大地解放了社会生产力，推动了农业产业结构的优化和调整，推动了蒙古族社会的进步和向前发展。

（一）劳动对象的多元化

劳动对象是社会生产力的重要组成部分。广义的劳动对象包括除生产者以外的所有生产对象，而狭义的劳动对象一般来说是针对农业生产而言，主要是指生产工具、种子、农药、肥料以及相应的生产手段和技艺等。

民以食为天。新生产工具、新粮食品种、新耕作方式、新农药等生产力微观因素的发展与变化,将必然影响当地农民的粮食产量和质量。文化人类学家认为,任何一个新的事物,哪怕是一个新的生产工具、一种新的生产工艺、一种新的文化因子,都会带来整个社会文化系统的变迁。20世纪80年代以来,向家坝蒙古族不断改进生产工具,引进新品种种子,使用新的农药和化肥,带来了农业生产的发展进步。

1. 生产工具

生产工具又叫劳动工具,是生产力的主要内容,是社会进步与发展的重要标志。随着科学技术的不断向前发展,向家坝蒙古族所使用的生产工具种类不断增多,质量也有很大提高。

在新中国成立前后,彭水农村基本是使用人力牛耕,使用传统的耕作工具犁、耙、锄等生产工具[1],生产效率比较低下。在经历三大改造和大集体运动的动荡后,向家坝蒙古族村民的社会生产工具在改革开放后进入了一个新的发展时期,种类逐渐增多。《重庆民族志》载:(重庆蒙古族)使用的生产工具主要有木犁、铁铧、条锄、板锄、斧子、镰刀等。[2]

2009年7月笔者田野调查发现,向家坝蒙古族村民的主要生产工具有挖锄、薅锄、背篓、撮箕、镰刀、柴刀、篾刀、斧头、耙子、桩盖等。这些工具多从外地传入或购买,但竹制器具多为蒙古族村民自己编制,如竹背篓等。现将笔者调查到的相关生产工具及附属设备统计如下。

挖锄:锄体为铁质、木柄,长方形,锄头的一种,主要用于土地的翻耕与平整。

薅锄:主要是用于锄草的一种锄头,锄体较挖锄扁平、宽,适于玉米、豆类地里的杂草薅锄,也适于红薯、土豆培土等生产活动。

背篓:竹制用具,当地蒙古族的主要背负工具,适于山区玉米收获、物品运输等。

---

[1] 《彭水苗族土家族自治县概况》编写组、《彭水苗族土家族自治县概况》修订本编写组:《彭水苗族土家族自治县概况》(修订本),民族出版社2007年版,第89页。
[2] 重庆市民族宗教事务委员会编纂:《重庆民族志》,重庆出版社2002年版,第265页。

撮箕：小型竹制工具，主要用于盛装红薯、马铃薯等。

镰刀：铁、木器具，口薄而锋利，主要用于田地庄稼收割、树木砍伐等。

柴刀：镰刀的一种，主要用于树木的裁剪和砍伐等，商店购买。

篾刀：刀短而有力，主要用于竹木制品材料的裁剪和修整，多为商店买来。

斧子：主要用于较大树木的砍伐，柄长而斧头短、较重，为商店购买。

耙子：竹木制品，主要用于稻谷、玉米、豆类等粮食的翻晒。

椗盖：竹木制品，柄长，主要用于豆类翻晒时脱粒。使用时，甩打椗盖，不断击打豆类茎叶，将黄豆等从豆荚中分离出来。

箩箕：竹制品，主要用于烘干或者晒干粮食等。

筛子：竹制品，主要是用于玉米面、大米的分层和分类。

同时，还有犁头、簸箕等其他生产工具。调查发现，向家坝蒙古族村民的主要加工工具有打米机、墨粉磨浆机、稻谷收割机、小型脱粒机、大石磨、小石磨、碓窝等，这些都是从附近市场中购买而来。

磨粉磨浆机：用于稻谷壳的脱粒，主要牌子为"四通"，为四川乐山县城北井研四通农机制造厂制造。

碾碎机：主要用于玉米面的粉碎，为四川省自贡市瑞安机械有限公司生产。

稻谷收割机：主要用于稻谷收割，机械力代替人力。

大石磨：以前用于制作玉米面，多为当地匠人自制，现已被逐步为碾碎机所取代，电力取代人力。

碓窝：石制用具，主要用于糍粑等食品的制作。

同时，《中德南部山区农业生物多样性可持续发展项目管理调查报告》[①]也统计了向家坝蒙古族使用的一些农业工具和相关设备。

打谷机：主要是稻谷去壳用，木制，来自柏木。

晒蓬：晒粮食、谷物等。竹子编织。

石磨：磨豆子、玉米等。石制。

---

① 《中德南部山区农业生物多样性可持续发展项目管理调查报告》（内部打印稿），调查地点为彭水县鹿鸣乡向家村1组、彭水县长滩乡土塘村5组。

竹篓：装草、粮食等小件货物，背上运输。竹编而成。来自刚竹。

粉碎机：用于粉碎饲草、马铃薯、甘薯等。

储水池：用于收集山坡渗水，储存日常生活用水。

此外，还有一些其他加工工具，如箩筐、斗篷、扁担、簸箕等。这些都是当地蒙古族人社会生活中的重要生产、生活用具。

调查发现，向家坝蒙古族长期以来使用较为原始、简单的社会生产、生活用具。改革开放以来，随着当地蒙古族人社会生产、生活水平的提高，经济条件的改善，各种现代生产工具逐渐进入普通蒙古族家庭。

从农业机械化的水平来看，文献记载，截至1985年底，彭水全县拥有各型拖拉机326台4875马力，柴油机1921台21774马力，脱粒机236台，粉碎机434台，农村产品加工机715台11329马力。[①]

但是，调查发现，向家坝蒙古族的农业生产工具机械化发展水平还较为滞后。据当地蒙古族老人介绍，1995年，村中蒙古族家庭中买进第一台脱粒机。截至2000年前后，蒙古族家庭脱粒机的普及率接近100%，几乎家家户户都有脱粒机。1998年，第一台磨粉磨浆机进入向家坝蒙古族家庭。调查发现，现今向家坝蒙古族家庭磨粉磨浆机普及率也接近100%。2007年，蒙古族家庭买进第一台洗衣机，而现今绝大多数家庭都已购买，绝大部分家庭都有冰箱等家用电器。

个案：原村委书记 ZYC

在政府补助的1700多元农机下乡费用的帮助下，向家坝村支书ZYC家在2007年就掏了3800多块（人民币）买回了村内一台高派微耕机。高派微耕机是由重庆市高牌农机有限公司生产的一种农业耕田机。据ZYC妻子介绍，该微耕机也曾用于出租赚钱，去年（2008年）价格一般是50元人民币每亩，而现今（2009年7月）价格上涨，要70—80元每亩。据不完全统计，现今（2009年7月）村内共有4台高派微耕机。这些机器的购买和使用，是向家坝蒙古族人生产工具的巨大改变，标志着从人牛组合的传统耕作模式逐渐转变为人机组合的动力时代。

---

① 《彭水苗族土家族自治县概况》编写组、《彭水苗族土家族自治县概况》修订本编写组：《彭水苗族土家族自治县概况》（修订本），民族出版社2007年版，第89页。

2. 种子

文献记载，彭水农业起源很早。尤其是清代，彭水农业发展相对较快，众多历史文献对此均有明确记载。

表 2-1　　　　　　　　清代彭水种植农作物品种统计

时间	种子品种		
	谷物类	豆类	麦类及其他
康熙四十九年（1710）	早稻、籼稻、晚稻、糯稻等	黄豆、绿豆、豌豆、蚕豆等	大麦、小麦、燕麦等；粟谷、甜荞、苦荞、芝麻等
同治四年（1865）	早籼稻有齐早、麻早、雷早、百日早；晚籼稻有大白粘、红边粘、贵阳粘、撒粘。晚糯有矮糯、高糯、红谷糯、麻壳糯、寸糯、半边糯	大豌豆、小豌豆、麻豌豆等三种	粟有籼、糯两种，还有天麻粟、鹅掌粟等；高粱有籼、糯两种，另有牛心子、马尾须等品种。此外，玉米也传入境内
光绪元年（1875）	粳（粘米）、糯（糯米）	大豆、绿豆、白豆、白豌豆、麻豌豆、蚕豆等	高粱、水子、大麦、小麦、燕麦、苦荞、胡荞、苞谷、天星米（小米）、鹅掌、芝麻（巨胜）、苏麻、五谷子、马铃薯、红薯等

资料来源：《彭水苗族土家族自治县概况》编写组、《彭水苗族土家族自治县概况》修订本编写组编：《彭水苗族土家族自治县概况》（修订本），民族出版社 2007 年版，第 87 页；彭水苗族土家族自治县民族宗教志编纂委员会：《彭水苗族土家族自治县民族宗教志》，重庆出版社 2003 年版，第 38 页。

新中国成立前，包括向家坝在内的彭水县各地除种植稻谷、玉米外，还有高粱、大豆、小米、小麦、回麦、大麦、苦荞、伏荞、绿豆、巴山豆、饭豆、豌豆、胡豆、米豆、迟小豆等农作物，另外，还种植有红苕、白芍、马铃薯等。[①]

由此可见，上述农作物很多都是从外地引进，如红薯、胡豆、玉米、

[①] 《彭水苗族土家族自治县民族宗教志》编纂委员会：《彭水苗族土家族自治县民族宗教志》，重庆出版社 2003 年版，第 38 页。

荞麦等。这些作物的引进和耕种，改善了彭水各族群众的饮食结构，增加了食物来源，提高了生活水平。

新中国成立后，在科技工作者辛勤劳动开发新作物种子后，彭水县境内种植的农作物品种大量增加，质量明显提高。

表2-2　　　　1956年彭水县主要农作物品种数量统计　　　　单位：个

农作物品种	水稻	玉米	小麦	马铃薯	红薯	大豆	杂豆	油菜
数量	58	18	21	17	8	8	8	6

资料来源：《彭水苗族土家族自治县概况》编写组、《彭水苗族土家族自治县概况》修订本编写组编：《彭水苗族土家族自治县概况》（修订本），民族出版社2007年版，第87页。

在20世纪50年代中期，彭水县境内还引进大麦品种2个，蚕豆品种3个，豌豆品种5个，高粱品种4个，荞子品种2个，芝麻品种3个，苏麻3个。尤其值得一提的是，新增花生品种4个，向日葵品种3个。

改革开放以后，彭水县大力引进新品种种子。据不完全统计，在1983年前后，彭水县先后共引进新品种总计约154个，基本上为县内不同土壤土质、不同海拔的地区都引进了新种子，因而，各类粮食产量都有很大提高。

表2-3　　　　1983年彭水县粮食品种数量统计　　　　单位：个

品种	水稻	玉米	小麦	大麦	洋芋	红薯	胡豆	豌豆	杂豆	高粱	荞子
数量	58	18	21	2	17	8	3	5	8	4	2

资料来源：彭水苗族土家族自治县民族宗教志编纂委员会：《彭水苗族土家族自治县民族宗教志》，重庆出版社2003年版，第40页。

1984年，杂交水稻、杂交玉米新品种在彭水大力推广，取得了较好成绩。到2004年，杂交水稻普及率在95%，杂交玉米的普及率在92%以上，且产量有较大幅度的提高。[1]

从1984年到2004年的20年间，彭水县大力引进优良作物品种，推动了彭水县农业经济的大力发展，取得了不错的成绩。

---

[1] 《彭水苗族土家族自治县概况》编写组、《彭水苗族土家族自治县概况》修订本编写组编：《彭水苗族土家族自治县概况》（修订本），民族出版社2007年版，第88页。

表2-4　　　1984—2004年彭水县引进新农作物品种数量统计　　　单位：个

农作物品种	主要杂交水稻	主要杂交玉米	小麦	油菜	红薯	土豆
数量	51	46	5	4	2	2

由此可见，20多年来，彭水县先后共引进了新杂交水稻品种51个，杂交玉米品种46个，小麦品种5个，红苕（红薯）品种2个。同时，还引进了鄂马铃薯1号和3号品种，优化了农作物品种结构，促进了农业生产的进步和发展。

对新种子的引进和使用，向家坝蒙古族有着深深的记忆。在调查中，许多蒙古族农户对笔者表示，他们最深刻的就是新种子品种的种植。"（新的种子）起码让我们的（粮食）增产了，（粮食）够吃了，能解决（吃饭）问题了"。这是他们对于新种子使用的最现实的理解。

新中国成立60年以来，向家坝蒙古族在各级党委、政府的领导下，积极引进新的农作物品种，优化作物品种结构，提高了人均粮食产量和人均粮食占有量，极大地改善了生产、生活水平，推动了经济社会的向前发展。新中国成立以来向家坝蒙古族使用的主要稻谷品种如表2-5所示。

表2-5　　　新中国成立以来向家坝蒙古族稻谷品种情况统计

年份	主要品种
50年代	高秆水稻等
60年代	高秆水稻、本地水稻
70年代	高秆稻谷、糯稻、本地水稻等
80年代	本地稻谷、杂交水稻等
90年代	Ⅱ优谷种系列、福优系列、金优系列、D优系列等
2000年	率优品种、Ⅱ优谷种系列、福优系列、金优系列、D优系列等
2005年	率优品种、Ⅱ优谷种系列、福优系列、金优系列、D优系列等
2006年	率优品种、Ⅱ优谷种系列、福优系列、金优系列、D优系列等
2007年	岗优725、Ⅱ优谷种系列、福优系列、金优系列、D优系列等
2008年	岗优725、Ⅱ优谷种系列、福优系列、金优系列、D优系列等
2009年	岗优725、Ⅱ优谷种系列、福优系列、金优系列、D优系列等

资料来源：本表资料主要由向家坝52岁的蒙古族村民谭孝权提供。

从表 2-5 可以发现，自新中国成立 60 多年来，向家坝蒙古族所使用的稻谷品种实现了从本地品种到杂交水稻、从自制品种到外来品种、从低产种子到高产种子、从高秆水稻到矮秆水稻的转变，种子的质量和产量都有了很大提高。传统水稻存在节间长、茎秆高、株型松散等缺点，并有不耐肥、分蘖少、易伏倒和抗逆性差等问题，而新引进的杂交水稻，不仅节间短、茎秆矮、株型紧密，而且有抗病能力较强、母体分芽较多、耐风抗伏倒等优点。

同时，玉米、红薯、辣椒、油菜、洋芋等新品种也大面积推广，尤其是玉米品种的变化较为明显。新中国成立 60 年以来向家坝蒙古族种植的主要玉米品种如表 2-6 所示。

表 2-6　　　　新中国成立以来向家坝蒙古族主要玉米品种统计

年份	主要品种
50 年代	本地玉米、白玉米、黄玉米等
60 年代	本地玉米、白玉米、黄玉米等
70 年代	本地玉米、白玉米、黄玉米等
80 年代	雅玉 2 号、雅玉 12 号、杂交玉米等
90 年代	雅玉 2 号、雅玉 12 号、灵奥系列品种等
2000 年	雅玉品种、平玉 5 号、中农 2 号、华试 99 等
2005 年	雅玉品种、平玉 5 号、中农 2 号、华试 99 等
2006 年	三北 2 号、资玉 1 号、春喜 11 号、华试 99 等
2007 年	三北 2 号、平玉 5 号、华试 99、资玉 1 号、春喜 11 号等
2008 年	三北 2 号、平玉 5 号、华试 99、资玉 1 号、春喜 11 号等
2009 年	丰乐中农 2 号、春喜 11 号、鑫引 1 号、平玉 5 号、资玉 1 号、三北 2 号、华试 99 等

资料来源：本表资料主要由向家坝 52 岁的蒙古族村民谭孝权提供。

从表 2-6 可以发现，新中国成立 60 多年以来，向家坝蒙古族所使用的玉米种子发生了很大变化，经历了从传统品种到杂交品种、从使用自制种子到使用购买的种子、从低产到高产的过程，种子质量的变化带来了向家坝蒙古族家庭玉米产量的提高，为蒙古族村民家庭食用和养殖业提供了

3. 肥料

肥料的使用会对农业的发展产生重要影响。20世纪50年代以前，彭水县内各地农民主要使用农家肥，包括人畜粪便、草木灰、地皮灰、绿肥、青草肥、泡清肥以及尿搅灰、油饼、岩窝泥等。①

在20世纪50年代末到60年代，彭水农村地区开始使用化学肥料。进入70年代，化学肥料在彭水农村的使用面积大大提高，占到整个种植面积的80%。在氮肥中，有硝酸铵、硫酸铵、碳酸氢铵、氨水、尿素等五种；磷肥中则主要有过磷酸钙等；钾肥方面则包括有硫酸钾、氯化钾等。② 1982年，彭水县调入化肥1.85万吨，为1985年的11.3倍。1985年，彭水县全县共使用氮肥1.11万吨，亩施化肥13.68公斤。③ 1992年，彭水县全县化肥施用量为38459吨，每亩施用48公斤。④

据统计，2008年，向家坝蒙古族村共施用尿素234吨、氯化铵23吨、碳铵43吨、磷肥422吨、复合肥217吨。⑤

新中国成立60多年来，向家坝蒙古族所使用的肥料品种也发生了很大改变。在改革开放以前，化学肥料就已经在向家坝蒙古族的农业生产中得到运用。20世纪70年代后期，蒙古族在农业生产上广泛使用化学肥料，改变了传统上仅使用农家肥的状况，极大地促进了农业生产的进步。向家坝蒙古族村民在使用传统农家肥料的基础上，同时也在农业生产中广泛使用磷肥、碳酸氢氨、化肥等肥料，使粮食产量迅速提高。根据笔者调查资料，向家坝蒙古族60多年来肥料使用情况可统计如表2-7所示。

---

① 《彭水苗族土家族自治县概况》编写组、《彭水苗族土家族自治县概况》修订本编写组编：《彭水苗族土家族自治县概况》（修订本），民族出版社2007年版，第89页。

② 彭水苗族土家族自治县民族宗教志编纂委员会：《彭水苗族土家族自治县民族宗教志》，重庆出版社2003年版，第40页。

③ 《彭水苗族土家族自治县概况》编写组、《彭水苗族土家族自治县概况》修订本编写组编：《彭水苗族土家族自治县概况》（修订本），民族出版社2007年版，第89页。

④ 彭水苗族土家族自治县民族宗教志编纂委员会：《彭水苗族土家族自治县民族宗教志》，重庆出版社2003年版，第40页。

⑤ 资料来源：《农村基本情况及农业生产条件表（2008年度）》。制表机关：国家统计局，文号：国统字（1996）231号，计量单位：个、户、人、亩（1）。填报单位：向家村。填表人：喻国安。报出日期：2008年12月3日。

表2-7 新中国成立以来向家坝蒙古族农作物肥料使用情况统计

年份	主要肥料品种
49年以前	人畜粪便、尿搅灰、地皮灰、岩窝泥、青草肥等
50年代	人畜粪便、尿搅灰、地皮灰、岩窝泥、青草肥等，少量化肥开始施用
60年代	人畜粪便、尿搅灰、地皮灰、岩窝泥、青草肥等，化肥开始加大施用
70年代	主要使用化肥，使用面积达到80%以上，少量施用农家肥等
80年代	磷肥、氮肥、钾肥等为主，少量施用农家肥
90年代	磷肥、氮肥、钾肥等为主，少量施用农家肥
2000年	磷肥、氮肥、钾肥等为主，少量施用农家肥
2005年	磷肥、氮肥、钾肥等为主，少量施用农家肥
2006年	磷肥、氮肥、钾肥等为主，少量施用农家肥
2007年	磷肥、氮肥、钾肥、氯肥等为主，少量施用人畜粪便等农家肥
2008年	磷肥、氮肥、钾肥、氯肥等为主，少量施用人畜粪便等农家肥
2009年	磷肥、氮肥、钾肥、氯肥等为主，少量施用人畜粪便等农家肥

资料来源：本表资料主要由向家坝52岁的蒙古族村民谭孝权提供。

从表2-7可见，向家坝蒙古族在新中国建立60年来，尤其是改革开放20年以来，施用的肥料种类和质量都发生极大变化。新中国成立前，蒙古族所施用的肥料仅仅只是农家肥料，根本就没有施用化学肥料。20世纪60年代初期到中期，向家坝蒙古族开始逐渐大量施用化学肥料，农家肥所占的比例已减少一半左右，农家肥和化学肥料的施用比例基本处于对等地位。进入20世纪70年代，向家坝蒙古族化学肥料的施用量迅速上升，居于主要地位，而此时农家肥则成了辅助肥料。如今，向家坝蒙古族主要施用磷肥、氮肥、钾肥等肥料，而人畜粪便等农家肥料施用较少。纵观60余年来肥料的施用情况可以看出，向家坝蒙古族经历了一个只施用农家肥，到农家肥和化学肥料对等施用，再到以化学肥料为主、农家肥为辅的循环螺旋式变化历程。

4. 农药和杀虫剂

新农药和新杀虫剂的使用，对于保护庄稼，消灭虫害，保证农业增产、增收起到了重要作用。在新中国成立初期，因物资奇缺，向家坝蒙古族多使用六六粉等作为杀虫剂和农药使用，基本上没有其他农药。近20年来，乐果、氧化乐果、三环唑、井冈霉素、甲基托布津、杀虫双等新杀虫剂和农药在农业生产中的广泛使用，尤其是一些环保型农药和杀虫剂的使用，向家坝蒙古族很少因为病虫害导致农业歉收，农业生产基本不受病虫害的影响。根据笔者的田野调查，现将向家坝蒙古族新中国成立以来农药使用情况统计如表2－8所示。

表2－8　　　新中国成立以来向家坝蒙古族农药使用情况统计

年份	主要品种
60年代	氯氰粉等
70年代	敌敌畏、杀虫双、甲胺磷、氯氰粉等
80年代	敌敌畏、杀虫双、甲胺磷、氯氰粉等
90年代	敌敌畏、杀虫双、稻瘟灵、甲胺磷、氯氰粉、杀虫双等
2000年	乐果、敌敌畏、杀虫双、稻瘟灵、甲胺磷、氯氰粉、杀虫双等
2005年	乐果、敌敌畏、杀虫双、稻瘟灵、甲胺磷、氯氰粉、杀虫双等
2006年	乐果、氧化罗果、三环唑、井冈霉素、甲基托布津、杀虫双等
2007年	乐果、氧化罗果、三环唑、井冈霉素、甲基托布津、杀虫双等
2008年	乐果、三环唑、井冈霉素、甲基托布津、杀虫双、螟虱落净等
2009年	乐果、氧化乐果、三环唑、井冈霉素、甲基托布津、杀虫双、富士1号、螟虱落净等

资料来源：本表资料主要由向家坝52岁的蒙古族村民谭孝权提供。

由于生产工具的不断更新、新种子的不断引进、新农药和新杀虫剂在农业中的广泛使用以及化学肥料的大量使用，使包括蒙古族在内的彭水各族群众的农业生产力得到了极大开发，粮食产量得到了很大提高，人均粮食占有量普遍提高。

新中国成立前，彭水县内粮食亩产量，在平坝地区，水稻200公斤左右。玉米为100公斤左右。据1940年的《彭水概况》记载，彭水物产中，稻谷年产20万石，玉米年产50万石，番薯年产10余万担，麦年产300余石，大豆年产14000石。[1] 1949年，彭水粮食产量仅有65470吨。[2]

---

[1] 彭水苗族土家族自治县民族宗教志编纂委员会：《彭水苗族土家族自治县民族宗教志》，重庆出版社2003年版，第38页。

[2] 《彭水苗族土家族自治县概况》编写组、《彭水苗族土家族自治县概况》修订本编写组：《彭水苗族土家族自治县概况》（修订本），民族出版社2007年版，第93页。

1999 年，彭水县全县粮食总产量 289000 吨，人均占有粮食 518 公斤。[1] 彭水蒙古族种植的水稻产量达 400 公斤左右，同时玉米产量也基本达 240 公斤左右。[2] 1984 年和 2004 年彭水县主要粮食作物亩产和总产总计如表 2-9 所示。

表 2-9　　　　　　1984 年彭水自治县主要农作物产量一览

单位：公斤、亩、吨

内容	水稻	玉米	土豆	红薯	小麦	油菜	合计
亩产	238	176	125	172	108	60	153
播种面积	154466	369562	219481	133955	120405	30491	1147679
总产	36761	64897	27452	23032	13052	1868	175548

资料来源：《彭水苗族土家族自治县概况》编写组、《彭水苗族土家族自治县概况》修订本编写组编：《彭水苗族土家族自治县概况》（修订本），民族出版社 2007 年版，第 93 页。

经过 20 多年不断引进新的粮食品种，彭水县的主要农作物产量有了很大提高，农作物的品质也得到了提升。

表 2-10　　　　　　2004 年彭水自治县主要农作物产量一览

单位：公斤、亩、吨

内容	水稻	玉米	土豆	红薯	小麦	油菜	合计
亩产	428	278	178	264	111	90	232
播种面积	148360	331436	345686	222819	82947	108087	1299362
总产	63529	92264	61453	58715	9223	9762	301002

资料来源：《彭水苗族土家族自治县概况》编写组、《彭水苗族土家族自治县概况》修订本编写组编：《彭水苗族土家族自治县概况》（修订本），民族出版社 2007 年版，第 93 页。

由上可以发现，向家坝蒙古族的粮食产量也逐年增高，人均粮食占有也逐渐增多。现将 2008 年向家坝村主要粮食作物种植情况统计

---

[1]　彭水苗族土家族自治县民族宗教志编纂委员会：《彭水苗族土家族自治县民族宗教志》，重庆出版社 2003 年版，第 40 页。
[2]　四川省地方志编纂委员会编纂：《四川省志·民族志》，四川民族出版社 2000 年版，第 434 页。

如表 2-11 所示。

表 2-11　　　2008 年彭水自治县向家坝村主要农作物产量一览

单位：公斤、亩、吨

内容	水稻	玉米	土豆	红薯	豆类	油菜
亩产	400	261	245	197	64	38
播种面积	267	1200	1300	960	170	851
总产	107	313	319	189	11	32

资料来源：彭水苗族土家族自治县高谷镇鹿鸣乡向家坝村委会提供《(2008 年彭水苗族土家族自治县) 全年农作物产量预表》，填报单位：(彭水苗族土家族自治县) 鹿鸣乡 (县农业局审定数字)，单位负责人：冉开金，填报人：陈奎，填报日期：2008 年 9 月 9 日。

从表 2-11 可见，向家坝蒙古族村主要农作物产量均比彭水县主要农作物平均产量较低，尤其是油菜、红薯等产量差异较大，而土豆的产量则比全县平均产量要高。向家坝由于处于大山之中，气候、雨水、土壤、日照等均较县内其他地区有所差别，这就是油菜等作物比全县平均产量低而水稻、玉米等产量与县平均产量基本持平的主要原因。总体来看，虽然向家坝蒙古族村主要农作物亩产比全县平均水平要低，但从纵向来看，现在的产量几乎是向家村主要农作物产量的最高纪录。

5. 耕作方式

耕作方式也是生产力进步的一个风向标。很早以前，包括彭水各族先民在内的古人从长期从事刀耕火种。在新中国成立前，彭水各族人民"耕作多用牛力，犁田多用水牛，犁土多用黄牛，也有交叉使用的。无牛的贫困农户，使用人力挖土，劳动强度大"。[1] 新中国成立后，彭水蒙古族还种植甘薯、土豆等，田间管理水平也较 (四川) 盐源流、木里人高一些，三犁三耙或者四犁四耙。[2]

---

[1] 彭水苗族土家族自治县民族宗教志编纂委员会：《彭水苗族土家族自治县民族宗教志》，重庆出版社 2003 年版，第 38 页。
[2] 四川省地方志编纂委员会编纂：《四川省志·民族志》，四川民族出版社 2000 年版，第 434 页。

新中国成立前后，彭水农村基本上是用人力牛耕。①1970年，彭水各地开始推广玉米肥球栽培技术。1992年，采用这种技术栽培的玉米在10万亩以上，增产20%。

1986年，包括向家坝在内的彭水县开始推广"玉米地膜覆盖栽培技术"。1992年，地膜覆盖栽培技术栽培的玉米在彭水境内的面积达到8.4万亩。②

笔者在2009年7月实地调查后发现，在耕作动力方面，向家坝引进了新的机械动力，节省了大量人力。在耕作技术上，逐渐形成了新的耕作制度。

对于稻田，多数蒙古族家庭在春季种水稻，收割后种一季油菜，即采取水稻—油菜的轮作。对于坪坝地区的玉米地，大多家庭春季种玉米，套种甘薯、大豆、米豆和辣椒以及四季豆、豇豆、茄子等，夏秋之际收玉米，秋季收甘薯、豆类等，形成晚熟玉米—甘薯—油菜；早熟玉米—豆类—甘薯—马铃薯的轮作。③

因此，现今向家坝蒙古族的耕作模式形成了在稻田里的水稻—油菜、在旱地上的玉米—甘薯、玉米—大豆（米豆）、玉米—四季豆—甘薯、玉米—辣椒、玉米—柑橘等多种模式，旱地作物或经济作物的套种，不仅充分利用了有限的土地资源，提高了单位面积产力，而且改善了当地的经济结构模式，增加了经济总产量。

（二）主要农事活动

向家坝蒙古族的主要农事活动，在一年中根据不同的季节都有不同的农事安排，体现出当地农事活动的时间性和季节性特征。

正月：大年期间，是蒙古族村民互送祝贺、过新年的时间。一般来说，在正月十五以前，蒙古族人多在家休息、玩耍、过年。正月十五以后，就逐渐开始挖田、整地、蓄水，为春耕做一些前期准备。

二月：开始大规模投入春耕活动。蒙古族村民开始挖田，翻晒土壤，

---

① 《彭水苗族土家族自治县概况》编写组、《彭水苗族土家族自治县概况》修订本编写组编：《彭水苗族土家族自治县概况》（修订本），民族出版社2007年版，第89页。
② 彭水苗族土家族自治县民族宗教志编纂委员会：《彭水苗族土家族自治县民族宗教志》，重庆出版社2003年版，第40页。
③ 《中德南部山区农业生物多样性可持续发展项目管理调查报告》（内部打印稿），调查对象为彭水县鹿鸣乡向家村1组、彭水县长滩乡土塘村5组。

图 2-1　农耕

玉米下种、栽种玉米等生产活动。

三月至四月：大规模春耕活动，主要是要保证玉米栽种完毕、稻谷下田栽种。水田犁田、耙田，蓄水、积肥，并将稻秧插入大田，基本完成玉米种植和栽秧、插秧。

五月至六月：油菜、麦子收割，并对玉米施肥、锄草，进行田间管理。稻谷施肥、追肥，防止病虫害，剔除田间杂草，做好田间管理，保证供水。收获土豆、油菜等。

七月至八月：玉米锄草，进行田间管理；稻谷进行追肥、拔草、保水等，种植红薯。八月可以收早玉米。

九月至十月：收玉米、稻谷等，完成"大春"的收割任务。

十一月至十二月：天气转凉，田间作业基本完成，进入农闲时间。很多蒙古族人可能在此农闲期间，外出做一些零散短工，以增加家庭收入。

此外，准备春节期间所用的柴薪、食物等物品。

（三）产业结构的调整

产业结构是经济结构中最重要的一环，是经济结构内部的各种比例关系。其中，最重要的是三大产业之间的比例关系。

从产业结构本身来说，主要包括四个层面的比例关系：第一层为粮食作物生产；第二层是种植业结构内部的比例关系，主要是指粮食作物和经济作物、饲料作物和瓜果、蔬菜之间的比例关系；第三层为农业生产结构，也就是农、林、牧、副、渔之间的数量比例关系；第四层指农业、工业、服务业和信息业四大产业之间的数量比例关系。产业结构的变化，真实地再现了整个社会的变迁。现代化理论认为，人类社会发展主要经历了农业文明、工业文明以及以技术与知识为基础的信息社会等三个基本阶段。从四大产业结构来看，社会发展水平越低，农业在整个产业结构中的比例就越大，信息化水平就越低；相反，社会发展水平越高，工业、信息化水平相对升高，而农业的比例越小。因此可以说，产业结构的比例是社会发展水平的晴雨表。[1]

从产业机构布局的角度来看，向家坝蒙古族经过几十年的不断摸索，逐渐摆脱了过去产业结构单一、产业结构不甚合理的局面，逐渐形成了一个农、林、牧、副、渔等全面发展的新局面，产业结构逐渐优化并不断完善。

从生计方式来看，向家坝蒙古族是一个以农为主的族群，农业是其最主要的经济活动。彭水农业起源很早。清代，彭水各族人民就开始种植稻谷、麦子、豆类、荞子、玉米、红薯等农作物。民国时期，种植水稻、玉米、麦子、豆类、甘薯等。新中国成立后，蒙古族仍主要从事农业生产。由于受到多山多土少草场等自然环境的制约，彭水自治县鹿鸣乡向家坝和太原乡香树坝村的蒙古族主要以从事农业生产为生。种植的农作物主要有玉米、水稻、小麦、甘薯等种类，经济作物则主要以种植烤烟、花生、水果等为主。[2] 2009 年 7 月，笔者通过调查，发现向家坝蒙古族的主要农作物有玉米、水稻、甘薯、豆类（大豆、绿豆、米豆）、马铃薯等，还有花生、四季豆、豇豆、茄子、番茄、萝卜、南瓜、丝瓜、黄瓜等。

调查发现，近年来，向家坝蒙古族很少种植小麦。主要原因在于向家坝当地特殊的气候条件，再加上小麦产量较低，故而当地居民认为种小麦不是很划算。同时，市场小麦供应充足，价格便宜，所以很多家庭已很多年不种植小麦了。

从种植业内部来看，向家坝蒙古族经济意识逐渐增强，高产作物种植面积增大，低产作物面积减少；粮食作物相对减少，经济作物相对增加。据调查，2008 年向家坝村水稻种植 267 亩，亩产 400 公斤，总产 267 吨；

---

[1] 玉时阶等：《现代化进程中的岭南水族——广西南丹县六寨龙马水族调查研究》，民族出版社 2008 年版，第 38 页。

[2] 重庆市民族宗教事务委员会编纂：《重庆民族志》，重庆出版社 2002 年版，第 265 页。

玉米种植 1200 亩，亩产 261 公斤，总产 313 吨；其他粮食作物种植 350 亩，亩产 57 公斤，总产 20 吨；豆类种植 170 亩，亩产 11 公斤，总产 8 吨；薯类播种 2260 亩，亩产 225 公斤，总产 508 吨，其中红薯种植 960 亩，亩产 197 公斤，总产 189 吨，马铃薯种植 1300 亩，亩产 245 公斤，总产 319 吨。同时，还种植有油料作物 966 亩，总产约 44 吨。其中，花生 100 亩，总产 11 吨；油菜 851 亩，总产 32 吨；芝麻 15 亩，总产 1 吨。麻类种植 50 亩，亩产 150 公斤，合计产量 8 吨。烟叶种植 20 亩，亩产 100 公斤，总产 2 吨。蔬菜种植 450 亩，亩产 1000 公斤，总产 450 吨。① 另外，还有土烟 2 吨，大蒜 10 吨，苎麻 8 吨。各种蔬菜 60 吨。2008 年，向家村合计种植粮食 959 吨，经济作物收成为 101 吨。② 从以上数据可以发现，向家村村民在种植主要粮食作物的同时，渐渐放弃了产量较低作物的种植，如小麦，而加大了经济作物的种植面积，如花生、芝麻、烤烟等。在某种意义上来说，这是向家坝村村民经济意识和市场观念逐步增强的表现。

但是，在种植业中，向家坝蒙古族也还存在一些市场信息不灵、交通不便、技术不足等因素的制约，并在一定程度上影响了村民走多种产业发展之路。

2008 年上半年，在有关专业技术人员的支持下，向家坝蒙古族村民积极调整农业产业结构，引进一种新的辣椒品种（俗称"海椒"），当地人称为"团团辣椒"，主要销往重庆市区，以满足城市市民生活需要。虽然当时是首次引进和试种，很多蒙古族村民处于观望状态，但还是有部分家庭引进种植，并形成了一定规模。据调查，在当时的蒙古族村民中，最多的家庭种植了 2—3 亩辣椒，少则也是几分、半亩的种植。经过村民的辛勤劳动和培育，辣椒获得了丰收，产量很高。但不幸的是，在运往重庆市主城区市场的过程中，辣椒因过于熟透且没有做好保鲜工作，导致辣椒大量变质和腐烂而无法进入重庆主城区市场销售，很多辣椒都被送进了垃

---

① 彭水苗族土家族自治县高谷镇鹿鸣乡向家坝村委会提供《（2008 年彭水苗族土家族自治县）全年农作物产量预表》，填报单位：（彭水苗族土家族自治县）鹿鸣乡（县农业局审定数字），单位负责人：冉开金，填报人：陈奎，填报日期：2008 年 9 月 9 日。

② 《农村基本情况及农业生产条件表（2008 年度）》。制表机关：国家统计局，文号：国统字（1996）231 号，计量单位：个、户、人、亩（1）。填报单位：向家村。填表人：喻国安。报出日期：2008 年 12 月 3 日。

圾场。这不仅给向家坝农户带来很大的经济损失，而且还严重伤害了当地蒙古族农户调整农业产业结构、引进新品种和新技术的积极性。因而，在2009年，向家坝蒙古族村民中就没人种植"团团辣椒"了。相反，在2008年下半年，向家坝蒙古族村民仍旧种植榨菜，获得了较好收成，当地村民认为，种植榨菜虽然辛苦，但得到了一些经济实惠，"很划算"。因此，他们认为，种榨菜比种辣椒划得来。

新中国成立以来，向家坝蒙古族农、林、牧、副、渔等都得到了一定发展，农、林、牧、副、渔五大产业结构比例有了一定改变。

首先，对于林业而言，由于向家坝地处大山之中，山林资源非常丰富。新中国成立以来，向家坝村民开辟荒山，种植林木，取得了较好效果，不仅在一定程度上增收、增产，而且还防止了水土流失，保护了生态环境，维持了生态平衡。2009年7月笔者调查发现，向家坝村自然生态系统有山地森林、灌丛和竹林。森林包括暖叶林，主要以柏木林和马尾松为主，另外还有阔叶林，竹林主要以水竹、刚竹为主，宅子旁边竹林也较多。[①]

人工经济林地主要包括果林、桑园、板栗林和柑橘林，但是果林、桑园和板栗林面积较小，规模不大。调查发现，向家坝果树主要有板栗、李子、梨子、柑橘、橙子、桃子、油柿、甜柿等。一般来说，住宅旁边多种植桃子、李子、梨子、板栗等果树。经济林木主要有香椿、桑树、鸡桑、毛豹皮樟、油茶、桂花、柏木、油桐、乌桕、杜仲、水竹和刚竹等。

杜仲：木本药材，树皮入药，可刮树皮出售，亦可栽培。多生长在树林边缘或者家庭住宅旁、菜园和路边。

油桐树：木本油料作物，可采集果实出售，用于榨油，多为村民栽种。种子与果实可榨油，根、叶、花、果均可入药，有消肿杀虫的功效，也可作生物柴油植物。主要生长在山坡、农田田坎。

据统计数据显示，2008年向家坝村产出水果合计37吨，茶园和果园种植面积100亩，桑叶喂蚕产蚕茧2吨。林木采伐200立方米，价值30

[①] 《中德南部山区农业生物多样性可持续发展项目管理调查报告》（内部打印稿），调查地点为彭水县鹿鸣乡向家村1组、彭水县长滩乡土塘村5组。

万元人民币；木炭出售10吨。收获各种水果37吨。① 同时，向家坝还有一些林业副产品收入。如麦草出售是一个重要林业收入来源。2008年，向家坝村民共出售麦草60吨。

其次，向家坝蒙古族畜牧业也有所发展。饲养牲畜是蒙古人的老传统。他们饲养黄牛、水牛、山羊、猪、狗以及数量不等的鸡、鸭、鹅等，成为农业生产中必不可少的重要组成部分，这些也是蒙古族的主要生活来源。调查发现，牛主要用于耕地，养猪则主要是满足全年油、肉需求的主要方式。由于家家户户都养着牲畜，除自给外，也常常出售，换回需要的生产、生活用品。② 有研究者调查发现，向家坝村90％的家庭养猪、养鸡，90％的农户家里熏制猪腊肉。宅旁自留地、农田边角种植蕉芋，利用其茎叶、块茎做猪饲料为蒙古族的特色之处。③ 2008年，向家坝村共产出各类牲畜肉96吨，折合人民币192万元；各种禽蛋20吨，折合人民币24万元。另外，全村还出售仔猪1100头，折合人民币330万元，出售猪鬃0.4吨，收入人民币3.6万元。④

笔者在向家坝调查发现，现今蒙古族几乎家家都养猪、牛、羊、鸡、鸭、鹅等牲畜。这些养殖活动，是向家坝蒙古族社会生产、生活的一个重要组成部分。

2008年，向家坝村民共蓄养鸭60只，鹅19只。山羊39只，其中母羊16只。⑤

向家坝蒙古族家庭喂养的生猪，主要是在供给家庭食用，多的则卖掉，喂养规模很小。多则十来头，少则三四头。2008年，向家坝村共养猪1771头，其中母猪161头。

新中国成立前，向家坝耕牛不多。很多贫苦家庭在耕地时，就采用人

---

① 《农村基本情况及农业生产条件表（2008年度）》。制表机关：国家统计局，文号：国统字（1996）231号，计量单位：个、户、人、亩（1）。填报单位：向家村。填表人：喻国安。报出日期：2008年12月3日。

② 重庆市民族宗教事务委员会编：《重庆民族志》，重庆出版社2002年版，第265页。

③ 《中德南部山区农业生物多样性可持续发展项目管理调查报告》（内部打印稿），调查地点为彭水县鹿鸣乡向家村1组、彭水县长滩乡土塘村5组。

④ 《农村基本情况及农业生产条件表（2008年度）》。制表机关：国家统计局，文号：国统字（1996）231号，计量单位：个、户、人、亩（1）。填报单位：向家村。填表人：喻国安。报出日期：2008年12月3日。

⑤ 同上。

力。新中国成立后，由于土地改革和家庭联产承包责任制的推行，蒙古族家庭几乎都有了维持农业生产所需的基本畜力，满足了农业生产的需要。在向家坝，牛主要有用于山地耕种的黄牛和用于水田耕地的水牛两种。2008年，向家坝村民共有黄牛4头，水牛239头。其中，小牛共98头，小黄牛2头，小水牛96头。

2012年8月笔者在向家坝调查期间，58岁的谭孝胜告诉笔者说，因人手不足，现在很多家庭都不单独养牛了，一般都是几户家庭合养一头牛，主要用于耕地、积肥等。谭孝胜家就和另外两户合养了一头牛，每户每年喂养四个月。

历史上，蒙古族是一个马背民族。文献记载，彭水向家坝的蒙古族群众早已脱离了游牧环境，成为完全的农耕者，但是却一直保持着重视骑射的传统。他们与周围其他居民不同，每代人都喂养马，人人都喜爱骑射。村内建有马道、箭池。① 但是，田野调查发现，现今向家坝蒙古族很少有人养马。可以说，这是向家坝蒙古族畜牧业发展史上的重要转变。

调查中，还发现很多蒙古族家庭喂养蜜蜂，但是规模和数量都不很大。

在向家坝，养鸡主要是用于下蛋自食，多余的卖掉。2008年，向家坝村民共养鸡2100只。近年来，向家坝蒙古族充分利用处于大山深处的地理环境，加大鸡的养殖力度。调查发现，在现今向家坝蒙古族中，就有2户规模相对较大的养殖户。

个案1：养鸡专业户

TXH，男，39岁，向家坝蒙古族村民，育有二子。大儿子16岁，现在浙江一家制鞋厂打工，小儿子10岁，现在向家坝小学读四年级。TXH前些年因摩托车事故，不小心从车上摔下来，脸部受伤，花了一万多元（人民币）治疗，现基本康复。因身体不很好，TXH就决定留在家里寻求其他的方法来增加家庭收入，不再出去打工。TXH介绍说，他前些年曾去山西煤矿中打工，连续工作42天后，赚了12000多元。他认为，从收入的角度来看，在煤矿打工的确赚钱，

---

① 四川省地方志编纂委员会编：《四川省志·民族志》，四川民族出版社2000年版，第439页。

并且（钱）来得快，但是太辛苦，也很不安全。

2008年，TXH买了30只鸡，全部用鸡饲料喂养。三个月之后，他喂养的鸡不仅一只没有损失，而且在鸡生了一轮鸡蛋后出售，市场价格还比较高，取得了较好的经济效益。因此，这让他看到了通过养鸡来赚钱致富的新希望，也积累了养鸡的经验和方法。

2009年7月12日，TXH在总结上年养鸡经验的基础上，购买了120多只双黄鸡喂养。TXH设想，通过三个多月的喂养，大的鸡大概有7—8斤，小的鸡也有3—4斤。按照当时公鸡12元左右1斤、母鸡8.5—9元1市斤的市场价格，120只鸡在去掉大约1000元的投入后，估计仍然可以赚到2000多元左右的利润。TXH计划，在未来几年还将加大投资，将养鸡规模进一步扩大，慢慢积累经验，"将这个事情（养鸡）当作个事业来做"。

渔业是向家坝村的一个新兴行业。由于向家坝地处大山深处，地势崎岖不平，原本水源就不很足，养鱼本就不是一件简单的事情。因此，在《彭水县志》《彭水苗族土家族自治县概况》等文献中，没有关于向家坝或者蒙古族及其附近地区有养鱼的记载。但是，在笔者实地田野考察后发现，还是有少量家庭养鱼。谭孝洪家就是一个例子。在谭孝洪家房屋下方大约200米处，就有大约半亩地大小的一个鱼塘。谭孝洪介绍说，以前那里是水田，后来改成了鱼塘。鱼塘里主要是喂养一些草鱼和鲢鱼，还有少量鲤鱼。这些鱼主要是在逢年过节或者来了亲朋好友后吃，一般不卖。"亲戚朋友来了，吃点鱼也算是个菜。"可见，虽然向家坝已经有少量家庭开始养鱼，但这些养殖活动不是以市场需求为导向，而主要是为了家庭食用。因此，可以认为，向家坝渔业生产的市场化程度还极低，鱼的养殖也不是以赚取经济收入为目的，完全是一种自给自足的家庭式生产。

另外，向家坝的副业是当地村民收入的重要来源之一，发展也较为迅速。

新中国成立前，正式官方文献没有关于蒙古族副业的专门记载，但我们仍可以找到一些蛛丝马迹。在《彭水苗族土家族自治县民族宗教志》第八章"民族人物"简条中，有"张敦三、张孝林"的介绍。

在"张孝林"条记载："张孝林（1902—1961），敦三之次子，初识字，小时曾学过篾匠（竹片编织）活，16岁拜许克远铸铧。26岁以铸铧为生，31岁与黄氏结婚，勉强糊口。他铸铧30多年，每年铸铧约三四千件。"① 从此可见，在新中国成立前，蒙古族中就有篾匠、铸铧等副业。根据63岁的谭孝平介绍说，他们家是猎户世家，他的父亲就是很厉害的猎手，附近有大的野兽出现，一般（周围的人）都会喊他父亲去收拾（野兽）。由此可以推断，在新中国成立前，狩猎活动是部分蒙古族家庭的重要副业。蒙古族老人张友安也介绍说，他们蒙古族有很多篾匠、瓦匠等匠人。这在新中国成立前也可能不在少数。

根据调查，现今向家坝蒙古族家庭副业除烧木炭、养猪、养鸡、养鹅等外，手工制造，如篾匠、狩猎、制造香蜡等仍是重要副业。向家坝盛产竹木，蒙古族群众就在学习周围群众编织技术的基础上，改良、改进手艺，编织出性能优良、外表美观的竹席、凉席、晒席等传统家庭用品，并因环保而倍受欢迎。

个案2：竹编手工艺

　　TXQ，1957年生，是当地蒙古族的编织能手，他编织的竹凉席很受欢迎。他从19岁就可开始编织竹凉席，几十年来每年都编织竹凉席出售，在夏天尤其备受青睐。附近的很多乡民在女儿出嫁、儿子娶亲的过程中，就会请TXQ师傅去帮助编织凉席以作为嫁妆或者家庭用具，再加上TXQ为人厚道、诚恳，很受当地乡民的尊重和爱戴。据TXQ的儿子TSX介绍，他父亲的编织手艺主要是继承了蒙古族的传统手工技艺，并加上他父亲自身的聪明才智和长期的实践经验积累。他父亲编织的竹凉席不仅畅销，而且价格还较好。据他说，他父亲编织的竹凉席最贵的卖到过100多元一床，最普通的也都要30—40元一床，供不应求。

随着国家退耕还林政策的逐步实施，生态环境的逐渐改善，大山深处的向家坝及其周围地区人少林茂，野生动物逐渐增多，并逐渐对向家坝及其周围地区人们的社会生产、生活产生了一定影响。因此，擅长狩猎的蒙古族群众又重新开始了传统的集体狩猎。

---

① 彭水苗族土家族自治县民族宗教志编纂委员会：《彭水苗族土家族自治县民族宗教志》，重庆出版社2003年版，第159—160页。

个案 3：狩猎传统

  TXP，63 岁，其兄长 TXL，68 岁，其弟 TXH，50 多岁。兄弟三人出身于传统的猎户世家，都是好猎手。三人从小就跟父亲参加狩猎活动，现今已有几十年的狩猎历史，积累了十分丰富的狩猎经验。大哥 TXL 现养猎狗 2 只，TXP 养 3 只，弟弟 TXH 养 1 只。这些狗除了看家，最主要就是为了狩猎。在 TXL 家，还圈养了他狩猎抓获的一只刺猬。TXL 为此还从外地借来一只刺猬，计划将两只刺猬配对喂养，让刺猬下崽，以扩大刺猬养殖规模。他说，现在刺猬很值钱，也好养。去年抓的这只刺猬，经过一年的圈养，已经有 20 多斤了，价值 2000 多元了。

  据 TXP 介绍说，他父亲过去也曾是一名好猎手，在 20 世纪 60 年代还因狩猎获得了彭水县的奖励。2010 年上半年以来，TXP 打猎已有了 1000 多元的收入。他回忆说，在狩猎运气比较好的时候，最多可以有 2000 多元的（狩猎收入），最少的时候也有数百元。

  TXP 还介绍说，猎物主要有野猪、刺猬、野鹿、野兔等山中野物。这些年来，随着国家退耕还林政策的实施，山林保护较好，向家坝周围大山受到的人为和自然破坏相对较少，野猪、刺猬、野鹿、野兔等动物数量也就随之增加，现已经严重影响到了当地和附近地区农户的农业收成。因此，在此背景下，TXP 等兄弟三人几乎就成了远近闻名的猎户和"狩猎专业户"。

  TXP 说，他们的狩猎工具主要有三种：一是麻绳等绳索类，这些绳子主要是用于在猎物出没的地方结网以围猎；二是"赶子"，这是一种类似标枪的专门用于刺杀猎物的利器。"赶子"由锋利的铁锥和木柄组成，铁锥主要是刺杀猎物，长约 1.5 尺，木柄大概 1.2 米左右。三是号角，主要有牛角和羊角两种。TXP 说号角主要有两个功能，一则在围猎时用于通知或者告诉参加围猎助手猎物要出现的消息，以便对方监视并捕捉猎物，二则可以让参与赶山时跑远的猎狗能知道主人的具体位置，以便迅速向主人靠拢并参加围猎。

  根据 TXP 介绍，当地蒙古族人在狩猎活动完成并取得了很多收获时，往往还有一些特定的仪式祭神。首先，在围猎捕捉或者打死猎物后，狩猎者严禁从猎物身上跨越，否则，当地人认为会受到山神的惩罚。其次，在将猎物捕捉和打死带回家后，狩猎者要先取出草纸、香、蜡等物什等祭祀山神，感谢山神对当地蒙古族的赏赐和给予，否则认为是不吉利的，下次打猎时就很难打到猎物。最后，在获取猎物数量达到或者超过12个时，狩猎者要准备很多的物品，以祭祀山神和猎神（即猎户的开山祖师），感谢神灵给予的猎物赐予。

再者，蒙古族是一个有着浓厚的神灵崇拜和祖先崇拜观念的民族。因此，在遇到节日或者丧事，都要一定的香蜡、草纸等祭祀用品。如有人去世、祭拜祖先、祭拜观音大士、拜山神和树神时，香、蜡等就是必需品。所以，蒙古族就有自制香蜡的习惯，随着时间的推移也就有专门的香烛制作艺人出现。

个案4：香烛制作工艺

TXL，64岁，蒙古族。1978年前后，TXL跟他哥哥学了香的制作手艺，此后就一直从事香的制作，至今已有34年了。据他介绍，在原高谷区范围的十多个乡镇中，现在只有他一人还在从事香的制作，其他人都已改行或者出去打工赚钱去了。TXL也曾经带了几个徒弟，但是现在他的徒弟也改行了，现在"不做这个事情了"。如今，TXL年纪大了，身子也不如以前，所以在农闲之时也就做一些香准备着，到每年的七月或春节期间出售。据他自己估算，每年大概有个三四千元钱的毛收入，除掉成本所剩也就不多了。

TXL说，他的香主要有两种出售方式，第一是别人到家里来直接买，第二就是他自己将香送到鹿鸣或者高谷镇去卖。他制作的香价格比较便宜，一般都是六元钱一斤。有的时候也是以把为单位进行计算和出售。一般来说，每把香是96支香。对于为何是96支而不是100支？TXL说这是祖祖辈辈传下来的，因为古人认为96岁就是相当于100岁，所以"96支香也就是到顶了，相当于100支香"。

香的制作工艺主要包括以下程序。

（一）备料

备料主要是准备竹签、烧炭和磨炭三个步骤。

竹签是做香的主要原材料之一。第一步，选竹子。制作香所需的竹签对竹子的要求很高。一般来说，制作香的竹签都是由苦竹和蓝竹做成，"不能用水竹"，因为水竹"起不了皮，不行"。第二步，就是将苦竹或蓝竹砍回来，锯成大约一尺二寸长的竹筒。第三步，将竹筒破开，做成小竹棍，去皮，阴干。这是第一道工序。

烧炭和磨炭也十分讲究。制作香的炭质要求颇高。一般来说，制作香的炭料均要由山上的杂木或者刺木烧制而成的"刺炭"，因为其他木料烧制的炭是"硬性"的，不以着火，"软性"的炭料才可以。

炭烧好后，就是磨炭的环节。将烧制好的软性杂木炭或刺炭用磨子或碓窝磨制成炭末，质量上乘的炭料对于香的制作至关重要。

（二）"和料"

"和料"就是将制好的炭料粉末加上适当的捣碎的糯叶和微量的柏树枝叶，再加上适当的水进行搅拌、发酵，制成混合黏稠状的混合物，这是香制作过程中的关键环节之一。柏树枝叶主要是让香在燃烧时略带香味，"没有柏树枝叶则不香"。

（三）"穿衣"

"穿衣"就是将制成的竹签在黏稠状的炭酱中来回搅拌，尽量让炭酱均匀地附着在竹签上，并保证协调和美观、适度。

（四）晾晒

将制成的附着了炭酱的竹签在太阳下直接晒干或者在阴干。一般来说，阴干的香的品质要比在太阳下晒干的要好。

经过这几个环节，成品的香就基本做成并可以使用了。

此外，改革开放以来，随着国家政策的逐渐宽松，向家坝村民的各种行业逐渐兴起，一些新的副业也随之产生。部分青壮年劳动力和刚毕业的年轻学生，纷纷到外地打工。他们中远的到广东、福建、上海、浙江等地，近的就在重庆主城区、涪陵、黔江、彭水县城等地做工，或从事房屋建筑、酒店服务、市场推销，或是从事短途运输等工作。根据调查，2008年，向家坝村共有包工头2个，运输专业户5户，商饮业15人，服务行业2户，各种长短期外出务工人员532人（次）。[①]

---

① 资料来源：《农村基本情况及农业生产条件表（2008年度）》。制表机关：国家统计局，文号：国统字〔1996〕231号，计量单位：个、户、人、亩（1）。填报单位：向家村。填表人：喻国安。报出日期：2008年12月3日。

图 2-2 制香

由此可见，新中国成立以来，向家村经济社会发展取得了很大成绩，农、林、牧、副、渔等五大产业均有一定的发展，尤其是林业、渔业和副业发展相对迅速。根据发展经济学的一般理论，在传统经济向现代经济变迁的过程中，产业结构即三大产业之间的比例关系将会有规律的发生变动。产业结构的规律性递进可以分为五个阶段：第一阶段是原始的农村产业结构阶段，三大产业的产值顺序为第一产业值大于第三产业值，第三产业值大于第二产业值，即一＞三＞二；第二阶段为半自给半交换产业结构阶段，产值顺序为一＞二＞三；第三阶段为商品经济代替自然经济初级的产业结构阶段，产值顺序为二＞一＞三；第四阶段为商品经济完全代替自然经济初级的产业结构阶段，产值顺序为二＞三＞一；第五阶段为高度协调发展的产业结构阶段，产值顺序为三＞二＞一。[①] 根据这一理论，可以认为，向家坝蒙古族社会正处于半自给半交换产业结构阶段。在笔者调查中，绝大部分受访者都认可农业收入仍是家庭最主要收入来源的观点。在当地人眼中，农业生产仍然是最重要、最基本的生产、生活活动。所以，

---

① 图道多吉主编：《中国民族理论与政策》，山西教育出版社 2002 年版，第 239 页。

可以这么认为,向家坝蒙古族社会处于整个商品经济发展的初级水平,以市场化为导向的农业生产、生活活动在这个社会生产、生活活动中所占比例还较低。

三 职业多样化与家庭收入方式转变

新中国成立60多年来,重庆蒙古族社会发生了巨大变化。从就业角度来看,向家坝蒙古族所从事的职业经历了一个就业面单一、非农业就业人数少向就业面逐渐变宽、非农业领域就业人数逐渐增多的过程。从家庭收入方式的角度来,向家坝蒙古族经历了一个收入来源有限、收入资金少到收入来源相对增多、现金收入方式增多的动态演变历程。这些变化真实再现了向家坝蒙古族社会经历的巨大变迁。

(一) 职业多样化

从业职业是经济与社会发展水平的一个重要指标,也是反映经济与社会发展状况的重要风向标。一般来说,从业结构单一,就业面较窄,则经济社会发展缓慢;反之,职业多元化,就业面较宽,则经济社会发展状态较好。

在新中国成立前,向家坝蒙古族的就业面变宽,从事非农业领域的人数不多。尤其是做官的人不多,这可能与向家坝蒙古族的祖训有一定关系。据《(四川)彭水鹿鸣乡向家坝蒙古族张、谭姓氏源流》记载,(向家坝蒙古族)始祖张攀贵(桂)遗嘱:你们以后读书但是不要求官,所以到新中国成立前十几代文武,称位(称谓)不少。穷得外迁,没人做官。外人说起,向家的人,代起(戴起)顶(鼎)子吃稀饭,只有学位,没有官位。[①] 可以推测,由于受到这些族规的影响,以前向家坝蒙古族很少从事那种接触外人较多、需要抛头露面的行业,以免引起外人的注意。

调查发现,在新中国成立前,农业生产是他们最主要的生产、生活活动,当然也有少量向家坝蒙古族从事一些副业,如石匠、瓦匠、篾匠、铸造等一些传统手工技艺。同时,还有数量极少的家庭,继承了传统蒙古族的狩猎习俗,从事小规模的狩猎活动。

在新中国成立之初,几乎所有的蒙古族农户从事农业生产,几乎都是

---

① 张远杨、张友安整理:《(四川)彭水鹿鸣乡向家坝蒙古族张、谭姓氏源流》,1985年印,2004年翻印,张友安存本。

农民，只有极个别的人从事石匠、瓦匠、篾匠、烧木炭、打铁等工种。大集体时期，蒙古族是清一色的农民。据笔者调查，改革开放以来，重庆蒙古族农民的从业结构发生了很大变化。在 20 世纪 80 年代，向家坝蒙古族就出现了以赚钱为目的的临时工。

同时，也有少量蒙古族青壮年开始从事其他行业，还有个别人从事拖拉机出租，跑运输。进入 20 世纪 90 年代，大量重庆蒙古族年轻中学毕业生外出打工，选择打短工、个体户、运输司机、建筑工人、手工业者等就业领域。近几年以来，还形成了一定数量的养鸡专业户、养蚕能手等，从事买卖的人也逐渐增加。如谭孝全就是一个案例。在笔者调查期间，52 岁的 TXQ 每天很早就起床，和一个朋友去为那些外来做生猪买卖的老板带路，到附近村民家中购买生猪。按照双方约定，TXQ 充当中间人的角色，老板每收购 1 头猪，就给谭孝全 20 元人民币的"介绍费"。在 2009 年 7 月 18 日，TXQ 就介绍老板买了十多头猪，得到了"介绍费"200 多元。TXQ 和他的朋友每人得到了 100 多元。这是向家坝蒙古族利用特殊的地理和人际关系资源得到的一些额外经济收入的典型个案，这也充分说明了当地蒙古族市场意识的逐渐增强和从业方式的灵活性与机动性。

调查发现，现今，外出打工是向家坝蒙古族家族家庭的一个普遍现象。在向家坝村一组调查发现，90% 的蒙古族有外出务工者。这些家庭的照看小孩、养猪等家务事都主要是靠女方来完成。当然，短期外出务工者和小孩也会抽空参与帮忙。而对于另外 10% 的家庭，男性多出去打工，家务事、照看小孩、养猪等家务事全部是女方来完成。同时，调查也发现，向家坝蒙古族小学生在放学后会参与家庭田间劳作，但在初中、高中阶段就不参加了。儿女多数在县城乡镇读书、外出务工，90% 的农户不希望小孩以后从事农业种植。可见，这种想法也必然会对下一代蒙古族青年的就业倾向产生十分重要的影响。[①]

对于打工群体，这些流动群体不仅在县内各乡（镇）、市内各区（县）从事各行各业，而且还会流动到广州、深圳、珠海、福州、上海、浙江等沿海大中城市务工。所从事的职业不仅有城市建筑、房屋改造等传统劳动密集型行业，而且也有酒店管理、公司领班、工厂生产小组负

[①] 资料来源：《中德南部山区农业生物多样性可持续发展项目管理调查报告》（内部打印稿），调查地点为彭水县鹿鸣乡向家村 1 组、彭水县长滩乡土塘村 5 组。

责人等知识型行业。可以认为，向家坝蒙古族打工族所流动的地域范围越来越大，所从事的职业也越来越多，劳动密集型行业和知识型职业互为补充。

可见，新中国成立后，尤其是改革开放以来，向家坝蒙古族的从业面逐渐增大，从业领域也逐渐增多，专门从事农业生产的越来越少，那种以农为主、兼职其他行业的人口数量也越来越多。

（二）家庭收入方式转变

家庭收入多方式是传统农业家庭生活水平的风向标。家庭收入来源多，人们的社会生活水平较高，反之，生活水平较低。

调查发现，随着向家坝蒙古族家庭所从事职业种类的逐渐增加，家庭收入方式逐渐增多，家庭收入也越来越多。在新中国成立前后，向家坝蒙古族的主要家庭收入是农业收入，再加上数量有限的山货收入、手工制作等收入。在大集体时代，一切为集体所有，所以也就不存在家庭收入的问题。

改革开放以来，蒙古族从业行业的增多和从业地域的逐渐变宽，家庭收入方式发生了很大变化。社会学者认为，家庭分工与家庭收入的好坏息息相关。根据有关调查数据，向家坝蒙古族的家庭分工较为明显。

表2-12　　　　彭水县向家坝村第1村民小组家庭分工情况统计　　　　单位:%

分工方式	丈夫长期外出打工，妻子务农	双方均从事农业生产	丈夫短期外出务工，妻子务农	农业种植与男方农产品加工	儿女打工夫妻在家务农
所占比例	10	20	30	20	20

调查发现，向家坝村第1村民小组蒙古族家庭的主要经济来源有以下几种：第一，男方长期在外地打工，人年均收入在4000元左右；第二，男方短期在外打工，年均净收入在2500元左右；第三，养猪收入，年均1000—3000元；第四，木材收入（红香椿），年净收入3000元左右；第五，编织竹篓、竹席等，年收入1000元左右；第六，做各种买卖，年收入在10000元左右；第七，种植经济作物收入；第八，椿芽、鱼腥草等采

集，年收入在 300 元左右。①

2008 年，向家坝村农民家庭农业收入 572 万元，净收入 315 万元，外出务工 200 万元，人均收入 2827 元。统计资料显示，2008 年向家坝蒙古族主要收入来源有农业收入（主要是指种植业收入）、林业收入、牧业收入等第一产业收入，以及建筑业收入、运输业收入等第二产业收入，还包括餐饮业、服务业等第三产业收入。其中，在建筑行业包工获得大约 12 万元收入，运输业获得约 5 万元收入，服务业约 2 万元收入，商饮业约 15 万元，外出务工收入约 199.8 万元。②

可见，随着从事行业的增多和流动地域的变宽，向家坝蒙古族家庭收入方式呈现出多元化发展趋势，收入来源越来越多，实际收入也逐渐增加，生活水平逐步提高。

本 章 小 结

两百余年来，重庆蒙古族的经济生活发生了巨大变迁与发展。新中国成立前，重庆蒙古族及其先民的经济生活水平不高，社会生产力水平低下，生活艰苦。新中国成立以后，重庆蒙古族在党和政府的领导下，不断推动社会变革，历经个体私有、集体公有和家庭联产承包责任制的经济制度的不断改革和逐步完善，带来了经济与产业结构的调整，实现了生产工具、种子、肥料、农药、杀虫剂等劳动对象的多元化发展，产业结构调整取得了很大成就，推动了重庆蒙古族职业选择的多样化和家庭收入方式的多元化。

可以说，新中国成立尤其是改革开放以来，重庆蒙古族的经济生活水平得到了显著提高，推动了社会结构的急剧变迁与发展，推动了社会进步。重庆蒙古族经济生活演变的事实说明，在现有体制和制度设计框架下，制度性因素是导致我国农村地区少数民族经济与社会急剧变迁的根本动力和内在原因。

---

① 资料来源：《中德南部山区农业生物多样性可持续发展项目管理调查报告》（内部打印稿），调查地点为彭水县鹿鸣乡向家村 1 组、彭水县长滩乡土塘村 5 组。
② 资料来源：《农村基本情况及农业生产条件表（2008 年度）》。制表机关：国家统计局，文号：国统字〔1996〕231 号，计量单位：个、户、人、亩（1）。填报单位：向家村。填表人：喻国安。报出日期：2008 年 12 月 3 日。

第 三 章

血缘、宗族与乡村社会建设

作为外迁移民，因血缘而产生的宗族和宗族制度长期存在于重庆蒙古族社会，宗族制度仍是重庆蒙古族社会结构的重要组成部分。伴随着文化生态的变迁和社会的急剧变革，重庆蒙古族的宗族制度和宗族观念都发生了一定变化，这种变化一直贯穿在重庆蒙古族"本土化"与"农耕化"的历史演变过程中。

第一节 血缘与宗族制度的演变

宗族，就是指来自同一个男性祖先的子孙，经过若干世代相聚在一起，并按一定的社会规范，以血缘关系为纽带、以祖先崇拜为基础结合而成的一种相对紧密的社会组织形式，"是（一个）由共同祖先界定出来的父系群体"[1]。社会史学者常建华认为："宗族制度作为中国社会最基本的制度，是中国传统文化的凝结，反映了传统文化的固有特质。宗族制度对中国人的行为观念、意识、民族心理等都产生了深远影响，并派生出慎终追远、尊祖敬宗、团体意识、互助互爱精神、寻根观念等，奠定了中国传统文化的基础。"[2]

重庆蒙古族具有很强的血缘意识和宗族观念。根据族谱和历史文献记载，张、谭二姓均来自同一个祖先，张、谭二姓蒙古族均为奇渥温家族的后裔，具有共同的血缘。族谱记载，元朝末年（1368），朱元璋率军攻入元大都（北京），元朝崩溃，元顺帝奇渥温·妥欢帖睦儿逃奔上京。传说

---

[1] 常建华：《社会生活的历史学——中国社会史研究新探》，北京师范大学出版社2004年版，第207页。

[2] 常建华：《宗族志》，上海人民出版社1998年版，第1页。

当时皇室八兄弟当权,其中三人随皇帝出走上京,其余五人则逃往四川继续长达十年之久的统治。到洪武年间,明太祖调集大军围歼元势力,在合州一仗,由于寡不敌众,战败,五兄弟逃至凤柳桥头,分手各去,留诗八句。其中一人改姓谭,流落到夔府(今奉节)定居240年。传至第九代,后裔谭启鸾为明代镇守夔府的武官,拜封武侯,其夫人为敕封的诰命夫人。明朝灭亡后,清政府对曾南明王朝"反清复明"的残余势力进行大规模清查和追捕,谭启鸾则率家属逃奔至彭水县下塘口地界。因张邦墨的妻子为谭姓,便攀亲寄于张家,改名攀桂,从张姓。先后生(张)经、(谭)能、(谭)斗三子,后迁鹿鸣乡向家坝居住。从张攀桂起,已经传至第十六代。张、谭两姓蒙古族为至亲血缘,字派相同,互不通婚。① 因此,根据这些文献可以发现,蒙古族张、谭两姓来源于同一个家族。

根据族谱记载,向家坝蒙古族字派有新、旧字派之分。笔者2011年7月13日下午在58岁的谭孝云家中见到族谱残谱一本,上面记载了张、谭二姓蒙古族的字派即"历代班次",谭氏老派:"攀单世单,人朝志汝",张氏老派:"攀单大希,人朝志汝"。可见,从老派看来,张、谭二姓字派差别不大。谭张氏新派则为:"永敦孝友,远近同心,发祥万代,达士恒贵,文佐民主,武烈忠君,超应邦国,星贤必英",共32派。据张友安所藏《族谱》(残谱)记载,向家坝张家字派:"攀丹(经)大希,人朝志汝,永敦孝友,远近同心,发祥万代,达仕恒生"。族谱后面16个字派均为张孝继所编排,即"文佐民(明)主,武烈忠君,超应帮(邦)国,群贤必英"。可见,张、谭二姓蒙古族的族谱字派大同小异。笔者认为,基于不同的家族内部传承以及文化水平等因素的限制,张、谭二姓字派存在微小差异原本就在所难免,再加上由于特殊的社会历史原因和恶劣的社会与文化环境,存在差异也就合情合理。

调查发现,现今向家坝蒙古族同胞同姓氏、同家族多选择相邻而居,人口也较为集中,并在小规模聚居中通过共同的家族祖先崇拜,来维系族群个体成员之间的团结、和睦与互助。《彭水概况》记载,"吾邑人民,夙敦敬宗收族之谊。因而一姓之间,类能亲爱精诚,诉合无间"。② 一般

---

① 重庆市民族宗教事务委员会:《重庆民族志》,重庆出版社2002年版,第264页。
② (民国)彭水县政府印:《彭水概况》,民国二十九年(1940),第107页。

来说，宗族的重要标志是有祠堂、族田和族谱。由于血缘关系以及作为外地迁入民族等特殊的社会历史文化原因，向家坝蒙古族宗族制度发展曲折，但宗族意识强烈。笔者调查发现，现在向家坝还有很多关于蒙古族宗族制度的重要文化表征，如祠堂堡、族谱等。

第一，祠堂堡。祠堂堡是向家坝蒙古族对祠堂的称呼。蒙古族祠堂堡遗址位于现向家坝村小学旁边。相传，祠堂堡是由张攀桂曾孙张希圣于清朝雍正二年（1724）甲辰仲春所建。据原彭水县高谷区武装部部长蒙古族老人张友安回忆，祠堂主体原是由一栋五间架构的建筑物组成，中间一间房屋比两边两间约高出 1.5 米，为圆顶形。更为突出的是，中间圆形顶端还树立有一根"苏勒德神矛"，即上端为一柄三根叉头的矛头，下部向中间曲折弯回，四周还有固定的缨子。张友安也曾绘有祠堂正面略图。祠堂前有一个长约 40 多米、宽约 30 米的土坝子，主要作为族人聚会之用。祠堂中堂，树有木柱四根，柱上刻有记录蒙古族传统历史与文化的对联一副：尧舜禹后讨伐荣宗百载雄王能谋能征亿年万世建宏图，元蒙尚古挥戈耀祖一代英豪乃文乃舞千秋万代振箕裘，横批：蒙族万世。

在祠堂中堂房间，正位是神台和灵位，正中央立有蒙古族先祖张攀桂的牌位，其后留有约 1 立方米的空间，主要用于存放相关保密资料。据张友安老人回忆，他爷爷曾经提起，这些绝密资料中就包含元顺帝时用蒙古文编写的皇室宗谱，此物两边还雕刻有鹿、蝙蝠、花、草等一些吉祥图案。在西面，有房屋两间，最西一间为卧室，另一间为厨房。东面也有房屋两间，最东一间为客房，另一间又分隔为前、后间，前为小厅，后为卧房。

据说，在祠堂堡还置放有一面大鼓和一口小钟等物品。据曾担任向家坝村支书 30 余年的 74 岁蒙古族老人谭敦位回忆说，大鼓主要是用于祭祀祖先。他说，专门看护祠堂的人必须每天早、晚各向祖先牌位进香、祭拜一次，在进香、祭拜的同时，必须击鼓向祖先明示。

张友安老人回忆说，据他爷爷讲，祠堂有专人来管，这个人就是蒙古族指定的内部传人。一般来说，传人的产生主要是由上一代传人培养和选定，在认为被选者合格后就向族人作出正式推荐，最后由族人长者会议审议并正式确定。据张友安老人讲，向家坝蒙古族传人就曾是他爷爷，名叫张敦叁。据说，张敦叁从 17 岁始就一直就待在祠堂堡烧香、敬祖，年复一年、日复一日地烧香、叩头，直到83岁（1948）病故，60多年从没有离开过祠堂。

同时，一般来说，蒙古族传人还是当地私塾的教书先生，承担着教书育人的责任。据张友安老人回忆，他爷爷张敦叁每年都会招徒讲学，招收学生为20—30名，所教内容都是儒家经典，孔孟之道，即包括四书五经、汉唐历史等重要内容。根据传统，教书先生的生活一般也都是由学生出资供养。张敦叁死后，蒙古族传人由其子继承，但是该传人于20多岁时意外病逝，都还没来得及培养或推荐下一代继承人。新中国成立以后，在轰轰烈烈的"破四旧"运动中，蒙古族的祖先崇拜、家族祭祀等都被斥为封建迷信并予以打压禁止。于是，蒙古族传人制度便就此中断，没能传承下来。

此外，祠堂堡还是向家坝蒙古族执行族规、族法的重要场所，是蒙古族民族内部和宗族内部的权力的象征。据谭敦位老人回忆，蒙古族的族规、族法非常严格，要是哪个族人违反，一定会受到严厉惩罚，重则杀头、沉塘，轻则斥责、挨杖打。一般来说，蒙古族族规、族法的内容主要是约束族人要尽忠尽孝、不偷盗抢劫、尊重长辈父母兄嫂等，教导族人要行善除恶、讲求正义和公道。据62岁蒙古族老人谭敦模告诉笔者，族人违反族规、族法的话，较轻的处罚就是受罚者的长辈们对其进行训诫教育，让受训者明白自己的错误和不对。通过说服教育，受训者向长辈和族人道歉和认错，并保证再不犯错。重的处罚，全族的族人会在族长的号召下在祠堂堡召开族人大会，向族人申诉受罚者所犯错误。在族人的公议下，受罚者会在祖先的神位前，趴在板凳上让执法者杖打屁股。然后，受罚者还会向祖先以及到会的长辈们轮流磕头认错，并承诺改正。

在孝敬父母方面，族规、族法还有明确规定。据村中老人回忆，在新中国成立初期，有个叫张友刚的人不孝敬自己的母亲，对母亲出言不逊，乱说乱讲。他母亲遂向族长告状，族长便组织召开族人大会，张友刚在祠堂中被打屁股并向众人作揖认错。同时，新中国成立前族规、族法还规定，兄长和弟媳妇、儿媳妇和公公不能随便单独讲话，更不能开玩笑。弟媳妇必须尊重兄长，儿媳妇也必须孝敬公公。

在蒙古族看来，"长辈就是长辈、小辈就是小辈、哥就是哥"，"不能乱整"，来不得半点虚假。据谭敦模老人回忆说，在新中国成立前，一个族人与自己的远房长辈乱伦，被族人发现后用土枪枪毙了。村中老人们还回忆说，在新中国成立前，新娶进来的媳妇首先必须用轿子抬到祠堂堡去拜祖先，认祖归宗以后，才能到夫家去正式拜堂成亲。在"志"字辈的那代人前后，新娶进来的儿媳妇在到夫家的第二天，必须在早上早起，烧好洗脸水、泡好茶，才能叫公婆起床并向公婆进洗脸水和茶水请安，以示尽孝道。

在新中国成立前，祠堂堡还是族人举行重大仪式的场所。据老人们回忆，在新中国成立前，向家坝蒙古人每年古历二月中旬都会过"苏勒德节"，但是对外则会宣称是办清明会，祈求五谷丰登、人丁兴旺。在"苏勒德节"这天，蒙古族全族男女老幼都会来参加这个节日，集合地点就在祠堂堡前的土坝子上。在全族人到齐后，所有族人都先按字派长幼论资排辈站好，再由族中先辈传人引领族众一起背诵先祖遗留下来的八句诗，即"本是元朝宰相家，洪兵赶散入西涯。绿杨岸上两分手，凤柳桥头看发芽。咬破指头书血字，睁开泪眼滴恒沙。后人记得诗八句，五百年前共一家"，然后就是长辈训话，内容主要是颂扬先祖历经艰难困苦，携带家族后辈，辗转迁徙，兴家立业，繁衍后代，教育子孙，发展生产，引导后人，不忘根本，不忘祖宗等，再由族中管事宣读族中相关规章，主要是训诫要：不忘祖宗，尊老爱幼，扶孤济贫，不偷抢嫖赌等。最后，就是全向祖先牌位行三叩九拜祭祀礼和自由活动。自由活动包括各种比赛如摔跤、爬树、顶板凳等，早先还有骑马、射箭。时间短则一天，最长五天。内容也有一些不同，如延续时间长，还请道士、巫师念经等。比赛完后，全族男女老幼一起聚餐，吃团聚饭，举杯祝贺，十分热闹。

作为蒙古族宗族象征的祠堂堡，在轰轰烈烈的"文化大革命"运动和破"四旧"过程中受到严重破坏。据老人们回忆，在受到"文化大革命"冲击以后，由于年久失修，再加上日晒雨露，祠堂堡风化已十分严重，后来由于大雨冲刷几乎倾塌。在1976年前后，由于修建学校缺乏物资，严重破损的祠堂堡再次被拆除部分建筑，一些建筑材料如木头等被搬走或是出卖，还有部分材料则用于修建新学校。笔者调查期间，在现今向家坝小学校（即惠美希望小学——笔者注）老屋的柱础上，还可以看见刻有拉弓射箭、打猎、赛马等图案的石墩或石质建材，据说这些材料就是从祠堂堡搬来的。

第二，族谱。族谱是记载民族历史与发展的重要文献，是一个家族的重要表征。根据蒙古族老人回忆，一直到新中国成立初期，向家坝蒙古族一直修有完整的族谱。新中国成立后，由于历次政治运动尤其是"文化大革命"运动的冲击，向家坝蒙古族的族谱被当作"四旧"烧毁殆尽。20世纪80年代以来，随着改革开放的逐步推进和社会的不断变迁发展，再加上党和国家民族政策的进一步落实和执行，蒙古族民族成分被正式确认，向家坝蒙古族的民族意识不断强化，民族认同也不断增强，因此，重修族谱、延续和记载民族历史与文化的大事又被提上议事日程。因此，在民族精英的推动下，经过张友安、张友明等蒙古族人士的努力，于2004年再版由张远扬、张友安二位于1985年整理的《四川彭水鹿鸣乡向家坝蒙古族张（谭）姓氏源流》的族谱残本，这也得到了张氏蒙古族的极力支持和赞助。

据张友安老人介绍，这份族谱为原族谱的简谱，由于历史久远，原族谱的内容仅靠记忆留存下来，因此只能记载一些简单内容，包括蒙古族来源、向家坝蒙古族的迁徙、八句诗、张攀桂牌位抄文、祠堂堡对联抄文、张姓谭姓字派以及关于民族节日等的补后记等内容。可以认为，这部族谱的重修和重订，不仅是向家坝蒙古族民族认同和民族意识不断强化的表现，而且是向家坝蒙古族宗族制度和宗族意识复苏的重要象征。

第三，祖先崇拜观念。祖先崇拜信仰及行为体现了生者对亡去父母、长辈的一种依赖和追崇，是宗族制度产生和延续的重要心理基础。在向家坝调查期间，笔者发现向家坝蒙古族宗族意识强烈，祖先崇拜观念非常明显。在向家坝蒙古族家庭中，几乎每个家庭都在房屋中堂的正中供奉神龛，神龛上供奉祖先的牌位及生前的照片，以便在一些重要节日如春节、清明节、亡者生日等时段祭祀先人，以表达缅怀和尊敬。

调查期间，笔者走访时遇见62岁的谭敦模老人在给亡去的母亲烧纸、祭祀和叩头。谭敦模老人告诉笔者，每年6月11日是母亲的生日，因此他每年的这天都会为母亲烧纸、磕头纪念她。在祭祀过程中，谭敦模老人在房屋的中堂神龛上点一支白蜡，在神龛下放一张木方桌。在木方桌上安放八只碗，四双筷子。每两个碗上放一双筷子。四只碗中放有米饭，四只碗中放有菜。同时，还放有四个小瓷杯，每个小瓷杯中均放有少量白酒。在让亡去的母亲享受到后人供奉的饭菜、酒食以后，谭敦模老人便走到中堂中央，面对神龛庄重地三拜九叩，表达对母亲的思念。礼毕后，谭敦模老人会在方桌下面烧一捆香纸,即民间所说的草纸,然后将四杯白酒倒在正在燃烧或熄灭的香纸灰旁边,以示母亲能真正享用供奉。谭敦模老人还告诉笔者说,为纪念母亲生辰,他家还专门做了荞麦豆花饭供奉以让母亲"享用"。

同时,向家坝部分家庭还有为活着的长者立碑的习惯。在向家坝,某些年纪较长的老人还健在,身体也还比较硬朗,但其儿女和后人们为表达对老人的尊重,便请匠人在老人还在世的时候就为他做好墓碑。2011年暑假调查期间,笔者就发现有几位石匠正在为张远扬老人刻"生纪碑"。

在调查期间,笔者经过实地访谈发现,随着社会大环境的不断变化,重庆向家坝蒙古族宗族制度的演变与发展也起伏不定,宗族意识和宗族观念随之发生变化。笔者调查发现,向家坝蒙古族的宗族制度和宗族观念的演变可以大体分为以下几个阶段。

第一阶段,"八兄弟是一家"阶段。这一时期主要是重庆蒙古族迁入重庆的早期阶段。根据"本是元朝帝王家,红巾追散入川涯。绿杨岸上各分手,凤柳桥头折柳桠。咬破指头书血字,挥开泪眼滴黄沙。后人记得诗八句,五百年前是一家"这一重要口传文献,可以认为,面对外部环境的变化与冲突,蒙古族张、谭两姓的祖先是一家,张、谭之间两姓也不存在内部冲突,蒙古族内部非常团结。

第二阶段,"张、谭两姓是一家"阶段。这一阶段主要集中在新中国成立前。在这一时期,张、谭两姓共同供奉民族祖先,信仰崇拜张攀桂,共有、共享祠堂,共定族规、族法,维护地方的安定团结。象鼻塞碑刻铭文显示,面对外敌的入侵和贼寇的骚扰,向家坝各族先民在蒙古族等尚武民族习俗的影响下,互助合作,修筑军事要塞,共同保卫家园和维护社会的安定。在清同治年间,重庆蒙古族与周边苗族、土家族、侗族等少数民族之间的关系十分融洽,文化互动也非常频繁、紧密。[①] 可以说,面对外敌入侵,为保地方安宁,蒙古族和土家族、苗族、汉族等民族之间,以及蒙古族内部张、谭两姓之间通力合作,共同保护家园,这也是向家坝蒙古族宗族制度在发挥着重要作用的体现。张、谭两姓之间关系基本稳定。

[①] 王希辉:《重庆彭水"象鼻塞碑"考释》,《黑龙江民族丛刊》2011年第3期。

据老人们回忆，在新中国成立前，张、谭两姓蒙古族之间也曾产生冲突与不和。随着社会的不断发展和变迁，社会生产力水平不断提高，向家坝蒙古族人口数量也越来越多，因此，伴随环境的变化，张家蒙古族和谭家蒙古族在生存空间的占有上产生了一些细微的冲突，并导致双方一度产生嫌隙。据说，谭家蒙古族因此甚至还曾将祖坟从以前张、谭两姓共有的墓地迁出。在"文化大革命"期间，张、谭两姓蒙古族之间也曾产生一些不和睦。但是，对于这些传说和往事，实地调查期间，张友安老人和众多蒙古族群众表示，这些说法一则无法证实，二则即使是真实的，但"那也仅仅是兄弟之间吵架"，不存在根本的冲突和矛盾。

第三阶段，"谭家学校张家村"阶段。这一阶段主要是指新中国成立以来尤其是20世纪80年代以来。随着新中国的成立，向家坝蒙古族在党和人民政府的领导下，真正实现了当家做主的愿望，成立了村级自治组织，建立健全了党的领导机构。很多蒙古族青年也踊跃加入中国共产党。调查期间，笔者在向家坝听到一个说法，即"谭家学校张家村"。进一步访谈发现，新中国成立尤其是改革开放以来，向家坝张、谭蒙古族有了较为明确的"社会分工"。在向家坝村村小中，谭姓蒙古族教师往往数量较多，校长也多由谭姓蒙古族教师担任，甚至在鹿鸣乡中心学校，也有很多谭姓蒙古族教师。调查发现，如今向家坝村小校长就是由谭孝银老师担任。与此对应，长期以来，向家坝村党支部和村民委员会主要成员均为张姓蒙古族。调查期间发现，向家坝村党支部书记为张超，村民委员会主任为张远权，村民委员会文书为喻国安。由于2011年5月张超外出务工，张远权主任也暂代村党支部书记职务。可见，由于社会的不断变迁与发展，向家坝蒙古族内部分工越来越明显，村级教育与行政之间的分工体现出张、谭二姓蒙古族之间的关系。但是，调查发现，这仅仅只是蒙古族内部的分工，对民族外部而言，张、谭蒙古族之间仍然"是兄弟之间"，"是一家，不是外人"。

第二节　村民自治与乡村社会治理

在新中国成立前，在国家权力与传统乡土社会的互动过程中，国家介入地方社会的力量相对较弱，因此，向家坝蒙古族地区多依靠民族习惯法和历史传统来保证社会生产、生活秩序的正常进行。

新中国成立后，在中国共产党和人民政府的领导下，先后进行土地改革、剿匪、社会主义改造、改革开放、建立民族区域政权以及推行农村家庭联产承包责任制等各种制度调整和重大政治、经济变革，将国家权力正式深入到乡村民间社会生产、生活的各个领域，在大传统与小传统的互动过程中，代表传统社会的小传统的生存空间逐渐让位于代表国家权力的大传统，这带来了向家坝蒙古族社会建设的极大发展，推动了蒙古族乡村社会的巨大变革。

一 村民自治的历史进程

向家坝村村民自治制度的建立健全是一个长期的、历史的过程。村民自治是指在我国农村基层组织中，由村民自主组织进行民主选举、民主决策、民主管理和民主监督的一项行政制度。20世纪80年代，在总结此前我国社会主义建设过程中没有切实建设民主政治的历史教训基础上，中共中央、国务院先后下发文件，正式推动乡村社会村民自治工作。第九届全国人大常委会第五次会议通过修订后的《中华人民共和国村民委员会组织法》就规定：要切实保障村民实行自治，按照村民的意愿依法办理自己的事情，发展农村基层民主，进一步促进农村社会主义物质文明和精神文明建设。1983年，国务院下发了《关于实行政企分开、建设乡政府的通知》，要求全国各地在建立乡镇人民政府的同时，建立村民委员会。在此背景下，向家坝村也逐步建立和完善了村委党支部与村民委员会。

向家坝村第一届村民委员会成立于1984年前后。第一届村民委员会成员主要由谭敦位、张友贵、张友兵等人组成，村支部书记由谭敦位担任，张友贵任村委主任，张友兵任会计。谭敦位在村委书记职务上一直工作到1997年，1998年由张远权接任，继而2004年由张友超接任。2011年张友超于6月27日赴外地务工，书记暂由张远权主任代任。村委主任由张远权于2007年接任至今。

自村民委员会成立以来，村民委员会在上级部门的领导和支持下，积极为向家坝村的产业结构调整与经济建设、交通建设、社会保障等出谋划策，辛勤奔走，获得了各族群众的大力支持和好评。

二 村民自治与乡村社会建设

在不断推进村民自治和进行乡村社会建设与治理的过程中，向家坝蒙古族、汉族、苗族、土家族等各族民众在中国共产党和人民政府的直接领导下，不断建立健全村民自治机构，充分发挥村民自治的优势，在向家坝村产业结构调整与经济建设、道路与交通建设、社会保障、生物多样性的保护与生态维护等社会事业方面取得了很大成就。

1. 产业结构调整与经济建设

推动传统产业结构调整，不断推进和提高经济建设的质量，是向家坝蒙古族民众脱贫致富的关键所在。在20世纪80年代，鉴于生产力与生产关系的矛盾与冲突，在中国共产党的领导下，向家坝蒙古族先后建立和调整农村家庭联产承包责任制，实行包干到户，极大调动了社会生产力的活力，推动了向家坝乡村社会的迅速发展，蒙古族等各族民众基本解决了吃饭、住房和穿衣等基本生活需求。

进入20世纪90年代，随着改革开放向纵深推进，向家坝蒙古族也开始了新一轮的产业结构调整和经济建设。1990年，向家坝开始引进桑蚕养殖业。很多蒙古族家庭纷纷将传统的手工农耕产业逐渐转型农村家庭养殖业。向家坝村民委员会主任张远权回忆，当年全村计划种植蚕桑1000多亩，实际种植880多亩。张远权家当年就将家中20多亩水田、旱地均改造为蚕桑地。据他介绍，蚕桑养殖给蒙古族家庭带来了很丰厚的经济收入。即使是在1995年前后，由于受到国际丝绸业动荡的影响，当年向家坝很多蒙古族每户家庭的蚕桑收入也都在15000元左右，这在当时还是一笔不小的收入。1998年以后，由于受国家金融危机的影响，国内丝绸业也不是很景气，于是向家坝蒙古族逐渐放弃蚕桑养殖。

1998年，在蚕桑收入不景气的背景下，村委又开始引进海椒种植（一种辣椒，当地人俗称"园椒"）。据张远权回忆，很多家庭的辣椒丰收，但是由于当年下大雨导致泥石流并将从鹿鸣到向家坝的公路冲塌，丰收的辣椒运不出去，向家坝蒙古族家庭的收入受到很大影响。后来，大家就将辣椒晒干，做成干辣椒运输出去卖给石柱的一个老板，为大家挽回了部分经济损失。张远权告诉笔者，大家种植海椒虽然没有赚到钱，但是也没有损失，比起种苞谷不会亏。

2010年，鉴于苞谷种子的需求较大，再加上向家坝良好的自然条件，向家坝村委又开始有了新的想法，即制苞谷种子。在和种子公司协商好后，向家坝计划种植300亩的苞谷种苗。但是，在发芽的过程中，由于种子公司提供的苞谷母本本身的损害而导致发芽率极低，影响了种子的按时下种，错过了最佳种植时机。在和种子公司协商无法达成协议的情况下，向家坝蒙古族为不误农时，为保证正常的农业收入而改种常规农作物。但是，调查期间，笔者还发现一些面积不大的苞谷种制种田块，如张超家就有大约两亩，张远权家仅有几分的面积。同时，2010年以来，向家坝村委还积极引进榨菜种植技术，以为各族民众寻找新的致富路径和新的家庭收入方式，取得了一定的经济效益和社会效益。

2. 道路与交通建设

道路与交通建设是向家坝村社会建设的重要内容。鉴于地理位置较为偏僻，山高路远，国家对边缘山区和边缘社会的控制往往较为薄弱，因此，搞好道路与交通设施建设，不仅是大山深处的蒙古族走向外面世界、接受新生事物的主要途径，而且也是各级政府推进民族地区经济建设的主要手段，所谓"要致富、先修路"的原因就在于此。

向家坝村民族公路简称"民族公路"，是向家坝村通向鹿鸣乡和彭水县城乃至重庆市的主要公路。民族公路起于鹿鸣乡至于向家坝小学，全长12公里，至马金8公里，共20公里。1990年前后，重庆市民族宗教事务委员会、黔江地区民族宗教事务委员会等部门为推进民族山区公路交通建设，投资32.5元修建向家坝村民族公路。在所有投资中，特别划拨民族资金10万元。在原彭水县高谷区公所有关领导的支持下，同时在向家坝籍蒙古族、高谷区武装部长张友安等人的推动下，向家坝村民族公路建设于1992年10月开工，经过一年多时间的努力，终于在1993年5月1日全线建成通车。

在公路修建过程中，张友安等蒙古族民族精英发挥自己的影响力，积极协调有关部门的征地、人员安排、炸药、水泥等人、财、物多方面的调配。向家坝蒙古族群众也在村委的组织下，投入大量人力和物力支持工程建设，很多家庭投入大量的义务工劳动，显示出了高度的集体意识和爱国主义精神。可以认为，向家坝民族公路的修成，是向家坝蒙古族社会生活中的一件大事，影响深远。鉴于此，在工程完工之时，在民族公路旁立

"民族资金援建项目"碑[①]，以资纪念。

后来，由于大水冲刷等资源原因，民族公路部分路段冲毁，导致公路通车困难。于是，在村民委员会的协调下，向家坝各族群众发扬集体主义精神，有钱出钱，有力出力，并积极加入义务工劳动，重修毁坏的公路路段并加固部分堤坎，保证了民族公路的畅通。

由资料可知：从捐资人（户）数来看，向家坝村村民投资维修堤坎公路户数的共52人（户），其中张、谭两姓蒙古族村民41人（户），其他族村民11人（户）。蒙古族村民投资户数约占全部捐资村民户数的80.39%。

从投资金额来看，捐资的金额最高为120元人民币，共1人（户）；其次为60元人民币，共25人（户），其中蒙古族23人（户）；再者为20元人民币，共6人（户），均为蒙古族；再次为10元人民币，共16人（户），蒙古族12人（户）；最后为5元人民币，共4人（户），没有蒙古族。捐资维修堤坎公路总金额为1920元人民币，其中蒙古族捐资为1620元人民币。可见，蒙古族捐资金额占总捐资额的比例最大，约占总捐资额的84.38%。

由以上分析数据可知，向家坝村蒙古族及其他民族村民不仅乐于公益事业，为了集体的利益，乐于捐资捐物，富有集体主义精神，体现出勇于面对困难、善于解决困难的优秀品质。这种集体主义精神的存在和发挥作用，为保障向家坝民族公路的畅通、维护向家坝与外界的交通通畅起到了重要作用。

3. 社会保障

进入21世纪以来，随着国家城乡统筹政策的逐步推进，向家坝蒙古族也逐渐被纳入国家城乡居民养老保险体系中。2010年，在重庆市大力推进城乡统筹发展的过程中，向家坝蒙古族正被逐步纳入到农村居民养老体系中。笔者调查期间，在向家坝村委张远权和喻国安的帮助下，将向家坝村城乡养老保险参保情况统计如表3-1所示。

---

① 此碑现立于向家坝村张友超家旁。碑上所书内容涉及项目名称（向家坝村民族公路）、项目规模（鹿鸣至向家12公里，马金8公里，共20公里）、项目资金［325000元（其中民族资金10万元）］、开工时间（1992年10月）、竣工时间［1993年5月1日（6万元）］、备注（注明：1998年整治水毁肆万元）以及立碑时间（1999年12月1日立）等内容。

表 3 - 1　　2011 年彭水县鹿鸣乡向家坝村城乡居民养老保险
参保记录　　　　　　　　　　单位：人

内容\组别	一组	二组	三组	四组	五组	六组	合计
60 岁及以上人员数	40	52	51	65	22	39	269
正常参保人员数	89	104	75	113	48	106	535
合计	129	156	126	178	70	145	804

　　据村委会会计（即文书——笔者注）喻国安介绍，表 3 - 1 为向家坝村已正式确认参保人员统计，其中包括 269 名已正式领取农村养老保险金的老人。据向家坝村委主任兼代支部书记张远权介绍，2011 年底还有 200 多人正在办理相关手续，也就是说，向家坝村参加城乡居民养老保险的人数实际上已接近 1100 人。事实上，调查发现，如今向家坝村已有 269 名年满 60 岁及以上的老人每月直接领取 80 元人民币及以上金额的基本养老金。调查数据显示，截至 2010 年 10 月，向家坝共有居民 1901 人，其中常住农村人口 1888 人。因此，向家坝村已参保人数约占到总人数的 60%，约占到应参保人数的 80%。

　　据张远权介绍，在上级党委和政府的支持下，向家坝村民委员会还将做好两件大事。第一件事，就是要做好"通畅工程"，即支持民族公路的硬化工程。村民委员会已制定出《向家坝村通畅工程领导小组》《向家坝村通畅工程理财小组》《向家坝村"通畅工程"筹资实施规定》等相关规定和文件，以为支持通畅工程的顺利实施做好准备。第二件事，就是做好向家坝民族特色工程的打造工作，以打造彭水自治县乃至整个重庆市唯一的蒙古族民族特色文化村，推动新农村建设工作。

本 章 小 结

　　在长期的历史发展过程中，作为一个人数较少、文化相对弱势的族群，重庆蒙古族的宗族制度发展较为完备，宗族意识也较为强烈。祠堂堡、族谱和强烈的祖先崇拜观念是重庆蒙古族重视血缘和宗族观念的重要表现。事实上，重庆蒙古族的宗族制度也经历了"八兄弟是一家"阶段、"张、谭两姓是一家"阶段和"谭家学校张家村"阶段三个主要发展阶段。这与重庆蒙古族所处的社会与文化生态密切相关。

新中国成立后，重庆蒙古族人民实现了当家做主的愿望，先后建立、健全了村民自治制度，积极推进农业产业机构调整与经济建设、道路与交通建设、社会保障、生物多样性保护与生态维护等社会事业，推动了散杂居蒙古族地区乡村社会的建设与发展，带来了重庆蒙古族社会的巨大变迁与初步繁荣。

第四章

婚姻与家庭制度

　　回顾学科发展史可以发现，婚姻家庭问题历来就是文化人类学研究的传统领域。家庭社会学认为，婚姻家庭是人类社会与文化的缩影和具体体现，是社会伦理道德、价值观念、审美情趣、宗教信仰、风俗习惯以及民族性格等内容的重要表征，更是观察、理解、阐释不同民族社会结构异同及其发展变迁的重要途径。从文化人类学角度来说，人类婚姻和家庭始终都是一个处于不断变化中的社会文化现象，同时也是一个民族社会与文化的有机组成部分。从一定意义上来说，一个民族在特定历史条件下所形成的婚姻家庭制度和观念往往都会反映出一个民族的社会、政治、经济和文化的发展状况。

第一节　婚姻制度的演变

　　文化人类学家和民族学家认为，人类婚姻是"习得的习俗或法律承认的一男或数男与一女或数女之间相结合的关系，并包括他们在婚配期间相互所具有的以及他们所生子女所具有的一定的权利和义务"[1]。我国著名民族学家林耀华先生认为，婚姻指男女两性结合，而且这种结合是指在一定历史时期和一定地区内部，社会制度及其文化和伦理道德规范都认可的夫妻关系[2]，具有明显的社会性特征，而并"不仅是一件私事"[3]。著名社会学家、民族学家费孝通先生曾提出，家庭是社会的主要细胞，而婚姻则是"由共同情操所结合的儿女和他们的父母"所建立起家庭的最

---

[1] ［芬兰］韦斯特马克：《人类婚姻史》，刘小幸等译，商务印书馆1992年版，第1页。
[2] 林耀华主编：《民族学通论》（修订本），中央民族大学出版社1997年版，第301页。
[3] 费孝通：《乡土中国　生育制度》，北京大学出版社1998年版，第129页。

"基本三角"①。

自迁入重庆定居两百余年来，随着经济社会的不断进步与发展，重庆蒙古族社会文化生态也发生了巨大变迁，婚姻形式和婚姻习俗等都有了较大改变，这是重庆蒙古族社会与文化变迁的真实反映和明显标志。

一 蒙古族传统婚姻形式

一方水土养一方人。基于生态与自然环境、社会历史传统等文化生态的差异和区别，不同民族甚至是同一民族内部不同地域人群的婚姻形式和文化习俗也有很大差异。有学者研究认为，基于不同社会历史时期和不同社会制度的影响，包括重庆蒙古族先民在内的蒙古族先民的传统婚姻形式主要有表亲婚、掠夺婚、转房婚、服役婚、买卖婚等。②

第一，表亲婚。根据《史集》等历史文献记载，远古时期蒙古族先民曾实行严格的族外婚制，禁止血亲结婚，但同时却鼓励姻亲结婚。因此，姑妈的儿子常常到舅家求婚。这种古老习俗一直延续很长时间。

第二，掠夺婚。随着社会的发展和进步，由于草原辽阔，游牧民族居住、生活等条件限制，给蒙古族先民的婚姻带来了一定障碍，因此，掠夺婚开始产生并流传下来。在此情况下，曾一度出现"抢婚"的习俗，强悍的游牧民族在各部族、部落之间的战争中掠夺对方的妻女为妻的情况并不少见。在"抢婚"习俗存在的同时，也有父母为年幼子女订婚的情况。③ 清末，仍有不少蒙古族青年男女在结婚时假装抢婚，嬉闹追逐，给婚礼增添了古风野趣。是时新郎在亲属及年轻的朋友的陪伴下，骑马来到新娘的毡包，从新娘的女友们的重重包围和保护中把新娘抢走。新娘这时也要呼喊、推打，而女友们则上前救助。在一片热烈气氛中，新郎早已把新娘抱上马鞍，驰向了新郎的毡包。④

第三，转房婚。按照家庭社会学者的观点，转房婚主要包括妻兄弟婚和夫姊妹婚两种基本形式，同时也存在"父死，子妻其后母；子死，父

---

① 费孝通：《乡土中国 生育制度》，北京大学出版社1998年版，第159页。
② 周玲：《简论蒙古族婚姻习俗》，《长春师范学院学报》（社会科学版）1993年第1期。
③ 马世雯：《蒙古族文化史》，云南民族出版社2000年版，第114—130页。
④ 周玲：《简论蒙古族婚姻习俗》，《长春师范学院学报》（社会科学版）1993年第1期。

收其儿媳"的情况。妻兄弟婚就是兄死后，弟可妻其嫂，但弟死，兄不能妻其弟媳。弟嫂之间的关系，在习俗上，就是兄生前也没有什么约束。但大伯和弟媳之间的关系却是很严格的。夫姊妹婚就是姊妹可以嫁一夫，也可先姊后妹，先妹后姊的也有，主要是先姊后妹。多因姊故，怕姊之子女受继母气，故而姐夫与小姨结合成夫姊妹婚。文献记载，蒙古人"父死后还可以续娶他的遗孀"①，"有时儿子除他的生母外要娶其父的所有妻妾"。同时，在族人去世以后，本族亲属也可以收纳死亡者的妻妾，以使死亡者的妻妾、牲畜和财产留在本家族内。

第四，服役婚。根据文献记载，在明代，蒙古族的服役婚主要有两种。一种为男方交不起聘礼，到女方家中以服劳役作为抵偿，但人身仍属原来的领主；另一种只是古代服役婚在习俗上的保留，并不真正要男方到女方家服劳役，这在富裕的人家中存在。夫住妻家，待妻产育后回归夫家，回赠女方家的嫁礼颇丰。②《旧唐书·室韦传》就记载："婚姻之法，男先就女舍，三年役力，因得亲迎其妇，役日已满，女家分其财物，夫妇同车而载，鼓舞共归。"

第五，买卖婚。随着社会的演变和经济的发展，买卖婚逐渐出现并遗存下来。一般是男家送彩礼给女家，对彩礼的多少，女家还要讨价还价、争来争去，这婚约就变成了买卖式的。这彩礼实际上就是买女的代金。在大多数情况下，蒙古族多以牛、马、羊等为主要聘礼，当然也有一些用金银首饰、衣物、土地等为聘礼的情况。以牛羊为聘礼者，牛羊数量一般以九为起点，自一九到九九，取其"长寿、长久"之意。贫困人家不能具九数，则选五、七，不能用偶数。不少极穷的牧人拿不出聘礼而终身不娶。③ 普通平民在战争纷扰的年代生活原本不易，还要承担赋役，娶妻妾（下层阶级女子）最少也要付骆驼2峰、牛10头、羊数只，大多数人因此支付不起。

第六，其他婚姻形式。除以上几种主要婚姻形式外，蒙古族社会的婚姻形式还曾有指名为婚、抱斧婚、入赘婚、冥婚、纳妾等多种。据历史文献记载："在鞑靼人家里，如果有儿子早夭，而另有一家的女儿也早逝的

---

① 孟广耀：《蒙古民族通史》（第1卷），内蒙古大学出版社2002年版，第385页。
② 马京：《云南兴蒙蒙古族婚姻家庭的变迁》，博士学位论文，云南大学，2010年，第46页。
③ 周玲：《简论蒙古族婚姻习俗》，《长春师范学院学报》（社会科学版）1993年第1期。

话，他们就彼此替自己亡故的儿女办理相应的婚姻手续。同时，会在一些纸片上画一些侍从和马匹、各种动物，以及衣服、金钱和日用器皿等物什，并把这些东西和正式婚约用火焚化，以寓意送到阴间，让他们彼此结成正式夫妻，组成新的家庭。双方父母办过这种仪式后，也成为亲戚，宛如他们的儿女真正结了亲一样的往来。"①

随着社会的变迁与迅速发展，我国蒙古族的婚姻形式发生了很大变化。在北方，新中国成立前，蒙古族地区曾出现过一夫多妻的现象，但不是很普遍。新中国成立后，北方蒙古族与其他地区蒙古族一样实行一夫一妻制。② 在我国西南地区，四川省凉山州蒙古族的主要婚姻形式为一夫一妻制，主要有男娶女嫁和女娶男嫁（招婿上门）等两种，并以男娶女嫁为主，招婿为辅。③

二 重庆蒙古族的婚姻形式

限于文献资料不足，笔者在翻阅族谱、碑刻等资料的基础上，再结合实际的田野调查材料，认为重庆蒙古族婚姻形式体现了鲜活的民族特色和地域特征。在古代，重庆民族地区各族先民往往是"以歌为媒"，"自为媒来自为许婚"。明清时期，随着汉文化的广泛传播和发展，婚姻也被纳入封建礼教的桎梏。④ 可见，在明清时期，向家坝蒙古族的婚姻习俗大体上已经和周围的苗族、土家族等少数民族的婚姻习俗相同，封建包办婚姻成为主要婚姻形式。从婚姻类型来说，重庆蒙古族的婚姻主要有以下几种。

第一，族外婚。笔者调查期间，在向家坝发现的蒙古族族谱记载："我族信太阳神，血统部落不通婚。"⑤ 同时，向家坝村蒙古族有着特殊的婚俗：蒙古族张、谭两姓绝不允许相互通婚。当地有这样一句俗语："张

---

① 曹永年等：《蒙古民族通史》（第2卷），内蒙古大学出版社2002年版，第403—406页。
② 马京、金海主编：《蒙古族——内蒙古正蓝旗巴彦胡舒嘎查调查》，云南大学出版社2004年版，第133—134页。
③ 阿拉塔·扎什哲勒姆：《四川蒙古族——源的追索、根的赞美》，香港大地出版社2004年版，第148页。
④ 彭水苗族土家族自治县民族宗教志编纂委员会：《彭水苗族土家族自治县民族宗教志》，重庆出版社2003年版，第109页。
⑤ 张远杨、张友安整理：《四川彭水鹿鸣乡向家坝蒙古族张、谭姓氏源流》（残谱），1985年印刷，2004年再版。

家无谭氏，谭家无张氏。"如有违背者则会遭到唾弃。调查发现，现今向家坝张、谭两姓蒙古族都有和非血缘关系的张、谭姓氏通婚的现象，族人也默许，但这种情况不是很多。① 实际上，发生这种通婚行为的男女双方往往都是没有血缘关系的。笔者统计发现，与向家坝蒙古族通婚的主要姓氏有张、许、唐、汪、肖、王、冉、胡、曾、刘、陈、罗、魏、黄、余、吴、何、廖等近二十个。

第二，表亲婚。根据《彭邑封翁张公学鲁墓志铭》记载："张封翁学鲁……时君仅十有六耳。三弟席珍志儒其讳□□□□，四弟志益甫九龄。君祖母黄孺人虽在堂，已衰老，主家政者为君母冉孺人而已。君慨然曰：'吾家本清素，不幸父兄俱亡。大姊二姊虽傍名门，尚以子女六人遗吾母。母虽娴内治，其如孤掌难鸣，一木难支，何为弃儒业？'随聘母家之侄女为内助，佐母氏协理内外，兼为两弟延外传□贵，不稍懈。"可见，在清同治年间，重庆蒙古族社会已有表亲婚存在。调查发现，如今在向家坝蒙古族社会中仍然可以看到表亲婚遗存。

第三，收继婚。根据《彭邑封翁张公学鲁墓志铭》记载："及乙丑，（张封翁学鲁）四弟志益逝。四妹五妹又相继出阁，承母氏欢者，惟君与三弟耳。迨丙申春，丁母艰哀毁□□□□□孺人之劳瘁几二十年也。距壬寅三弟席珍攸病不起，前故弟媳胡所生汝熙、汝诚俱幼。继娶弟媳王虽贤淑，□□艰于料理，君此时析产虽已久，然送牲抚居，摒内挡外，悉肩乃身，并不使孤儿寡妇有不得其所之叹，由其孝友之怀出于天性故也。"上述墓志铭明确记载，张学鲁曾娶自己弟媳妇王氏为妻。可见，在清代，向家坝蒙古族社会有收继婚即妻兄弟婚的习俗。但是，笔者在调查期间发现，随着社会的变迁与发展以及婚姻观念的改变，在向家坝蒙古族中现今没有发现收继婚的情况或者案例。

第四，掠夺婚。在民国时期，彭水地区还有掠夺婚遗俗。文献记载："又县属于边僻之地，强梁之徒，聘妇有不征同意，而具香炉爆竹燃放于其屋外，即认为聘定者，谓'插毛香'，殆由掠婚弊俗，演变而来。所幸风气渐开，已罕见矣。"②

---

① 王希辉：《重庆蒙古族来源及其社会文化》，《西南民族大学学报》（人文社会科学版）2011年第3期。
② （民国）彭水县政府印：《彭水概况》，民国二十九年（1940），第108—109页。

同时，调查期间，笔者发现，随着社会的现代化发展，向家坝村及周边地区曾出现过的冥婚、买卖婚等婚姻形式早已消失。

文化人类学认为，根据一个男子或妇女可以有多少配偶，婚姻可以划分为单偶婚、多偶婚两种。单偶婚又叫一夫一妻制，即一男一女至少在同一时期内独占性的结合。多偶制又分一夫多妻和一妻多夫制。一夫多妻是一个男子可娶两个或更多的妻子，一妻多夫是一个妇女可有两个或更多的丈夫。① 根据上述理论，结合有关历史文献，笔者将向家坝张姓蒙古族的婚姻类型进行分析后认为，从历史角度来看，重庆蒙古族存在以下两种婚姻形式。

第一种：一夫多妻制。根据有关文献的不完全统计，在向家坝张姓蒙古族发展史上，一个男子娶两个或两个以上妻子的情况共有19例。这种娶两个或两个以上妻子的情况固然也可能包括妻子丧后再娶的特殊案例，但是这并不能影响向家坝张姓蒙古族在特殊历史时期存在一夫多妻的结论的可靠性。张姓蒙古族一夫多妻的情况统计，如表4-1所示。

表4-1　　　　　向家坝村张姓蒙古族一夫多妻情况统计　　　　单位：个

字派	姓名	妻子数量	妻子姓氏
朝	张朝柄	2	黄、何氏
	张朝桂	2	黄、戴（代）氏
志	张志道	2	诃（何）、冉氏
	张志成	2	黄、赵氏
	张志儒	2	王、胡氏
汝	张汝雍	2	王、阮氏
	张汝嵩	2	王、冉氏
	张汝让	2	董、冉氏
	张汝诚	2	黄、文氏

---

① 汪宁生：《文化人类学调查——正确认识社会的方法》（增订本），文物出版社2002年版，第119—120页。

续表

字派	姓名	妻子数量	妻子姓氏
永	张永此	2	王、胡氏
	张永鑑	2	向、熊氏
	张永桂	3	黄、王、雷氏
	张汝森	2	胡、盛氏
敦	张敦普	2	黄、廖氏
	张敦朋	3	冉、刘、周氏
	张敦科	2	向、王氏
孝	张孝恒	2	胡、冉氏
	张孝周	2	涂、王氏
	张孝芝	2	冉、吴氏

资料来源：彭水县《张氏源流》编委会编纂：《张氏源流》（内部印刷），1999年，第537—544页。

从表4-1的统计数据分析发现，向家坝张姓蒙古族共有六代19人曾娶两个或两个以上的妻子。其中，从张姓蒙古族字派来说，主要有朝、志、汝、永、敦、孝六代人存在一夫多妻的情况。从所娶妻子数量来说，在永字派和敦字派两代人中共有三人均娶了三个妻子，即张永桂娶黄、王、雷氏为妻和张敦朋娶冉、刘、周氏为妻，其他人均娶了两个妻子。再从所娶女子姓氏来看，主要是黄、何、王、冉、刘、涂、胡、盛、向、廖、熊、阮、戴、吴、雷、赵、董、周等18个姓氏的女子。

表4-2　　　　向家坝张姓蒙古族嫁入女性姓氏情况统计　　　　单位：个

姓氏	黄	何	王	冉	刘	涂	胡	向	廖	熊	阮	戴	吴	盛	雷	赵	董	周
数量	6	2	7	6	1	2	4	2	1	1	1	1	1	1	1	1	1	1

从表4-2可以发现，历史上张姓蒙古族所娶王姓女子最多，有七人，黄姓、冉姓、胡姓次之，何姓、涂姓再次，最后是廖姓、刘姓、熊姓、阮姓、戴姓、吴姓、盛姓、雷姓、董姓、周姓和赵姓，均为一人。可见，这些数据说明，张姓蒙古族与王氏、黄氏、冉氏、胡氏家族通婚较多，关系也最为融洽。同时，从姓氏和民族的角度来看，蒙古族和汉族、苗族、土

家族等民族通婚最多，尤其是王姓汉族最多，然后是汉族黄姓以及苗族和土家族冉姓。总体来说，上述这些通婚数据充分说明了历史上向家坝蒙古族与周边民族之间的和谐民族关系。

笔者调查认为，根据墓碑资料，基于各种原因和特殊情况的考虑，历史上向家坝蒙古族可能存在家族联姻。2012年8月，笔者在谭树雄家房屋后面发现一个被称为"角格儿"的墓碑，墓碑上刻"清皇诰显妣谭母冉大人之墓"，"孝男"为志忠、志有和志林，志忠娶妻涂氏，志有娶妻魏氏和丁氏，志林娶妻林氏。立碑时间为"同治四年小阳月下浣"。这就是说，谭姓老祖人娶妻冉氏，生子三人，分别为志忠、志有和志林。冉氏逝世后，于清同治四年立碑，即公元1865年。

同时，笔者在谭树雄家对门山坡阳面也发现一块墓碑，墓碑为"清待诰显妣谭母冉大人之墓"，"祀男"为"人达"，孝孙为谭魁、谭朴二人，其中谭魁娶妻陈氏、谭朴娶妻冉氏。在"曾孙"中，志元娶妻罗氏、志享娶妻罗氏、志乾娶妻冉氏、志忠娶妻涂氏、志坤娶妻王氏、志有娶妻魏氏、志元娶妻李氏。立碑时间为道光二十年，即公元1840年。

由此，可以将上述二位墓碑主人的基本情况理顺。蒙古族谭姓祖人娶妻冉氏，生儿子谭人达。谭人达娶妻李氏，生儿子二人：谭魁、谭朴。谭魁娶妻陈氏、谭朴娶妻冉氏。谭魁陈氏夫妇生五个儿子：谭志元、谭志享、谭志乾、谭志坤、谭志云。谭朴冉氏二人生子三，分别为谭志忠、谭志有和谭志林。谭志林可能早夭或者其他原因没能刻上墓碑。谭志有妻丁氏亦可能亡故较早或没生育而无缘写上碑刻名录。谭志乾又娶妻冉氏。因此，可以发现，谭树雄家对面山坡上的墓碑主人为谭氏祖人的妻子冉氏，其孙谭朴也娶妻冉氏，其曾孙谭志乾又娶妻冉氏，也就可以下如此结论：在清代道光、同治年间，即公元19世纪中叶这段时间内，向家坝谭氏蒙古族与周边冉氏家族联姻频繁，现有墓碑材料可以证明四代谭姓蒙古族人中有三代人均与冉氏家族联姻，双方关系密切程度可见一斑。

上述墓碑资料还同时说明了在清代道光、同治年间谭姓蒙古族亦与周边其他人群的通婚情况。在清代中叶，谭姓蒙古族也主要与周边李氏、陈氏、冉氏、罗氏、涂氏、王氏、魏氏等家族和人群进行通婚和结亲。

第二种，一夫一妻制。文献记载，重庆蒙古族实行一夫一妻制。除同姓不婚外，与其他姓氏都可以通婚。① 随着社会的变迁与制度的发展，特别是新中国成立以来，政府明确规定了一夫一妻制的基本婚姻制度，使重庆蒙古族社会历史上曾经出现的一夫多妻制逐渐消失，传统婚姻制度发生了根本性变化。笔者调查发现，随着婚姻制度的变化，改革开放30多年来，重庆蒙古族的婚姻方式和婚姻习俗都发生了很大变化，真实再现了重庆蒙古族社会的巨大进步与变迁。

三　重庆蒙古族婚姻习俗的演变

随着社会的进步，蒙古族婚姻习俗也发生了演变。在西南地区，四川省凉山州蒙古族的一夫一妻制婚姻必须经过说媒，订婚，过彩礼，回门几道程序。② 北方蒙古族一般来说，也要经过请媒人问话、过礼、择期、领证结婚等习俗。③

新中国成立特别是20世纪80年代以来，随着我国农村改革开放政策的深入推进和家庭联产承包责任制的逐步实施，重庆向家坝蒙古族社会发生了翻天覆地的变化，婚姻制度和婚姻习俗也随之产生很大变迁。

（一）婚姻缔结程序的简化

文献记载，清代彭水地区婚姻程序复杂。"前清通礼所定者，则有议婚、纳采、纳币、请期、亲迎，妇见姑舅，妇□馈，舅姑鉴妇，妇朝见，及婿见父母等十项。"④ 在民国时期，彭水地区的婚俗还较为传统。"古时昏（婚）礼有'六礼'，曰纳采，曰问名，曰纳吉，曰纳征，曰请期，曰亲迎。本县（彭水县——笔者注）所行者，先以媒妁传言，获允行聘，称家有无，以香烛、爆竹、簪耳、布帛、食物之属，致之女家，谓之。嗣即行请庚、报期、亲迎诸礼，尚存六礼之仪。惟女子嫁妆，诸物皆具，独不赠床，其义未明。自民国十年（1921）后，此风不变，富人遣嫁，始备床榻。"⑤ 可见，在新中国成立前，蒙古族的婚姻全凭"父母之命，媒妁之言"，订婚、结婚程序烦琐，需花大量钱财，且订婚、结婚都较早。

---

① 重庆民族宗教事务委员会：《重庆民族志》，重庆出版社2002年版，第266页。
② 阿拉塔·扎什哲勒姆：《四川蒙古族——源的追索、根的赞美》，香港大地出版社2004年版，第148页。
③ 马京、金海主编：《蒙古族——内蒙古正蓝旗巴彦胡舒嘎查调查》，云南大学出版社2004年版，第135—136页。
④ （民国）彭水县政府印：《彭水概况》，民国二十九年（1940），第108页。
⑤ 同上。

"（新中国成立后）讲究自由平等的恋爱。其婚俗与当地其他少数民族一样，一般都要经过相亲、放炮、过礼、出阁、迎娶、拜堂、回门等基本婚姻程序"。①

新中国成立后，蒙古族婚姻缔结程序极具特色，不仅基本上保持了传统婚姻"纳采、问名、纳吉、纳征、请期、亲迎"六礼的步骤，而且还广泛吸收了周边苗族、土家族等其他少数民族所普遍流行的婚俗形式，更保存了蒙古族自身传统婚姻习俗的部分特质。笔者经过调查发现，向家坝蒙古族的传统婚姻缔结程序主要有以下环节。

第一，"递话"，当地又叫"请媒人"。这是传统婚姻缔结程序中的第一道基本程序。笔者调查发现，一般来说，在求亲时，向家坝蒙古族都要请两个媒人，媒人没有性别规定和限制，男、女都行，但必须是那种需要德高望重或在当地具有一定影响力的人担任。请媒人后，媒人会带着男方家准备的各种聘礼连续三次和男方去女方家提亲，在征得女方家同意后，这门婚事基本定下来，便可以开始第二道婚姻程序。

第二，"开庚"，即男方获取女方生辰八字。男女双方在初步同意这门婚事后，媒人便会带上笔、墨和男方的"生辰八字"去女方家"开庚"，以换回女方的"生辰八字"，然后男方家便找一个"阴阳先生"，以测定双方八字是否相合，并择定良辰吉日以便举行婚礼。

第三，"三回六转"。在女方同意婚事后，新郎（当地又称"子弟"）便会随同媒人连续带着重礼去女方家拜访，当地俗称"走三回"。"走头回"，即男方新郎要带上二三十份的"人情"（也就是即礼物，主要包括白酒、白糖、挂面、猪肉、布匹、衣物、香、烛等物品）去女方家里进行首次拜访。女方家则会用男方带去的"人情礼物"在家里宴请女孩的舅家、姑家等重要亲戚，以征求这些亲属对这门婚事的看法和基本意见。"走二回"与"走头回"基本相同，但一般都会选在重要的节假日进行，比如逢年过节、女方长辈生日等，同时还要约定"走三回"的日期。"走三回"，即男方要准备比前两次还要贵重的"人情"和礼物，去女方家，而女方则要宴请几乎所有的重要亲戚和朋友。与前两次不同，"走三回"还要"打寅书、做准定"，女方亲戚们会根据男方家的人情礼物来确定女子出嫁时所送出的礼金和嫁妆。在整个过程中，媒人都会全程陪同，所以

---

① 重庆民族宗教事务委员会：《重庆民族志》，重庆出版社2002年版，第266页。

男方"走三回"合起来也要"六转",因而这个程序叫"三回六转"。

第四,"迎亲",即男方娶亲。在"三回六转"后,男方便会在良辰吉日前往女方家迎娶新娘。一般来说,迎亲队伍主要由媒人、"打闹"队"押礼"先生、"被角"先生等组成。在迎亲过程中,还要进行"三大炮、九落锤"的隆重仪式,即迎亲队伍要燃放一种自制的铁壳子土爆竹,每次放三响,这不仅是营造热闹气氛,而且还是以此通知女方家。同时,"打闹"队伍还要尽情演奏,敲击大铜锣,每次连敲九次即"九落锤",以寓示这门婚事美美满满、长长久久。

在迎亲队伍到达后,女方便大宴亲朋好友。一般来说,宴席规模都很大,主要用于宴请女方家的亲戚朋友和隔壁邻居等。当然,女方家会在堂屋布置两席,专门用于宴请女方家的舅舅家、姑姑家等重要客人。同时,这两桌客人要分男客人、女客人分别入座,男女宾客不得同席。当然,在整个宴请过程中,女方家的宴席会进行多轮,以满足众多的亲朋好友都能入席用餐。在新一轮酒席开始时,女方家还会放一次鞭炮。

迎亲当晚,迎亲队伍会在女方家留宿。新郎还要给岳父岳母及新娘的舅舅、姑姑等至亲行"四礼八拜"的大礼。第二天早上,"打闹"队尽情演奏。新娘则会在闺房换新衣、梳头、画眉、夹脸等梳妆打扮,然后等待被新郎接走。一般情况下,女方的父母亲不随同新娘前去男方家。迎亲队伍则负责搬运新娘的各种嫁妆,主要包括各种家具和床上用品,这些主要是由女方亲戚、长辈们陪嫁和陪赠,当地俗称"陪礼"。陪礼的多少则主要根据自身经济实力和男方的"人情"礼物而定。在回程中,迎亲队伍还会举行"三大炮,九落锤"仪式。

第五,"婚礼"。在新娘到达男方家后,男方家便开始大宴宾客。宴席的规模和标准也与在女方家差不多。新郎、新娘则在堂屋举行正式婚礼:跪拜父母、跪拜天地。仪式结束后,就是"闹洞房",当地又称"闹房酒"。

第六,"转拜",即回门。婚礼后的第二天,男方家要准备几十份人情礼物,由新郎、新娘带回女方家孝敬女方父母和至亲好友等。但是,新娘回娘家后当天必须回到新郎家,不能再在娘家留宿。这一程序俗称"回门"。

经过这些基本程序后,男女双方便算完成婚姻缔结过程,夫妻关系也得到当地社会和文化习俗的正式认可,这对青年男女便正式结成合法夫妻。

个案：改革开放前的蒙古族婚俗

报道人：谭孝权

整理人：王希辉、杨杰

访谈时间：2009 年 12 月

访谈地点：谭孝权家中

我是 1957 年出生的，在我 25 岁的时候经过亲戚介绍，和武隆火炉龙坝的妻子结婚的。她和我同岁。她姨姑介绍的，介绍我俩认识后，我就先后去了她家三次，每次就带了二三十份的人情（礼品），像酒或者白糖这些。为啥子要为我们当时去三次呢？因有这个风俗，称之为"三回六转"。第三回去的时候，要打"寅书"，女方要办酒席请她的亲戚长辈，也把我带去的人情用掉。女方亲戚吃了我多少份人情，等女方嫁过来的时候，他就要给差不多的礼品当嫁妆。这个叫做"陪礼"。

"三回六转"后，我们就选个好日子。到时候便去迎亲，一路上要搞"三大炮，九落锤"。啥子意思？就是去接新娘的路上要放一种铁制的土炮，每次放三响，还要边敲锣边放鞭炮。这些都要请吹打啊打闹啊。到了女家，我还要依据亲疏去"叫"（问候）女方的亲戚。还要在迎亲当晚对女方父母和亲戚行"四礼八拜"，女方家要办酒席招待亲朋好友。我们迎亲的队伍当晚就在女方家里过夜。

第二天，天还没亮的时候。我就带起我们迎亲的队伍起床，吹打也要起来闹起。等新娘换好新衣服梳好头后，又要搞"三大炮，九落锤"。接回新娘后，我家（男方）也要整酒席请亲戚朋友吃饭。当时，我们在两边各办了三十多桌酒席。来吃席的送礼一般是一块或五角钱，或者提点谷子啊苞谷之类的粮食来。办个婚礼下来一般要花个几百块钱。

结婚第二天要"转拜"，我们两口子要带几十份人情回女方看父母、亲戚。当天去了当天就要回来，也就是你们所说的回门。

我们嫁妆还是不少哦，虽然和现在结婚礼钱嫁妆一出手就一两万比不得。但是我们那时候的风俗是这样，嫁妆种类多，用的穿的都有。我们有大桌子加板凳一套、火盆架子向火凳一套、柜子一对、洗脸架一个、小衣柜一个、锅一口、碗筷、被条这些。最多的是搪瓷盆子，接了二三十个，都是女方亲戚送的。质量很好，有几个盆子现在都还在用，烂了还可以当火盆用。

我们有一儿一女，都二十几岁了。大儿现在在重庆打工，还没结婚；女儿在广东打工，前年嫁到江西去了，女婿是和她一起打工认识的。她妈舍不得她嫁这么远，不过儿女个人的事情，也管不了，只要他们个人喜欢。

事实上，在新中国成立后尤其是改革开放以来，随着社会的急剧变迁、文化交流和文化融合程度的加深以及婚姻观念的逐步改变，向家坝蒙古族村民与周边苗族、土家族村民一样，逐渐简化了繁复的婚姻缔结程序，传统的"三大炮、九落锤"仪式基本消失，"三回六转"也已明显简化。尤其是随着更多蒙古族青少年外出求学、打工、交友直至结婚的情况日渐增多，如今向家坝蒙古族婚姻缔结程序基本上与周边其他民族的婚俗逐渐趋同趋简，基本上只保留了"介绍男方双方认识或双方自由恋爱"、"迎亲"和婚礼及"回门"三道程序。

对于婚姻仪式和程序问题，笔者于2011年7月在向家坝蒙古族村进行了问卷调查。根据笔者设计的《向家蒙古族婚姻家庭情况调查问卷》调查显示，有78%的蒙古族村民在"您觉得现在搞订婚仪式：①必须要；②不需要；③无所谓"中选择"②不需要"与"③无所谓"，这充分说明向家坝蒙古族村民在婚姻缔结程序中日益追求简化的心态。但是，在"您结婚时采用的订婚方式：①互送礼物；②只是男方送聘礼；③双方口头承诺；④双方写生辰八字帖"中，有56%的蒙古族村民选择"②只是男方送聘礼"，11%的蒙古族村民选择"双方写生辰八字帖"，这无疑反映出向家村有不少蒙古族村民仍然希望坚持传统的婚姻缔结程序的愿望，尤其是把体现"三回六转"的"男方送礼"看得很重。因此，可以得出结论：在传统婚姻缔结程序中，重庆市彭水向家坝蒙古族看重经济因素的特点与改革开放后的市场经济大潮找到了连接点和契合点。因此，在"您喜欢的结婚方式：①设婚宴酒席庆典；②旅行结婚；③只发糖果烟酒；④其他"中，有78%的蒙古族村民选择"①设婚宴酒席庆典"。而在"您结婚时实际采用的方式：①设婚宴酒席庆典；②旅行结婚；③只发糖果烟酒；④其他"中，更是高达89%的村民选择"①设婚宴酒席庆典"。这进一步证实了向家蒙古族村民对传统婚姻缔结程序的坚守。但这种坚守却并非没有松动和改变的迹象，而是走向日益简化之路，传统的"三大炮，九落锤"仪式的消失即为明证。

(二) 婚姻缔结的自主化

在家庭社会学看来，"婚姻自由是现代婚姻制度的重要基本原则，妇女婚姻自由程度也是衡量妇女解放的基本尺度。以婚姻主婚权为标准，大致可以把婚姻氛围自由（主）婚姻、半自由（主）婚姻和包办买卖婚姻等三种形式"。[①]

调查发现，在新中国成立前后，向家蒙古族的婚姻类型主要以包办买卖婚姻为主，并辅之以半自由（主）婚姻，基本上不存在自由（主）婚姻。77岁的朱婆婆回忆说，在父母一手包办下，她结婚时正值土改，因认为是封建迷信，所以就没有进行"三大炮，九落锤"的仪式，甚至在婚前都没见过自己的对象。

新中国成立以后尤其是改革开放以来，随着社会的变迁与发展以及人们思想观念的逐步开化，向家坝蒙古族的婚姻形式主要是半自由（主）婚姻和自由（主）婚姻，包办买卖婚姻早已消失。在笔者调查过程中，所有的受访者都是先通过介绍人（媒人）介绍并得到父母双方的认可后再缔结婚姻关系的。同时，自由恋爱也逐渐流行起来。据谭孝权介绍说，其长女在外打工期间与江西男子自由恋爱并结婚，婚后才回家见父母，婚姻都是长女自己决定。受访时，他的儿子也在重庆打工，并已恋爱。TXQ称："儿女个人的事情，也不管了，只要他们各人（自己）喜欢。"在向家坝村，越来越多的父母抱有这种"儿孙自有儿孙福"的想法，这种想法也从一个侧面反映出蒙古族婚姻的自主化程度在日渐加强。

(三) 通婚范围的扩大

民族社会学家认为，族际通婚所涉及的不仅仅是不同民族异性个体之间的相互关系，而且还隐含着这两个个体各自所代表的族群文化与社会背景，反映了不同族群之间的深层关系。族群间的基本差异往往深植于族群的群体认同观念之中，并把不同个体成员分为"同族"与"异族"两大类。每个个体只有对其他人在情感和心理上都"可以接受"时，才会考虑与他（她）结婚。这标志着族际通婚会把"异族人"吸进"本族"群体。所以，族际通婚行为通常不仅被看作个人的私事，所以父母、亲属、

[①] 张志永：《婚姻制度从传统到现代的过渡》，中国社会科学出版社2006年版，第186页。

亲族、族群社区也大都会对子女、族人的跨族群通婚行为表示赞同、支持或反对抑或是持保留态度。两个族群成员间的通婚意愿是否得到本族群体成员的支持，这是体现族群间整体关系水平的重要标志。[①] 费孝通先生认为："婚姻是用社会力量造成的，因为依我所知世界上从来没有一个地方把婚姻视作当事人间个人的私事，别的人不加过问的。婚姻对象的选择非但受着社会的干涉，而且从缔结婚约起一直到结婚后夫妻关系的维持，多多少少，在当事人之外，总有别人来干预。"[②] 因此，良好的族际关系是族际通婚的重要先决条件。

新中国成立以来，我国各民族在中国共产党的领导下，建立了平等、团结、互助、和谐的社会主义民族关系，民族与民族之间、民族支系与支系之间形成了"你中有我、我中有你"的不可分割的有机整体，"少数与汉族之间、汉族和少数民族之间、少数民族和少数民族之间"也相互离不开。因此，重庆蒙古族与周边汉族、苗族、土家族、侗族等民族之间交错混杂居住、长期通婚，形成了友好、和谐的社会主义民族关系，跨民族通婚数量大幅度增加，跨民族通婚范围也进一步扩大，带来了重庆蒙古族婚姻习俗的发展和演变。

第一，族际通婚范围的扩大。文化人类学家将人类婚姻分为外婚制与内婚制两种类型，"内婚制是指婚配双方必须同属于一个社会团体，外婚制则与此相反，也就是说婚配双方必须分属不同的社会集团"。自古以来，向家坝蒙古族就有"同姓不婚"的外婚制传统，这一外婚制传统往往也是以姓氏和血缘为区分标志。考察发现，向家坝蒙古族世代遵守的"同姓不婚"的外婚制传统的形成有着历史与现实两方面的原因。一方面，《元典章·卷十八·婚嫁聘财体例》记载"元至元八年（1271）二月，'羊儿年条画圣旨'规定：'同姓不得为婚，截自至元八年正月二十五日始，以前者准已婚为定；以后者依法断罪听离之'。"因而，蒙元以来，重庆向家坝蒙古族及其先民一直严格遵守着"同姓不婚、血亲不婚"的婚姻禁忌。另一方面，向家坝蒙古族仅为张、谭二姓，他们有共同的始祖：谭启鸾即张攀桂。张、谭实为源出一家、同为一族的两个支派，两姓之间因此也有着共同的字派。因此，自明末以来，张、谭二姓蒙古族一直

---

① 马戎：《民族社会学导论》，北京大学出版社2005年版，第175—177页。
② 费孝通：《乡土中国　生育制度》，北京大学出版社1998年版，第129页。

禁止通婚。同时，从地域来说，向家坝蒙古族又地处苗族、土家族等少数民族聚居地区，自身处于一种散杂居状态，远离内蒙古等北方蒙古族聚居区。所以，从客观条件上来说，向家坝蒙古族也难以实行族内婚，于是选择与周边的汉族、苗族、土家族、侗族等其他族频繁通婚，并实行严格的族外婚制度。

新中国成立以来，重庆蒙古族经济与社会发生了巨大变化，随着经济条件的改善和交往范围的扩展，民族通婚范围也逐渐扩大。笔者调查发现，长期以来，汉族都是向家坝蒙古族最大的族外通婚对象。但是改革开放以来，随着人口流动范围的扩大和经济水平的提高，汉族虽然仍是向家坝村蒙古族最重要的族外婚配对象，但蒙古族与其他少数民族通婚的比例却有了一定提高，通婚数量也日益增多。调查发现，嫁入向家坝村的汉族女性的比例有所下降，而作为彭水苗族土家族自治县的自治主体民族，嫁入的苗族和土家族女性的比例则大幅度增加。这说明蒙古族传统族外婚制内涵的历史性变化：族外通婚对象更加多样化，通婚对象不仅仅局限于汉族，苗族、土家族等其他少数民族也逐渐成为蒙古族的主要通婚对象。

第二，地域通婚范围的扩大。调查发现，20世纪80年代以前，向家坝蒙古族的通婚范围主要集中在两个地域：一是木棕河对岸的重庆市武隆县沧沟乡；二是彭水县内其他乡镇。调查发现，原向家坝村党支部书记张友超的妻子就是武隆县人。在整个向家坝村，很多女性都是从武隆县嫁过来的，当然，很多本村女性也嫁过去，两地通婚频繁。事实上，这一通婚现象基本上反映了改革开放前向家坝蒙古族的通婚圈的基本情况，即：以向家村为原点，以附近乡镇为半径的通婚范围。可以认为，在改革开放以前，向家坝蒙古族的通婚范围相当狭小。

改革开放以后，随着经济社会的迅速发展和交往范围的扩大，向家坝很多蒙古族年轻人外出求学、打工或参加工作，人际交往的时空范围得到前所未有的拓展，这自然就为通婚范围的扩大打下了现实基础。调查发现，近年来，向家坝村陆续有多名女孩子嫁往四川省、贵州省、河北省、江苏省、江西省等外省（自治区、直辖市）。同时，在向家坝村及附近地区，不仅有重庆其他区县如垫江县、荣昌县的女性嫁入，更有四川省、贵州省、湖北省、陕西省、湖南省等较远省（市）的女性嫁入。

此外，在调查期间，笔者还发现一个特殊现象：向家坝蒙古族青年外出务工或者求学时，由于工作或学习等原因认识了同姓但不同族的外族外村人，如外地外族张姓或谭姓，也会顺利结婚建立新家庭。比如，向家坝村六组一张姓女青年便自贵州省纳雍县嫁入，其丈夫为本村蒙古族张姓。当然，这种"同姓为婚"的情况虽令一些年长者或思想比较传统保守的老辈人不太能接受，但是在整个村里也并未引起太多的非议，更无人出面阻拦、干涉。这说明，不仅通婚范地域围日益扩大，而且还出现了非血缘同姓通婚的情况，这也被大家所接受，这可能与没有改变向家坝张、谭二姓蒙古族永不通婚的禁忌有关。事实上，通婚范围的不断扩大不仅带来了蒙古族人口素质的提高，而且还增加了社会资本，也使向家坝蒙古族加强了与其他民族的经济文化交流，推动了散杂居蒙古族社会与文化的变迁和发展，带来了社会的进步与繁荣。

（四）择偶观念的转化

在家庭社会家看来，择偶观念是指婚姻中按照什么标准来选择配偶的一种观念，但是择偶标准并不完全是个人主观意识的决定，而是择偶人的主观条件和其所处的客观环境相结合的产物，主要包括情感、生理、经济、政治、义化等多种因素。在传统中国社会，人们的择偶观念往往深受"门当户对"的影响。在现代社会，事实上，"门当户对"主要是建立在当事人自主自愿、相互爱慕的前提下，既考虑双方的家庭背景的相近，更关键的是个人自身条件也相似。[1] 费孝通先生认为："高度契洽不易凭空得来，只有相近的教育和人生经验中获得。"[2]

北方蒙古族在择偶过程中，除了考虑血缘关系的限制之外，还涉及家族的政治、经济利益、地理等方面因素的考虑。蒙古族是典型的游牧民族，牲畜是蒙古人最基本的生产和生活资料，牲畜的数量意味着牧民的富裕程度，而经济状况的好坏，即聘礼的多寡决定来婚姻的聘娶。同时，蒙古族在婚姻关系上严格等级差别，禁止不同等级的人结为夫妻，以保障血统的"高贵"，正是在这种森严的等级制度下，蒙古族的择偶范围也限制在自己的等级之内完婚。[3] 可见，北方蒙古族的择偶观念不仅受到政治、经济利益、地理等因素的影响，而且还受到聘礼的多少、家庭出身等因素

---

[1] 邓伟志、徐新：《家庭社会学导论》，上海大学出版社2006年版，第71页。
[2] 费孝通：《乡土中国 生育制度》，北京大学出版社1998年版，第137页。
[3] 马京：《云南兴蒙蒙古族婚姻家庭的变迁》，博士学位论文，云南大学，2010年，第53—54页。

的影响。在西南地区云南省兴蒙,蒙古族青年男女的择偶观念不仅受个人意愿、情感因素和经济因素等影响,而且还受到自然地理条件的制约。因为限于村落地域的限制和制约,村落社会的交往人群有限、活动边界狭小,因而脱离村落通婚圈的婚姻不可能太多发生,最现实的是在自己熟知的文化模式中寻偶、结婚进而建立新的家庭。[①]

自明末迁入后,历经两百余年的历史变迁和发展,重庆蒙古族及其先民逐渐适应了重庆的自然地理生态和社会文化环境,由游牧民族后裔缓慢演变成与周边的汉族、苗族、土家族杂居的山地农耕族群,诚实、勤劳等品质也就成为重庆蒙古族最重要的择偶条件。但是,随着时代的进步和社会的不断向前发展,对于诚实、勤劳的认识和态度,人们的看法自然也不尽相同。在20世纪70年代末期甚至在改革开放以前,重庆向家坝蒙古族主要是以务农为生,因此,为人老实本分、会种田、身体条件好、品性好的男性便是诚实勤劳,受到女性及其家庭的青睐;心灵手巧、持家有道、孝顺公婆的女性便是诚实勤劳,则受到众多男孩的追求。改革开放以后,随着社会主义市场经济的不断完善和发展,对财富的巨大渴望和狂热追求逐渐影响了重庆蒙古族的价值观念,择偶观念和标准也就自觉不自觉地发生了变化,给传统的"诚实勤劳"增添了许多新的内涵。男性既要本分可靠,又能吃苦耐劳、头脑灵活,能外出打工挣钱;女性则除孝顺公婆外,还要有一定的经济头脑、懂得持家和守家。总之,"能挣钱"上升为男女青年"诚实勤劳"诸多内涵中最重要的组成部分,传统意义上的"诚实勤劳"也发生了内在的质的变化,所以,男女青年在择偶过程中也深受这种质性变化的影响。

调查发现,由于受社会主义市场经济体制和思潮的影响,经济因素在蒙古族婚姻中的作用日益加强。在实际的婚姻缔结活动中,经济条件的好坏在重庆蒙古族择偶条件中所占的比重往往越来越大,这种经济条件的好坏还不仅仅单指个人家庭经济收入的高低,而且还包括当事人居住地的整体经济发展状况。从重庆市和全国经济水平而言,向家坝村总体上固然还较为贫困,但是在鹿鸣乡所有行政村甚至整个彭水自治县当中,向家坝村经济发展水平和经济整体状况均处于中等水平。尤其是在向家坝村通往鹿

---

① 马京:《云南兴蒙蒙古族婚姻家庭的变迁》,博士学位论文,云南大学,2010年,第53—54页。

鸣乡的民族公路修通后，交通日益便利，这为经济与社会的全面发展奠定了坚实的硬件设施和交通基础。因此，相对更加偏僻落后的周边地区而言，基于向家坝村良好的经济基础和较高的社会发展水平，向家坝村民成为这些地区年轻女孩的首选对象。故而在调查期间，笔者就基本未发现蒙古族适龄青年因经济困难而无法娶亲的特殊案例。

可见，随着社会的急剧变迁与发展，重庆蒙古族青年在择偶过程中，越来越关注人品性格、家庭经济状况等因素，甚至当事人的身材、外貌等也逐渐成为青年男女择偶的重要标准和考量的重要因素，当然，这些因素中，经济因素无疑是最重要的。

（五）结婚年龄的推迟

从我国少数民族和民族地区实际情况来说，青年结婚年龄的早迟是体现一个少数民族社会或社会特殊群体社会进步的重要标志。在中华人民共和国成立前，重庆向家坝蒙古族和周边的苗族、土家族一样，结婚年龄偏早，早婚现象比较普遍。从家庭经济收入的角度来说，在自给自足的小农经济体制下，单一家庭劳动力数量的多少与农产品产量关系极大，甚至是决定因素。家庭人口多、劳动力强，家庭农业生产劳动力投入充足，则家庭农业收入就相对较高。因此，很多蒙古族家庭为增加劳动力数量，提高农业劳动产出，就通过早婚来增加劳动力。在新中国成立后，随着社会生产力的逐步提高、现代化农业技术推广、化肥和农药等生产过程中的广泛使用以及《中华人民共和国婚姻法》的制定和实施，向家坝蒙古族青年结婚年龄普遍推迟，早婚现象基本消失。笔者调查分析后发现，向家坝蒙古族青年结婚年龄推迟的原因主要有以下几点。

第一，国家婚姻法律法规的健全与进一步规范。中华人民共和国成立后，1950年颁布的婚姻法规定，男子年满20周岁，女子年满18周岁，方可缔结婚姻关系。1980年的新婚姻法又修订，男子年满22周岁，女子年满20周岁，方可结婚。由此可见，国家颁布的青年法定婚龄在逐步后延。随着农村法制制度的逐步建立和法律知识的普及，蒙古族群众通过学习法律知识，了解并遵守法律，结合国家的计划生育政策，逐步实行晚婚晚育。

第二，蒙古族村民文化素质的普遍提高。过去，向家坝蒙古族虽然有自己的学校，受教育水平相对于当地苗族、土家族也更高，但是文化生活仍然相当贫乏，夫妻之间的性生活客观上被视为村民的重要文化生活内容。随着国家九年制义务教育的推广和扫盲运动的不断开展，向家坝蒙古族的文化素质都得到一定提高，精神追求越来越广泛，文化生活越来越丰富。特别是改革开放后，在电视、报纸、书籍甚至网络等新兴媒体的影响下，许多蒙古族青年把眼光投向城市，为了实现自己的理想，追求丰富多彩的生活，不得不耗费更多精力和时间去在外拼搏，从而使婚龄推迟。报道人蒙古族 TSX，毕业于涪陵第二交通技校，现在重庆做水管销售的工作，作为家中唯一的儿子，满 27 周岁才正式恋爱结婚。

第三，经济生活的影响。向家坝蒙古族不管是迁入初期保留的蒙古族游牧生产、生活观念，还是随后与周边苗族、土家族等民族逐渐趋同的小农经济生活的文化传统，在婚姻方面都表现为早婚早育、多子多福、传宗接代，因此才有"早栽秧子早收谷，早生孩子早享福"的俗谚在当地广为流传。但自 20 世纪 80 年代以来，在改革开放浪潮的冲击下，以手工劳动为主的自然经济逐渐被社会化、机械化的生产方式和自由交换的商品经济所取代，这种快节奏的现代化生活要求人们花费更多的时间和精力去学习掌握文化知识和生产技能，提高自身素质，以免遭社会淘汰。可见，经济生活的压力也使部分蒙古族青年不得不推迟婚龄。

据调查，向家村因在外打工而推迟婚龄、暂时不作结婚打算的蒙古族年轻人日益增多，而村里的老一辈也基本上接受了这样的事实，他们也并不鼓励和催促年轻人早婚，反而教育年轻人要努力拼搏"先立业再成家"，鼓励年轻人通过打工挣钱为以后的婚姻生活积累一定的物质财富。可以认为，这是向家坝蒙古族婚姻观念的一大进步。

第四，蒙古族家庭经济水平的制约。据调查，20 世纪 80 年代改革开放以来，随着商品经济和市场观念对农村经济生活的渗透，结婚越来越商品化。据报道人谭孝权讲，他在新中国成立初结婚时，基本未给女方大宗的彩礼，也没大肆操办酒席。而如今，男方一定要给女方大笔彩礼并大办酒席，这必然导致向家坝蒙古族家庭结婚费用和婚姻经济成本不断攀升，这对一些经济水平相对偏低的家庭无疑是较大的经济负担。因此，部分家庭为筹措必要的结婚费用，就不得不选择把婚龄适当推迟，这也在一定程度上造成了晚婚晚育。

（六）离婚与再婚的认可和开明化

婚姻社会学认为，离婚与再婚（离异）不仅是婚姻自由的体现，而且更是婚姻自主的主要表现。婚姻关系在某种意义上讲是一种权利与义务对等的交换关系,一旦这种均衡的交换关系被打破,婚姻冲突也会随之而来,如果调和不成功,冲突没有得到缓解,并且夫妻不再能够容忍这些冲突,此时婚姻关系宣告破裂,离婚就发生了。①

在我国传统婚姻制度中,"从一而终"的思想影响极其深远,离婚与再婚(离异)往往被认为是社会的异类和不被认可与支持。特别是在儒家礼教文化浸淫的汉族社会中,"从一而终"的思想影响深远。

在我国北方地区,一般来说,蒙古族夫妇不和睦时不论原因在哪一方,一般都离异。夫妇双方在巴嘎达木勒(村长)的陪同下,互相交换鼻烟壶闻嘴,互相祝福而散。因为平常夫妇之间不请安问好,请安问好就表示要各自离开。如果男方的公婆不喜欢媳妇,要求离婚时,女方虽不愿意,巴嘎达木勒也要判离。如果女方要离,而男方不肯离,愿意接受"达尔哈拉"(即只准其妻自由和别的男人同居,但不许结婚)的时候,就不能判离。离婚的妇女被叫作"格格克得木勒"(被抛弃者),一般人不愿意和她结婚,但是离婚后成为协理太太的例子也是有的。②在我国西南地区,云南省兴蒙蒙古族的离婚、再婚或寡妇再嫁自由做主,不受家庭、家族和社会的歧视。婚后,夫妻恩爱和睦。老辈子无人离婚,通常是"男打鱼,女售鱼;女挑柴,男接柴"。很少吵嘴打架,偶尔发生口舌,第二天便能和好。村里流行着"公鸡打架头对头,夫妻吵架不记仇"。因此,婚后离婚、离异的人极少。另娶另嫁者也不多。即使是离婚的,主要集中在30—40岁这个阶段的人,主要的原因是性格不合。③

相对于汉族而言,重庆蒙古族的离婚与再婚行为往往宽松得多,没有受到更多礼教的制约和社会文化的歧视。调查发现,在新中国成立前后,重庆蒙古族社会的离婚与再婚往行为就没有受到过太多的阻挠与限制。75岁的朱婆婆告诉笔者,她就结过两次婚:第一次是20世纪50年代嫁给向家坝村一谭姓蒙古族村民,生有一子。后丈夫亡故,不幸守寡,由于家中无劳动力,她一个人也无力支撑家庭经济的重担,于是再婚招赘何姓男

---

① 吴德清:《当代中国离婚现状及发展趋势》,文物出版社1999年版,第58页。
② 《蒙古族社会历史调查》,内蒙古人民出版社1985年版,第185—186页。
③ 马京:《云南兴蒙蒙古族婚姻家庭的变迁》,博士学位论文,云南大学,2010年,第66页。

子,并育有一子。朱婆婆的个案情况可以说明,在20世纪50年代前后,向家坝村及附近地区各族民众的再婚行为往往不会受到社会的歧视,而且像朱婆婆这种再婚的情况被大家普遍接受甚至是得到广泛同情和支持。

调查发现,在20世纪90年代甚至以前,离婚行为在重庆向家坝及其附近村落都很少发生。据报道人HXZ讲,他和妻子结婚十多年了,夫妻之间关系比较好,很少吵架或斗嘴。而他自己也是入赘向家村的,自己妻子也是丧偶再婚,但这并没有影响到二人婚后家庭的幸福与和睦。但是,最近几年来向家坝村也曾偶有离婚案例。据HXZ讲:"有极少这种情况:男方或者男方家庭想生儿子,可是老婆没有生育能力,便离婚再娶生儿子。"

可见,较为敏感的离婚和再婚行为在向家坝村蒙古族社会中,并不会引起过多的社会歧视或者是不认同甚至是反对,这体现出一种开明的文化心态。尤其是对于那些理由正当,比如丧偶后再婚等,往往都会被社会大众认为是一种很自然的事情,对离婚与再婚的认识和态度也就更为开明。

第二节 家庭制度的变迁与发展

家庭社会学认为,家庭由诸如夫妻、父母子女、兄弟姊妹等特定范围的亲属所组成的社会生活细胞,是基于婚姻关系、血缘关系和收养关系而形成的初级社会群体中最重要与最普遍的一种社会共同体,是社会发展到一定阶段的历史产物。在家庭这个基本的社会生活单位中,一群人共同居住、共同生产、共同消费,进而又形成最基本的社会生产单位,所以家庭从来就是一种人类自身生产和再生产的重要社会组织。尽管在不同的社会发展阶段,家庭的意义不尽相同,但是作为社会的细胞和最普通的社会组织,家庭仍然占据重要地位并发挥积极作用。

在社会学和人类学研究中,学术界对家庭的认识主要有两种观点。第一种观点是结构主义视角,认为家庭是一种满足某种功能的结构,代表人物是人类学家马林诺夫斯基、乔治·彼得·默多克以及伊拉·赖斯;第二种观点从政治和法律角度认为，家庭是一种专制性的社会建构。① 社会学家邓志伟教授认为，家庭是"以婚姻、血缘关系为主要纽带的人类社会生活基本单位"。② 可见，不管如何界定家庭定义，家庭成员的血缘关系和家庭活动的社会性仍然是家庭构成的基本内在特质，可以认为，家庭的结构与功能以及家庭的发展与社会发展密切相关。

在历史唯物主义看来，社会性是人类的根本属性。婚姻缔结双方之间以及家庭成员之间的关系，是社会关系的一种特殊形式。一定形式的家庭制度为一定的社会生产方式所决定，与一定的社会生产方式相适应，并随着社会生产方式的改变而改变。自改革开放以来，随着我国农村社会的急剧变革，农村家庭社会生产、生活方式的迅速改变，重庆蒙古族的家庭制度也在不断变化之中。

一 家庭结构的变动

家庭是社会的细胞，"夫、妇、子三点之间的关系，共同构成社会结构中的三角。这个组建成的三角，上升到概念层次就是家庭"。③ 家庭结构是家庭成员之间的不同组合关系和组合方式，既包括同代人之间的横向关系组合，又包括代与代之间的纵向关系组合。家庭结构主要包括家庭人口和代际两大要素。④ 家庭结构是在婚姻关系和血缘关系的基础上形成的共同生活关系的统一体，主要包括家庭的构成，即人口要素和家庭规模；其次包括家庭要素的内部秩序，即代际要素和组合类型。笔者认为，家庭结构主要是指家庭成员之间的组合形式及其关系形态。它通常包括三层内涵：第一，家庭由多少位成员组成，这直观反映一个家庭规模的大小；第二，家庭具体成员之间的关系状态；第三，家庭成员之间的关系模式。

在人类学与民族学研究中，有关家庭的分类有多种。厦门大学石奕龙教授按照代际层次和亲属关系，将家庭分为核心家庭、多偶制家庭、

---

① [加拿大]大卫·切尔：《家庭生活的社会学》，彭铟旎译，中华书局2005年版，第12—15页。
② 邓伟志、徐新：《家庭社会学导论》，上海大学出版社2006年版，第37页。
③ 费孝通：《乡土中国 生育制度》，北京大学出版社1998年版，第159—163页。
④ 邓伟志、徐榕：《家庭社会学》，中国社会科学出版社2001年版，第37—39页。

血亲家庭和扩展家庭等四种。① 著名学者汪宁先生则根据家庭规模及其组成不同,将家庭分为核心家庭、复合家庭和扩大家庭三种主要家庭类型。② 因此,笔者认为,我国少数民族家庭主要有核心家庭、主干家庭和联合家庭三种主要类型。

第一种:核心家庭,又称为小家庭、夫妇家庭。它通常指由一对夫妻及其未成年或未婚配的子女所构成的一种家庭模式。在这种家庭中只有一对配偶,最多包括两代人,即父母与未婚子女,家庭结构与内部成员关系相互简单。

第二种:主干家庭,又称直系家庭。它是由父母和一对已婚子女及孙子孙女等组成的家庭。典型的主干家庭是三代人同堂的家庭。

第三种:联合家庭,又称扩大家庭、扩展家庭。它是指父母(或其中一方)与多对已婚子女共同生活在一起的家庭。它是由两个或多个核心家庭联合而成,很容易通过分家的形式分化为两个或多个独立的核心家庭。

对于中国南方山地农耕区蒙古族的家庭结构,马京以西南地区云南蒙古族为个案进行了实地调查与研究。在云南兴蒙乡蒙古族社会,从家庭组合类型来看,蒙古族家庭一般以一夫一妻制的父系小家庭为主。多为夫妇子女两代人共同生活的核心家庭,也有祖孙三代的扩大家庭,以及少量其他类型的家庭。③

迁入重庆定居下来后,蒙古族和周边地区苗族、土家族一样,由于受外来文化的影响较大,大家族制度根深蒂固,家族规模较大,家族意识浓厚。新中国成立以后,特别是20世纪80年代改革开放以来,重庆蒙古族社会一夫一妻的小家庭制度较为流行。兄弟长大结婚后都要分家,父母一般随长子或幼子生活。

向家坝村是彭水苗族土家族自治县鹿鸣乡下辖的一个行政村,一共有六个村民小组。在六个村民小组中,除第一和第六村民小组蒙古族家庭比

---

① 石奕龙:《文化人类学导论》,首都经济贸易大学出版社2010年版,第126—128页。
② 汪宁生:《文化人类学——正确认识社会的方法》(增订本),文物出版社2002年版,第127—128页。
③ 马京:《云南兴蒙蒙古族婚姻家庭的变迁》,博士学位论文,云南大学,2010年,第67页。

较集中外，其他四个村民小组的蒙古族家庭都和当地苗族、土家族群众杂居在一起，相对分散。

笔者在第六次全国普查统计人口数据和田野调查的基础上，现将向家坝村各村民小组蒙古族家庭数量统计如表4-3所示。

表4-3　　　向家坝村各村民小组蒙古族家庭数量统计（2010年）

组别	蒙古族家庭户数（户）	村民小组总户数（户）	百分比（%）
1	60	66	90.91
2	22	93	23.66
3	21	74	28.38
4	31	99	31.31
5	32	43	74.42
6	62	66	93.94

由表4-3可以发现，在向家坝蒙古族社会中，第一村民小组和第六村民小组蒙古族家庭最多，蒙古族家庭数占到所在村民小组总户数的90%以上。其次是第五村民小组，蒙古族家庭数接近3/4。蒙古族家庭数占所在村民小组家庭户数比例最少的是第二、第三村民小组，两个村民小组蒙古族家庭不到总户数的30%。第四村民小组蒙古族家庭刚刚超过30%。同时，从绝对数来说，第一村民小组60户，第六村民小组62户，第三村民小组21户，蒙古族家庭户数最少。

2009年夏，笔者在向家坝村进行为期十多天的田野调查，对各个村民小组的家庭结构情况进行了统计和分析。据表4-3可知，在向家村六个村民小组中，尤以第一村民小组和第六村民小组蒙古族人口最为集中。因此，笔者选择向家村第六村民小组作为蒙古族家庭结构统计与调查的样本。在初步分析和研究的基础上，现将2008年度向家坝第六村民小组蒙古族社会家庭结构基本情况统计如表4-4所示。

表4-4 向家坝村第六村民小组蒙古族家庭结构统计（2008年） 单位：户,%

家庭类型\数量	户数	百分比
核心家庭	38	59.38
主干家庭	22	34.38
联合家庭	1	1.56
单身家庭	3	4.49
合计	64	100

资料来源：向家坝村村委会户籍资料。

从表4-4调查统计数据来看，向家坝第六村民小组蒙古族家庭中，核心家庭比例最高，几乎占到60%；其次是主干家庭，比例也超过30%；联合家庭比例最小，不到2%。因此，可以得出初步结论，当下重庆蒙古族结构和规模呈现出趋小化发展态势，核心家庭成为家庭的主要类型。

笔者认为，重庆蒙古族结构呈现出趋小化发展的主要原因，归纳起来有以下几个：第一，受现代化都市生活的冲击和影响。如今，大多数蒙古族青少年较多希望能独立生活，拥有自己的小家庭。第二，经济能力的提升。随着家庭联产承包责任制的推行和改革开放政策的纵深推进，向家坝村蒙古族社会经济面貌得到极大改善，尤其是近年来修通了连接鹿鸣乡场镇的民族公路，交通状况得到极大改善，带动了经济的迅速发展。因此，每个蒙古族小家庭通过自己的诚实劳动，生活水平和质量都得到很快提高，家庭经济条件得到很大改善。因此，小家庭已经基本上都能灵活运转，已不再需要一个大家族作为中枢来协调和支持。因此，小家庭逐渐代替以前大家族或大家庭的众多职能，大家庭或者大家族随之逐渐解体和消失。

当然，值得注意的是，蒙古族主干家庭仍然占很大比例，父母与一对已婚子女一起共同生活的情况仍然十分普遍。重庆蒙古族历来注重孝道，尊老爱幼有着悠久的历史传统。一般来说，父母在子女分家后都与长子或者幼子生活，在子女外出打工期间帮助看家和照顾小孩。笔者以为，这也可能是主干家庭得以保留的重要原因。同时，国家法律、法规的干预也是一个重要的因素。《中华人民共和国婚姻法》明确规定：子女对年老失去劳动能力的父母有赡养的义务。可见，国家法律法规和重庆蒙古族传统伦理道德找到了契合点和共同点。所以，笔者认为，主干家庭还将在蒙古族社会中长期存在。

2011年夏，课题组再次到向家坝村进行补充调查。在田野调查期间，笔者收集到2010年第六次全国人口普查后向家村的最新户籍资料。于是，笔者同样选取了向家村第六村民小组蒙古族家庭作为样本，以便与2009年所获材料进行对比分析。

表4-5　　　　　向家坝村第六村民小组蒙古族家庭结构
统计（2010年）　　　　　　　单位：户，%

家庭类型\数量	户数	百分比
核心家庭	31	46.97
主干家庭	31	46.97
联合家庭	0	0
单身家庭	4	6.06
合计	66	100

资料来源：向家村村委会户籍资料。

从表4-5可以发现，向家村第六村民小组核心家庭数与主干家庭数同为31户，分别占所在村民小组总户数的46.97%。可见，核心家庭和主干家庭是向家坝村蒙古族社会的主要家庭类型。与2008年统计材料相比，核心家庭比例从59.38%下降到46.97%，主干家庭比例则从34.38%上升到46.97%。家庭社会学认为，家庭结构类型的变化是一个动态发展的过程。核心家庭的夫妻如果在子女生育后继续与子女共同生活在一起，那这个核心家庭则自然演变成主干家庭。

对于主干家庭的稳定性和数量增加，费孝通先生曾对江村家庭结构从1931—1984年的变动特征做过分析，并从社会经济环境和制度影响的角度探讨了核心家庭和主干家庭的变动情况。在他看来，主干家庭稳定性的增加与鼓励离土不离乡的政策是相一致和互相适应的。[①]

在笔者看来，向家坝村第六村民小组蒙古族家庭结构之所以产生这种变化，有着多方面的原因。

---

① 费孝通：《论中国家庭结构的变动》，《天津社会科学》1982年第3期。

第一，国家人口与计划生育政策的影响。据笔者对向家村户籍资料的初步统计，本村绝大多数夫妻都在计划生育政策允许范围内生育了两个子女，且大多为一子一女。在女儿出嫁后，一般就是独子供养父母。所以，很少有数子分家自立门户的情况。

第二，人口大量外流的影响。近年来，向家坝村外出打工的青壮年男女人数呈现一种持续上升趋势。在这些外出流动人口中，有很多已婚已育夫妇，他们外出打工期间基本上都将未成年的子女留在向家村惠美希望小学继续上学，而这些留守孩子的生活与学习基本上就只能依靠留守在家的祖父母或外祖父母直接打理。

所以，在此背景下，从主观上来说，这些外出打工的夫妻都不会想着与在家的父母分家，以免导致父母不愿帮其照顾孩子。

个案1：受访者TXQ，蒙古族，向家坝村村民，务农。育有一子一女，女儿已经远嫁江西；儿子TSX，27岁，未婚，中专毕业后到重庆打工，从事水管销售工作。TXQ家这类核心家庭在向家坝村普遍存在，具有一定的代表性。

个案2：受访者LJ，男，34岁，原平安人。迁入向家坝村服侍83岁的蒙古族外公。育有一子一女，女儿14岁，就读于鹿鸣中学；儿子12岁，就读于向家坝惠美希望小学，马上升入六年级。向家坝蒙古族夫妇普遍育有一子一女，有儿有女在向家坝村也被视为一种福分。LJ家这种由孙辈赡养祖父或者叔父等上一代亲属的情况在向家坝村并非个别，这也是向家坝单身家庭比较少的原因之一。

由此可见，从向家坝村蒙古族家庭结构来看，随着现代化进程的不断推进，核心家庭已在社会中逐渐占据主导地位。但是，随着农村家庭经济结构的逐步调整，大部分青壮年都外出务工，再加上向家坝村蒙古族传统伦理道德观念的影响，一部分年轻夫妇还继续与老人同住，让老人帮忙照看小孩和看家，从而使主干家庭这种家庭类型长期存在，并占有一定的比例。

二　家庭规模的缩小

家庭社会学认为，家庭规模一般主要是指家庭人口数量的多少。从发生学角度来说，家庭规模本身也是影响家庭结构的一个重要因素，二者关系密切。家庭结构的变化制约着家庭规模的变化,反过来,家庭规模的变化也在一定程度上影响着家庭结构的变化。

自从张、谭二姓蒙古族迁入重庆定居以来,由于受宗族制度的影响,重庆蒙古族在相当长一个时期内都是以家族聚居,家庭规模也一直比较大。新中国成立以后,随着社会文化生态的改变,重庆蒙古族家庭人口数量逐渐变少,家庭规模逐渐变小。

笔者翻检查阅重庆市彭水自治县鹿鸣乡向家坝第六村民小组村全国第五次人口普查数据,现将该村民小组蒙古族家庭人口基本情况统计如表4-6所示。

表4-6　重庆市彭水县向家坝村第六村民小组蒙古族家庭人口情况统计(2008年)　　单位:人,户

人数	1	2	3	4	5	6	7	8
户数	3	1	17	29	9	4	0	1

资料来源:向家村村委会户籍资料。

从表4-6可以发现,重庆蒙古族家庭人口数量多集中在3—5人之间,人口数量图谱成抛物线状分布。户籍统计数据显示,人口最多的家庭有8口人,最少的仅1人。

2011年夏,课题组再次奔赴向家坝蒙古族村进行了补充调查。在收集第六次全国人口普查统计数据的基础上,再结合笔者的田野调查材料,按照户籍统计数据,现将向家坝2010年蒙古族家庭人口与家庭规模的调查情况统计如表4-7所示。

表4-7　重庆市彭水自治县向家坝村蒙古族家庭人口情况统计(2010年)　　单位:人,户

组别\人数	1	2	3	4	5	6	7	8	>8
第一组	5	8	9	22	8	5	0	0	
第二组	9	9	13	28	19	11	3	1	0
第三组	8	8	5	27	17	5	3	1	0
第四组	5	11	14	31	13	17	5	0	3

续表

组别\人数	1	2	3	4	5	6	7	8	>8
第五组	2	4	5	14	8	6	4	0	0
第六组	4	4	11	19	13	10	5	0	0
总计	33	44	57	141	79	57	25	2	3

资料来源：向家村村委会户籍资料。实际上，很多夫妇的子女都已结婚并独立门户，新建户籍户口，但是这些年老的夫妇仍然和已婚子女居住在一起。这种情况上述数据无法显示出来，因此，上表是根据派出所户籍室的档案材料整理而成的，特此说明。

从表4-7可以发现，向家坝蒙古族家庭人口与第五次人口普查数据显示情况相差不大，多以3—6人居多，尤其是人口数是4人的家庭数量最多，达到141户。但是，人口数为1人的家庭仍有33户。调查发现，这种情况多为夫妻亡去一个以后，妻子或者丈夫跟着自己的已婚子女共同生活，可户口仍然是单独存在。同时，统计数据显示，人口数达到7人和8人的家庭共有27户。这种情况多为两个或三个已婚子女常年外出务工，结婚以后也并没有独立门户，因此，这种情况的家庭多为扩大家庭，也就是说这种家庭内部至少存在为三代同堂，家庭内部至少有父子两代共两对夫妻。

根据第六次全国人口普查统计数据，笔者现将2010年向家坝村蒙古族各村民小组蒙古族户数、蒙古族人口数列表如表4-8所示。

表4-8　　重庆彭水县向家坝村各村民小组家庭人口情况统计（2010年）　　单位：人，户

组别	户数	总人数	户均人数
第一组	60	264	4
第二组	93	368	<4
第三组	74	286	<4
第四组	99	424	>4
第五组	43	190	>4
第六组	66	281	>4
总计	441	1813	>4

资料来源：向家坝村村委会户籍资料。

从表 4-8 的统计数据分析发现，在向家坝村，从户数来说，第二和第四村民小组户数最多，均超过 90 户。从村民小组人口总数来说，第二、第四和第六村民小组人口基数相对较大，尤其是第四村民小组人口数最多，总人数超过 420 人。总体而言，包括蒙古族家庭在内的所有家庭户均人口均在 4 人左右。据笔者走访调查，大多数核心家庭一般都是由父母加两个子女一共 4 人构成。据当地蒙古族群众回忆，在新中国成立前，向家坝蒙古族家庭规模比现在大得多，很多家庭都是几世同堂，家里兄弟结婚以后都不分家，因此也就是说，新中国成立前向家坝蒙古族家庭中主干家庭和联合家庭数量居多。数据显示，新中国成立后尤其是国家计划生育政策实施三十余年来，向家坝蒙古族家庭人口数量明显减少，家庭规模明显变小。因此，从历史的角度来说，向家坝蒙古族家庭规模呈现出缩小的变化趋势。

笔者认为，向家坝蒙古族家庭规模变迁既有政府指导性因素的影响，也有社会现代化的推动。在民族学家看来，政府"指导性变迁"是最常见的一种文化变迁现象，主要是"指某社会的个体或群体积极地和有目的地对其他民族的社会的一种现实干预"。事实上，新中国成立后政府对我国少数民族社会观念的干预和指导，造成了少数民族社会的指导性变迁，也带来了重庆蒙古族家庭和家庭制度的变迁与发展。

新中国成立初期，我国的经济形态仍然是传统的自然经济占主导地位，与此相适应，国家主要领导人认为人多力量大，片面提倡多生多育，所以全国人口快速增长、家庭规模也都较大，因此，向家坝蒙古族的家庭规模也不例外，家庭人口数量相对较多。改革开放以后，国家有关部门根据我国的人口实情重新制定了人口生育政策和计划，提倡一对夫妇只生一个孩子，实行计划生育的基本国策。根据国家计划生育有关政策规定，我国农村地区农民以及人口千万以下的民族的夫妇可以生两个小孩，所以，重庆向家坝蒙古族按此规定也就只能生两个小孩，但要等到第一个小孩年满 4 周岁后第二个孩子才能出生。可见，我国计划生育政策法规的变动与实施，对向家坝村蒙古族家庭规模的变迁影响很大。通过多年的宣传教育和行政管理力度的逐渐加强，计划生育政策在向家坝村对各族村民产生了较大约束力。在向家坝村田野调查期间，随处可见"提倡一对夫妇只生一个孩子"、"少生优生，幸福一生"、"未婚一孩征收社会抚养费二至六千元"、"实行计划生育就是好"、"符合计划生育条例的夫妇国家奖励政策多"、"违法生育三孩,征收社会抚养费二万元"等有关计划生育政策的标语。同时,大多数向家坝村村民也都认为,生育一男一女两个子女比较好,并不愿意违反国家相关法律、法规去超生、多生。笔者认为,正是这种国家政策指导、干预而逐渐形成的生育观念,是向家坝村蒙古族家庭规模逐渐缩小的重要制度原因。

同时,现代化进程的不断推进对向家坝村蒙古族家庭规模的缩小也产生了巨大作用。改革开放以来,向家坝村蒙古族也紧随时代潮流,加快了自身的现代化步伐。民族公路的修通、卫星电视接收器的普遍安装,不仅缩短了向家坝村与鹿鸣乡场镇、彭水县城以及外界的时空差距,而且还让村民们接收到了更多外部世界的信息,受到了外来文化的冲击和洗礼。一些外出求学、进城务工和外出经商的蒙古族青年则更多地受到了来自外部世界文化与生活方式的影响。这些青年的成长和工作经历往往会促使他们自己在结婚生子后较多注重子女的教育问题,并逐渐加大在子女教育上的投资。基于小孩养育和教育成本的增加,这些年轻夫妇往往迫于现实生活或经济压力又会对自己的生育行为进行理性的选择。从调查统计来看,有65%的蒙古族家庭只选择生育一胎或二胎,究其原因,除了国家计划生育法律法规的约束、家庭经济条件的制约外,对孩子教育的期望以及当下教育的高成本影响也是一个重要原因。调查访谈发现,大多数蒙古族村民都已意识到子女教育的重要性,觉得"再穷不能穷教育"。但是如果生育子女过多,必然会带来过重的教育负担,甚至可能会出现"养多养不好"的状况,因此,向家村很多蒙古族夫妇就会选择少生优生,以期每个子女都能获得更多的教育投资和其他投入。可见,随着我国现代化进程的逐步加快和国家政策的规范引导,向家坝蒙古族村民对子女的受教育程度越来越高,并进而导致了蒙古族家庭规模的进一步缩小。

三 家庭功能的变迁

上海大学邓伟志教授等认为,家庭功能即家庭对于人类的功用和效能,主要是指家庭在人类生活和社会发展中所起到的重要作用。根据功能主义观点,任何制度都是针对着某种需要。家庭作为一种社会制度,同样具有某种社会功能,并在个人生活中自发地发挥着某种不可或缺的作用。

家庭功能最主要的两大因素是指社会需求和家庭本身的特性。[1] 当代著名社会学家郑杭生先生认为，家庭功能本质上是个人需求的表现：吃的需求、性的需求以及生育、抚养和赡养、教育等功能是出于对永生的需求。[2] 家庭社会学者丁文提出，家庭功能主要是指在家庭与社会的联系和作用中所具有的满足人类生存的各种基本需要，以及适应和改变社会环境的各种功用和主要效能。[3] 而在美国社会学者沃尔夫眼中，"在这个（家庭）单位中，儿童被养育与社会化、老年人可以安享天年、婚姻提供性的满足。各单位则为其成员付出他们在全社区中应担负的仪式费用"。[4] 这就是家庭功能的具体体现。因此，从上述关于家庭功能的界定中，可以发现，家庭功能主要包括经济、生育、教育、性生活、抚养与赡养、情感交流以及休闲娱乐等多种基本功能。

（一）经济功能

家庭经济功能主要通过家庭的生产、分配、交换、消费等活动体现出来，是家庭其他功能的物质基础。家庭作为最基本的生产和消费单位在人类社会的生产和消费中发挥着基础性的作用，在以传统农业为基础的向家坝蒙古族社会中，主要的社会生产、生活活动都基本是以家庭为单位来进行和完成的。

在传统的中国社会里，夫妻通过辛勤劳动获取劳动报酬，并将此作为家庭的共同生活费用，使每个家庭成员的生活得到保障。与过去的自给自足相比，家庭生产活动也已越来越社会化。家庭通过生产、生活、文化、娱乐等消费与社会密切联系，成为社会稳定和发展的基础，主要表现为：第一，家庭消费水平不断提高；第二，家庭消费结构不断变化；第三，家庭内部消费趋向民主化；第四，家庭消费范围由封闭型向开放型逐渐转变。

新中国成立初期，随着新生人民政府的建立和土地改革的完成，向家坝蒙古族个体家庭功能逐渐丰富起来，很多以前由宗族、家族承担的社会职能便分解到个体家庭承担，因此，蒙古族家庭不仅是一个生活单位，而且是一个生产单位。但是，随着社会主义三大改造的完成、合作化和大集

---

[1] 邓伟志、徐新：《家庭社会学导论》，上海大学出版社2006年版，第55页。
[2] 郑杭生：《社会学概论新修》（修订本），中国人民大学出版社1998年版，第238页。
[3] 丁文：《家庭学》，山东人民出版社1997年版，第327页。
[4] ［美］沃尔夫：《乡民社会》，张恭启译，巨流图书公司1983年版，第24页。

体化运动的开展，蒙古族农民个体成为生产集体的一员，个体家庭基本上又变成了单一的生活单位，社会生产功能逐渐退化。中国共产党第十一届三中全会以后，尤其是改革开放三十多年来，随着中国特色社会主义市场经济的逐步完善和农村家庭联产承包制的逐步实行，向家坝蒙古族家庭又恢复生产功能而重新成为一个生产单位，其经济功能得到重新恢复和进一步强化。

调查发现，家庭是重庆蒙古族经济分工和合作的单位，家庭中的所有收入均为全体家庭成员共有。同时，笔者还发现，现在部分蒙古族家庭所从事的经济活动已不再满足于传统小农经济体制下的家庭的自给自足，而是为了赚取更多的经济收入。家庭成员从事的行业开始呈现出多元化趋势，除传统种植、养殖业等外，诸如外出做生意、打工、做小买卖、家庭作坊、家庭加工业等新的行业也开始逐渐出现。可以认为，随着重庆蒙古族职业和所从事行业的多元化，揭示出重庆蒙古族所具有的社会市场意识逐渐增强，经济观念逐渐日益变浓。

（二）生育功能

家庭社会学家认为，家庭是一个最基础的生育单位，是种族延续的保障。费孝通先生认为，从人类学的角度来说，家庭是一个由亲子所构成的生育社群，它的主要功能是生育。[①] 实际上，家庭的生育功能不仅包括对子女的生育抚养，还隐性地表达了子女对父母的养老责任。因此，家庭生育功能的实质就是一个家庭婚姻问题、养育问题和养老责任问题。

在传统中国社会，家族制度较为完备，家族观念也十分浓厚。《礼记·昏义》记载："昏姻者，将合二姓之好，上以事宗庙，而下以继后世也。"由此可见，中国传统社会观念认为，婚姻的目的在于上以祭祀宗庙，下以传宗接代，夫妻的结合正是"中国人为家族而活的人生观"[②] 的有力体现。

在云南，传统蒙古族的生育模式为"重男轻女"，生育数量多。过去一个家庭子女数一般都有6—7人，有的甚至有8—9个子女。但是随着计划生育政策的推广和蒙古族青年自身生育观念的改变，婚后生育一胎的比例占12.8%，二胎比例为53%，三胎及以上的占34.2%。现在蒙古族社

[①] 费孝通：《乡土中国　生育制度》，北京大学出版社1998年版，第138页。
[②] 冯尔康：《中国传统家族文化的当代意义》，《江海学刊》2003年第6期。

会中理想的生育模式便是一儿一女。蒙古族作为少数民族有政策规定如果务农的话,可以生两个。在对男孩和女孩的喜好上,还是喜欢男孩,因为在社会上"有男的才行,没有男的办不了的事,男的在社会上很重要"。①

调查发现,在向家坝蒙古族家庭中,部分年长者还有较为浓厚的家族观念,"重男轻女"的思想还有一定市场。同云南蒙古族一样,以前很多蒙古族家庭并没有"计划生育"的观念,一般家庭都至少有三四个孩子。在生育性别选择上,往往还是倾向于选择男孩,因为他们认为男孩好于女孩。调查数据显示,除特殊原因外,如今很多蒙古族家庭一般都会生育两个小孩。如果两个小孩中有一个是男孩子的话,就不会再考虑"想办法"生育第三胎。如果前面两个小孩都是女孩的话,则很多蒙古族村民会通过各种途径生育一个男孩子。

另外,调查期间,笔者就发现向家村部分家庭有三个小孩。报道人TB告诉笔者,他已经有一男二女,儿子已经上初中,大女儿才上小学。二女儿才几岁,是他们"想办法"超生的。实际上,有人告诉笔者,TB超生第三个小孩,村里或乡里有关部门也没有过多干涉,只是在给小孩上户口的时候,上交了不到一万块钱的超生费用而已。因此,在TB这些村民看来,不到一万块钱就可以多一个小孩何乐而不为呢?一万块钱也就是"出去打工几个月的钱(工资)"而已。由此可见,向家坝村村民除了还有一定的"重男轻女"的思想外,"多子多福"的观念也还比较浓厚。

实际上,在农村养老体制不健全的情况下,向家坝村村民深受传统观念的影响。他们认为,一般来说,家里要生育至少一个男孩子,男孩子"才靠得住",不然"老了咋办"。所以,在他们看来,生育的选择与自己年老后的养老问题密切关联在一起,生育儿子是老有所依的重要保证。同时,由于现在大量青壮年外出打工,很多老人都"留守"在家,很多家庭都尽量在国家政策和经济能力许可的情况下选择"想办法"多生一个或两个孩子,以确保在某些孩子外出的情况还有子女在身边确保自己的养老问题,力求在"多子"的基础上能真正"多福"。可见,向家坝村村民生育的选择具有极强的现实性。

(三)教育功能

教育人类学认为,传统教育体系应该由家庭教育、学校教育和社会教

---

① 马京:《云南兴蒙蒙古族婚姻家庭的变迁》,博士学位论文,云南大学,2010年,第84页。

育三部分组成。家庭教育在自然人社会化过程中占有非常重要的地位，家庭教育包括父母教育子女和家庭成员之间相互教育两个方面，父母教育子女在家庭教育中起着关键作用。

从传统来说，在为人处事方面，蒙古族家长们对子女一般是鼓励其劳动生产，教诫不可好吃懒做，不要偷窃及做其他不体面的事情，对父母要扶养，待长辈要尊敬，不可骂媳妇，与朋友相处要诚实守信。通过教育，使受教育者获得知识和引导，树立行为规范。同时，由于处于"文化孤岛"的位置，在民族区域自治制度下，重庆蒙古族不仅没有属于自己的文字，也没有自己的民族语言和显性的民族文化标志，而且长期与苗族、土家族、汉族等其他民族交错杂居，所以他们在长期的社会生产、生活实践中积累了丰富的人生经验，创造出各种独具特色的方法，把各种各类文化知识、生活知识和生产经验传授给下一代，以确保民族内部的团结与推动民族社会的向前发展。

在长期的社会生产、生活实践过程中，重庆蒙古族总结出了一套丰富的人类知识，并把这套生存知识传授给子孙后代。整个族群通过老一辈把习得的基本生存技能传授给下一代年轻群体，以保证整个群体的延续、繁荣和发展，家庭就承担了知识传承这个重要任务，父母以及长辈成为知识的传授者，幼小者习得生活与生存的基本常识。

随着现代科技的日益普及和生活水平的逐步提高，向家坝蒙古族在社会生产、生活方面对传统的生产、生活技能的依赖性逐渐减弱。因此，在蒙古族内部，父母及长辈往往会更多强调年轻子女的为人处世方面，在教育方面重点是鼓励子女多学习科学文化知识、多掌握各种技术。

在蒙古族社会内部，男女之间分工较为明确，基本上是"男主外、女主内"的传统模式，蒙古族男子多从事田间劳作、打柴等体力劳动和一些技术性手工劳动，生产、生活技能的积累与传承总是通过父传子、兄传弟、伙伴之间的相互学习来实现。女性多操持家务，待人接物，生活技能、技巧的传承通常为母传女或母传媳、姐带妹或嫂带妹，还有通过婆传孙的方式来实现。当然，随着社会的变迁和思想观念的开化，"男主外、女主内"的传统逐渐被打破，很多女性也开始参与到很多重大的社会生产、生活活动中来。

（四）性生活功能

"食、色，性也。"性是人类最基本的生物需求，性生活则是家庭中婚姻关系的生物学基础。家庭是夫妻性欲表达的合法场所，夫妻之间和谐的性生活不仅是维系感情的重要纽带，而且也是种族繁衍的重要前提和生物基础。通过生儿育女，传宗接代，使人类种族得以不断地延续下去。一对男女结为夫妻，建立家庭，可使他们之间的关系合法化且规范化，他们之间的性生活符合社会规范而被人们认可。

传统意义上，重庆蒙古族对性和性行为都比较保守。尤其是婚外性行为不为大众所接受，甚至往往把性和性行为与道德观念联系起来。因此，在蒙古族家庭甚至是整个族群内部，这都是一个比较隐晦的话题。即使是夫妻之间也很少进行交流。父母、爷爷、奶奶、外公、外婆等对后辈往往也不去谈论或者尽量回避这个话题。在民族内部，异性之间的交流也避免谈论，"男女大防"非常明显。

但是，随着社会的逐步开化和外来文化尤其是西方文化的冲击，很多外出务工或求学、工作的蒙古族男女青年的思想逐渐开放，"性话题"也不再过于隐晦，甚至是未婚同居、未婚性行为和未婚先孕等也都逐渐开始出现，但大部分年长者往往对此嗤之以鼻，认为有伤风化。总之，从纵向角度来说，除接受家庭内部夫妻之间为社会大众所认可的性生活外，重庆蒙古族也不再谈性色变，性观念也逐渐开化，这是一个缓慢变化和逐渐被接受的过程。

（五）抚养与赡养功能

家庭是抚育儿童的重要场所，父母是孩子最早的老师，家庭教育对于孩子一生的发展至关重要。生儿育女是人类繁衍和延续家庭及宗族的一个重要环节，建立相对稳定的家庭，既有利于人类的繁衍和宗族的延续，又能为家庭增加劳动力。家庭赡养功能主要体现了家庭成员之间的责任。目前，在我国西部民族地区，传统赡养方式仍占据主导地位，但"淡化"趋势已经非常明显，究其原因，主要体现在如下几点：第一，家庭成员之间经济关系的深刻变革削弱了传统赡养功能。年轻一代经济相对独立，核心家庭新的生活方式以及代际纠纷等，使老年人独居数量有所增加。第二，"四二一"结构的家庭数量增多也必然导致养老社会化，养老逐渐成为家庭的"包袱"。第三，老年人大多自食其力，却需要下一代在感情上的牵挂与照顾。

调查发现，向家坝蒙古族抚养子女的质量正在提高。随着现代科技的进步和社会的迅速发展，很多蒙古族家庭认识到科学技术的力量，真正理解科技致富的深刻内涵，用他们自己的话说就是"即使在家种田、养猪都要读书"。因此，很多蒙古族家庭都尽力让自己的子女多读书。据笔者统计，近年来，向家坝至少有四个蒙古族大学生就读或毕业参加工作。张远权的儿子张敬意就在四川省成都市西南交通大学学习，张建新在北京市北京航空航天大学就读，谭杰则就读于解放军后勤工程学院。

在向家坝，蒙古族社会还是较为传统的赡养模式，即年长以后，父母往往会跟长子或幼子居住在一起，孩子照顾年长父母的衣食起居。但是，调查发现，随着外出务工等流动人口的增加和因计划生育政策带来的孩子数量的相对减少，向家坝蒙古族家庭中已出现很多"留守"老人，这些老人不仅需要开展传统的农业生产活动，而且还需要照顾因父母外出务工而"留守"下来的孙辈。因此，可以说，人口的流动与常年外出务工，不仅在一定程度上加重了这些老人的生活负担，而且还极大冲击并逐步改变着传统的养老模式，"老有所依"、"养儿防老"也已无法确保。

近年来，中央在重庆试点农村居民养老模式改革，积极推动"大城市带大农村"的"两型"社会建设。根据政策规定，年满60周岁的农村居民可以直接从民政部门每月领取生活费80元，以后每年长10岁增加10元。当然，在坚持"中央主导、地方支持、个人参与"的原则下，几乎每个蒙古族村民都已基本参加农村居民基本养老保险。可以说，这在一定程度上缓解了因传统社会养老体制变迁带来的留守老人的养老压力。

（六）情感交流功能

随着社会变迁与发展，传统家庭结构和功能的变化，个体家庭正日渐趋向于满足人们的情感需求。调查发现，重庆蒙古族家庭情感交流需求日渐增强。随着生活水平的逐步提高，越来越多的蒙古族家庭在满足衣食住行等基本需求后，更追求精神上的享受，结婚也更多地考虑爱情因素。

在访谈过程中，很多青年男女就告诉笔者，两个人结婚一定要"谈得来"，有共同语言，不然就不会结婚。可见，蒙古族青年在结婚过程中，要注重双方情感的交流与互动，没有情感基础男女双方是不会结婚的，爱情是缔结婚姻的重要前提。所以，对个人来说，"各种心理态度的生成、人格的发展、情感的慰藉和精神的寄托都离不开家庭"。[1]

（七）休闲娱乐功能

休闲与娱乐多指家庭成员在闲暇时从事的休闲活动。随着生活条件的逐步改善，蒙古族民众的休闲和娱乐方式日渐现代化，家庭休闲和娱乐功能也逐渐增强。主要表现为：第一，休闲、娱乐的表现形式多样；第二，娱乐消费比例有所增加；第三，娱乐范围有所拓宽；第四，休闲、娱乐时间相对增加。

据笔者调查，在向家坝蒙古家庭中，1995年就有家庭购买黑白电视机，截至2010年，全村有电视机400多台，几乎每家都有1台彩色电视机。调查数据统计显示，几乎每个蒙古族家庭都至少有1部移动电话。

在休闲娱乐活动中，蒙古族民众平时一般是看电视、聊天等，并以此来了解国家大事。如ZYQ就和笔者讨论过中央电视台新闻联播节目好不好的问题，他还很关心台湾选举、当下重大社会问题以及时下对一些重要事件和问题的看法等。同时，部分家庭还购买了跳棋、象棋等娱乐工具。部分蒙古族青年还购买MP3、收音机，每天收听音乐、故事和电台广播。

此外，在下雨天或者天气太热的时候，很多村民就会聚集到惠美希望小学旁边的超市和药房玩扑克派、打麻将、聊天等，以娱乐消遣，打发时间。当然，还有部分年轻人喜欢上网看新闻、QQ聊天等。因此，在某种意义上来说，向家坝蒙古族家庭的传统休闲娱乐功能逐渐开始淡化，现代休闲娱乐方式逐渐流行起来。这是休闲娱乐发展的新趋势。

通过上述可以发现，重庆蒙古族家庭具有经济功能、生育功能、教育功能、性生活功能、抚育与赡养功能、情感交流功能、休闲娱乐功能等多种功能。但是，重庆蒙古族家庭功能不是固定不变的，也不是能脱离于当下社会发展而独立存在，家庭功能的社会需求和家庭本身的特性也都处于不断变化之中，因此，蒙古族家庭发展的每一阶段都与社会变迁和家庭功能的变化、发展都密切相关。随着社会需求和家庭特性的不断变化，蒙古族家庭功能将处于不断变化与优化的过程之中。

---

[1] 邓伟志、徐新：《家庭社会学导论》，上海大学出版社2006年版，第58页。

本 章 小 结

从一定意义上来说，婚姻与家庭制度的发展和变迁从一个侧面真实反映了蒙古族定居重庆以后两百多年来经济社会发展与演变的基本情况。新中国成立以来，重庆蒙古族的婚姻形式和婚姻习俗都发生了巨大改变，家庭结构、家庭规模与家庭功能也相应发生了变化。

笔者认为，引起这些变化是多方面原因产生综合作用的结果。从文化生态的角度来说，社会与文化生态的改变是重要原因。一方面，从地理环境的角度来说，自然生态环境的改变是重庆蒙古族婚姻与家庭制度变迁的生态基础。从北方草原迁徙来重庆定居后，蒙古族所处的自然生态环境发生了巨大改变。草原是游牧民族赖以生存、繁衍和发展的重要物理空间和生态基础。远离草原来到南方农耕山区定居，重庆蒙古族就不得不栖息于南方山地特征非常明显的自然环境，并努力适应与草原完全不一样的自然，同时也不得不和周边民族进行经济文化交流，因此，传统的婚姻与家庭制度必然会发生变迁。

另一方面，从社会生态环境来说，社会经济、政治、文化等因素的综合作用带来了重庆蒙古族社会与文化的变迁。在这一历史过程中，重庆蒙古族也从游牧马背民族逐渐转化为以农耕生产为主要生计方式的南方山地农耕民族，伴随着这种翻天覆地的变化，家庭与婚姻制度也必然产生变迁。

首先，社会经济基础的变化是重庆蒙古族婚姻和家庭制度变化发展的前提和基础。在明末清初，重庆蒙古族就已经在长江三峡一带经历了较长时间的山地农耕定居生活，并已摆脱了蒙古族固有的传统游牧经济形态。定居下来以后，向家坝蒙古族逐渐与周边的汉、苗、土家等各族人民逐渐演变成一个适应了武陵山区自然生态环境的内陆山地农耕民族。正因为有着类同于周边各民族的经济生产方式，向家坝蒙古族传统的婚姻与家庭制度也与周边民族表现出极大的同质性和相似性。

随着社会的发展与变迁，尤其是新中国成立后，向家坝蒙古族也经历了多次社会政治运动和经济变革，严重冲击并影响了重庆蒙古族传统的婚姻与家庭制度。在20世纪50年代土改前后，重庆蒙古族传统的"三大炮，九落锤"等迎亲仪式基本消失，人民公社化运动兴起后，婚姻缔结程序更趋简化，婚礼日趋简单甚至消失。改革开放以来，由于农村家庭联产承包责任制地推行，土地承包到户。蒙古族村民的生产积极性重新高涨起来，农村生产力得到进一步解放，经济水平普遍提高。在解决基本温饱问题以后，重庆蒙古族传统婚礼的某些仪式又重新回到民众生活之中，婚礼重新复杂而生动起来。21世纪之初，随着改革开放政策地深入推进，重庆蒙古族封闭的自耕自足的小农经济形态逐渐被打破，并以劳务输出的方式被卷入到社会主义市场经济的大潮之中。越来越多的蒙古族青年进入城市打工，他们不仅带回大量劳务收入，改善了整个乡村社会的经济面貌，而且还带回了开放而先进的婚恋文化，自由恋爱的观念流行起来。同时，蒙古族家庭结构、功能以及规模也相应发生很大变化。

其次，政治生态的演变是重庆蒙古族婚姻和家庭制度变化发展的重要社会前提条件。朝代的更替变化，使得重庆蒙古族先民失去了较为优越的政治资源，不得不隐姓埋名，流离失所，躲入重庆大山之中以求生存，在较长一段时间内，重庆蒙古族一直饱受民族压迫和民族歧视。向家坝蒙古族人民大多时候都不敢公开自己的蒙古族身份，而是私下秘密地传承着本民族的传统文化。新中国成立后，重庆蒙古族在政治上获得空前解放。这是蒙古族婚姻与家庭制度变迁的重要社会政治基础。

最后，民族交流与文化互动极大地推动了重庆蒙古族婚姻与家庭习俗的演变与发展。随着时代的变迁与社会的不断进步，重庆蒙古族在婚姻缔结程序、通婚范围、择偶观念、家庭形式、家庭功能等方面或多或少地秉承着传统文化观念，但是在与周边汉族、苗族、土家族等民族进行婚姻交流与文化互动的漫长历史过程中，不断借取其他民族婚姻与家庭制度的文化特征与文化习俗，逐渐形成并丰富了作为南方山地农耕民族的具有独特内涵的婚姻与家庭制度，实现了从北方游牧民族的婚姻与家庭习俗到南方山地农耕民族的婚姻与家庭习俗的转化，带来了重庆蒙古族婚姻与家庭制度的巨大变迁，这是一个长期而缓慢的历史过程。

第 五 章

民族教育与文化传承

　　文化人类学认为，人类教育主要由三部分组成：家庭教育、社区教育和学校教育。在人类从自然人向社会人转变的历史过程中，家庭教育、社会教育和现代学校教育相辅相成，三者缺一不可。在重庆蒙古族社会，家庭教育、学校教育和社会教育为民族文化的教育传承做出了重要贡献。

第一节　家庭教育

　　家庭是社会的最小单位，也是民族个体接受民族文化知识教育的重要场所。教育人类学家、中央民族大学哈经雄和滕星教授认为，家庭不仅仅是"生命繁衍、经济生活的基本单位，同时也是文化传递的基本单位"[①]，因此可见，在积累和传承民族文化的历史过程中，家庭教育发挥了重要作用。

　　笔者认为，传统家庭教育不仅仅是重庆蒙古族民族文化的重要组成部分，而且也是传承民族传统文化的重要载体。在漫长的民族迁徙和社会生产、生活实践过程中，蒙古族家庭教育自成体系，形成了以道德教育、劳动技能教育、生活技能教育、审美教育、民族文化知识教育等融为一体的教育形式，并通过口述历史、言传身教、赐教箴言等独特的方式、方法发挥着特有的社会功能，并一代代积累和传承下来。

一　道德教育

　　道德教育是民族个体形成良好民族认同、健全世界观和人生观的重要

[①] 哈经雄、滕星主编：《民族教育学通论》，教育科学出版社2001年版，第124页。

教育内容。家庭道德教育主要是指蒙古族家庭成员在家庭生活中所形成的各种价值观、家庭氛围、精神面貌以及行为模式，基本涵盖了家庭道德、情感、价值观等内容，涉及夫妻之间、长幼代际之间和邻里之间的相互关系。

尊老爱幼、团结互助是蒙古族的悠久传统和良好风尚，也是重庆蒙古族家庭道德教育的重要内容。在传统蒙古族村落，长辈受到后辈的普遍优待，母亲得到普遍的尊重，晚辈受到长辈的普遍关爱，受难者得到救助。这与重庆蒙古族所经历的艰难迁徙、社会动荡和所处的社会文化生态密切相关。

长幼有序、尊卑分明，是重庆蒙古族长期形成的一种人与人之间的秩序分明的人际差序格局。调查期间，向家坝蒙古族同胞往往对笔者说："我们蒙古族老是老，少是少，绝对不搞混；哥哥是哥哥，弟弟是弟弟，绝不含糊；长辈是长辈，小辈是小辈，绝不乱来。"这些朴素而地道的话，真实反映了重庆蒙古族同胞的人际关系格局。

豪情仗义、讲究义气、打抱不平，是重庆蒙古族社会长期以来所形成的民族美德。调查期间，张友安老人就给笔者讲述了很多关于蒙古族先祖们为维护向家坝地方平安、打抱不平、扶弱抗强的惊心动魄的故事和民族传说。

孝敬父母、尊重长辈、爱护幼小，也是重庆蒙古族在长期的迁徙和民族互动中形成的良好民族品德，是蒙古族优秀民族文化的重要组成部分。

二 劳动技能教育

在漫长的历史进程中，特殊的社会历史背景造就了重庆蒙古族同胞坚强勇敢、勤劳艰苦的民族品格。在从游牧族群向农耕民族转化的过程中，蒙古族绝大部分生产劳动与技能教育也往往都通过家庭教育来实现。

蒙古族的传统家庭教育特别注重生产劳动教育。他们往往会在种地、耕田、狩猎等生产过程中，给子女传授关于社会生产、生活的相关知识和技能，言传身教，耳濡目染，手把手地传授。这些基本社会生产、生活技能不仅是每个民族成员适应重庆多民族地区特定的自然环境、促进民族繁衍、发展和进步的必要前提，而且也是每个成员所赖以生存和发展的必要保证。

从传承方式来看，在实际生产劳动和技能传授过程中，往往是父传子、母传女、大传小、老带少等方式来实现。同时，在特殊技能传授尤其是技术含量较高或者危险程度比较高的技能传授过程中，还有师傅带徒弟等特殊传承形式存在。

同时，随着孩子年龄的增长，向家坝蒙古族家长或长辈往往也会让小孩逐渐参与社会生产劳动，以锻炼孩子的认知和实践动手能力，这是小孩子成长过程中不可缺少的部分和环节。父母带领孩子共同劳动的过程本身就是一个生活经验的积累过程，也是一个实实在在的教育过程。总之，蒙古族通过对这些劳动技能和实践形式的世代相传，促进了重庆蒙古社会的发展与进步。

可以认为，在社会生产劳动和技能传授过程中，长辈的丰富生活经验和无私的帮助，常使不谙世事的蒙古族青年人受益匪浅，当面请教和遵循长辈的教导也已成为重庆蒙古族社会的传统习俗。

三 审美教育

文化生态学认为，基于不同的生存环境、生产方式和历史传统及生活习俗，不同民族或族群的审美标准、内容和传授的途径也不相同。自古以来，蒙古族就非常注重审美教育，并将审美教育深深植根于所处的周边环境和现实生产、生活中，因此，蒙古族具有强烈的民族审美意识，并不断一代一代传授审美教育，因为美育在激发民族认同感、民族意识，培养民族凝聚力上具有重要的不可替代的作用。[①]

在审美教育活动中，重庆蒙古族通过周围美丽自然和生机勃勃的大地万物对年轻一代进行热爱自然、热爱生命的审美教育。同时，通过民族传统手工技艺品，如窗花、雕刻等培育下一代的审美意识。

此外，向家坝蒙古族还通过日常生活和生产活动开展审美教育。向家坝蒙古族历来热情好客，以"大块吃肉、大碗喝酒"作为待客之道，通过豪气而真诚的待客礼节，可以使年轻一辈对美好的事物产生愉快满意的情感体验，在待人接物当中理解社会美的基本内涵，进而发展他们对美的判断与评价能力，培养他们高尚的情操和文明的行为

[①] 王莲花：《蒙古族家庭教育及其传承研究》，硕士学位论文，内蒙古师范大学，2008年，第18页。

习惯。

四　民族文化知识教育

在家庭教育中，重庆蒙古族还会进行民族历史与文化教育。在茶余饭后或休闲之时，长辈或者父母不仅会通过故事、传说等向后辈或者孩子讲授蒙古族先祖的赫赫战功和光辉的民族历史，而且也会给他们讲授自己民族迁徙的苦难历程和过去岁月的艰辛及生活中遇到的苦难、快乐和幸事。这些不经意或有意的讲授和说明，往往会对传承民族历史与文化、强化民族文化认同等起到潜移默化的效果。

五　其他方面的教育

在向家坝蒙古族社会中，家庭教育还会通过游戏、谜语、歇后语、讲故事等方式来对后代进行智力开发教育，培养后代良好的品格以及与人为善、与自然和谐相处的教育等。这是重庆蒙古族年轻一代成长过程中的重要阶段，不可或缺。

由此可见，在重庆蒙古族家庭教育中，在进行道德教育、生产生活与技能教育、审美教育以及其他教育的过程中，往往是或言传身教或通过寓言故事、箴言、谜语、游戏等多种方式来实现。这是散杂居族群家庭教育较多采用的教育方式。

第二节　社会教育

社会教育又叫社区教育，在传统民族社会中，从某种意义上来说，社会教育就是家庭教育的一种扩展与延伸。因此，在一定意义来说，在教育内容、教育形式等方面，社会教育或者社区教育与家庭教育区别不大。实际上，家庭教育在教育规模和受教育面方面要比社区教育小得多。在民族社会中，只要是家庭教育能承担的教育活动往往都是家庭教育独自承担，社会教育或社区教育只是承担那些规模较大、人口较多、涉及面广的集体性的教育活动。

在向家坝调查期间，重庆蒙古族社会教育主要是承担了一些大型的教育活动，如民族历史与文化教育、武生培养与武术传授等。

据张友安老人介绍，在新中国成立前，民族历史与文化教育往往都是在祠堂中进行。每年在过"苏鲁定"节时,全族男女老幼齐聚祠堂堡,不仅要由族中先辈传人教诵先祖遗留的八句诗,而且还要教育后人勿忘之根本,"是蒙古族",同时还要重申族规族约:不忘祖宗,尊老爱幼,扶孤济贫,不偷、抢、嫖、赌等。族规族约宣读完后,族人行三叩九拜祭祀礼。① 这种全族集体性教育活动往往是由社会教育来承担。

同时,向家坝社会教育还承担了民族传统武术传授的责任。据张友安老人介绍,从张志道开始,张家就在当地开展武学教育,传习武艺,鼓励大家学习武术。如今,向家坝箭池、马道子、手墩等还可找出痕迹。据他回忆,每年向家坝张家都会招收武生,主要项目就是传授武术、骑马射箭的本领,练习手墩、增强体质等。一般来说,每年招收一期、两期学生,人数在20—30人不等。在学生来源中,主要以蒙古族子弟为主,但是也有少量其他民族的年轻后生。

伴随着代表"大传统"的国家权力逐渐渗入重庆蒙古族普通民众的日常生活,社会教育也逐渐让位于由国家主管的正规学校教育,社会教育的功能也逐渐开始弱化和转化。调查发现,如今向家坝蒙古族社会教育往往是通过口耳相传的村社舆论来引导和规范人们的日常行为,如要求人们尊老爱幼、孝敬父母、主持正义等,正如向家坝蒙古族民间所说的"指背脊骨"等。这些都是重庆蒙古族社会教育的现代转型和变迁,是整个社会发展变化的一种表现。

第三节 学校教育

文献记载,向家坝村学校教育发展历史久远,为蒙古族培养了大量各级各类人才,这些人才为向家坝蒙古族社会及周边地区经济与社会发展做出了重要贡献。

一 新中国成立前的学校教育

在历史上,向家坝蒙古族历来重视教育发展,清朝中期就已开始建立

---

① 王希辉:《重庆蒙古族来源及其社会文化》,《西南民族大学学报》(人文社会科学版)2011年第3期。

私学，民国初年在八角庙就建有正规学堂。据传，清至民国时期，蒙古族就出了许多著名的文生武生，如张志道、张汝器、张永生等。张友安老人回忆，大约在1941年，他就在堡民学校念书也就是八角庙学堂读书。他听老人们说，八角庙学堂已经办了很久。1941年他在上学的时候，当时学校有60多个学生，绝大部分都是蒙古族孩子。

二 新中国成立后的蒙古族教育

新中国成立以来，向家坝村一直建有学校，中途曾短暂开办过初中班。原学校设在八角庙，1976年搬迁至现址，至今未变。在1975—1977年两年间，向家坝村学校曾因师资力量不足而停办。

2001年，美籍华人吴鹰先生资助金20万元修建了新的向家坝小学，随后于2004年秋更名为"惠美希望小学"。据负责此项工程的鹿鸣乡中心校校长谭敦模回忆："吴鹰为美籍华人，在重庆市一共资助建立20所希望小学，每所学校资助人民币20万元。2002年我被从鹿鸣中心校抽调下来负责此项工程，2002年动工，2003年竣工。前后共花费约39万元。吴鹰资助20万元，剩余19万元均为彭水自治县教育局集资支付。在竣工那天，大家（附近村民）都来帮忙，来了四百多人，热火朝天。"

惠美希望小学现有四层教学楼，建筑面积约1000多平方米，另加厨房100多平方米和1296平方米的操场。学校共有教室8间，办公室、电脑室和图书室各1间，拥有图书300多册，电脑10台等。根据现任惠美希望小学谭孝银校长介绍，2009年全校现有教师6人，均为张、谭二姓蒙古族。这些教师以前全为代课教师，2007年随着国家政策调整，均转为正式编制教师。2009年，全校有学生147人，其中蒙古族学生占2/3，男女生比例大约为2∶1。2004年，30名毕业生全部升入初中。学校开设有二年级、四年级、五年级、六年级共四个年级，没有一年级和三年级，每个年级一个班。课程主要开设有语文、数学、思想品德、自然、社会、美术、音乐、体育等8门课程。除毕业班外，其他班级实行教师包班制。学校教师情况统计如表5-1所示。

表 5-1　　　　　　　　惠美希望小学教师情况

姓名	性别	年龄（岁）	学历	教龄（年）	有无教师资格证
谭孝银	男	45	函授大专	27	有
谭孝万	男	35	函授大专	15	有
谭孝胜	男	35	函授大专	7	有
张小松	男	40	函授大专	17	有
张　波	男	37	函授大专	11	有
张进宝	男	26	大专	8	无

从表 5-1 和实际调查发现，向家坝惠美希望小学教师的年龄结构不很合理，师资力量相对不足，教师的专业素质也还有待进一步提高。调查还发现，所实行的教师包班制效果也欠佳，不能充分发挥教师的特长和才能。

根据 2011 年 6 月的实地调查数据，笔者现将向家坝惠美希望小学毕业生中的部分在校大学生如表 5-2 所示。

表 5-2　　　　惠美希望小学毕业生中在校大学生抽样统计

姓名	性别	就读学校	是否在读
张敬意	男	西南交通大学	就业
张建新	男	北京航空航天大学	在读
李汉	男	重庆邮电大学	在读
谭杰	男	后勤工程学院	在读

文献记载：由于蒙古族先辈历来都比较重视教育问题，加之新中国成立后党的民族政策的贯彻执行，向家坝惠美希望小学曾培养出了蒙古族国家公职人员 26 名，其中副科以上 13 名；大学生 6 名，中专生 15 名。[1] 2012 年，张敬意就从西南交通大学本科毕业，应聘到成都铁路局重庆铁

---

[1] 荣盛：《乌江河畔的蒙古人》（下），《北方新报》2009 年 4 月 21 日。

路段工作。

在调查中，笔者还发现，向家坝村惠美希望小学在基础设施建设、师资队伍建设、学生生源、教育教学观念等方面还有诸多需要改进的地方。

第一，从基础设施建设角度来看，学校基础设施建设不够完善，现有教学设备老旧，有些已经不能适应当前学校教育发展的需要。调查发现，除教室、办公室、电脑室和图书室外，惠美希望小学没有任何专门的教师宿舍、教师课间休息室以及学生宿舍。同时，学校水源问题一直没有得到解决，学生饮水和教师用水存在安全隐患，学生食堂也没有得到真正的合理利用。另外，调查发现，由于教育投入不足，惠美希望小学如今连最基本的教师和学生上课所需的课桌、凳子等教学设备都无法得到保障。可以认为，向家坝惠美希望小学硬件设施建设老旧，教育教学基础设施建设还有进一步改善和提高的空间。

第二，从师资建设的角度来说，向家坝惠美希望小学师资力量严重不足，教师专业素质尚待进一步提高。一方面，在国家教师编制数量的限制下，再加上无法留住外来教师和教育科研人员，向家坝惠美希望小学教师数量非常有限，这已经严重影响教师教育积极性的发挥；另一方面，由于专业对口教师不多，且现有教师缺乏进一步访学和深造的机会，故而，向家坝惠美希望小学教育质量就存在一定的问题，教师在教授时甚至也可能难以把课本知识真正完全传授给学生，严重影响教育教学效果和实际教学质量的提升。

第三，从教育投入的角度来说，向家坝惠美希望小学教育资金短缺，严重影响教育投入的增加。调查发现，一方面教师的工资普遍偏低，最低工资仅572元/月，实发300元，最高工资也不超过1700元/月，平均工资在1000元/月左右；另一方面是学校的办公经费严重不足，每年仅2000元左右。可以认为，经费不足已成为制约向家坝惠美希望小学进一步发展和推进教育教学改革的重要关键因素。

第四，从教育观念的角度来说，教师教育观念陈旧，教育方法比较落后，甚至某些教学方式已不能适应当下社会发展的需要。调查发现，一方面，在惠美希望小学，教师上课大多只看重语文和数学这两门课，对其他课程不很重视；另一方面，很多教师的教育教学方法仍然停留在传统教育模式，很多教师也不会使用电脑，连多媒体课件也不会做。同时，由于学校教师没有人会使用电脑，以至于现代化教学工具以及教学手段都无法应用于实际教学中。

第五，"读书无用论"也严重影响学校教育教学质量的提高。调查发现，据不完全统计，向家坝有接近 500 个青壮年劳动力在外务工，甚至很多家庭是举家前往。在很多家长看来，读书并不仅仅是跳出农门、脱贫致富的唯一方法。在他们看来，孩子只要中学上完，即可外出打工，照样能得到较好的收入和体面的工作。因此，"读书无用论"的思潮在村中还有一定的市场。

总之，调查发现，向家坝惠美希望小学的发展存在基础设施建设、师资队伍建设、教育观念、教育投入等多方面的制约因素，这些在一定程度上严重制约了向家坝蒙古族学校教育的发展和进步，也制约了蒙古族民族人才的培养。

当然，即使环境艰苦，待遇也比较差，但向家坝惠美希望小学仍然还有一大批为教育事业呕心沥血的优秀人民教师，一直坚持为蒙古族民族人才的培养和蒙古族地区的经济与社会发展默默无闻地贡献自己的力量。其中，谭玉章[①]、谭孝银、谭敦模等就是最明显代表。

本 章 小 结

家庭教育在重庆蒙古族社会结构中占有重要地位，也发挥了极其重要的社会作用。通过家庭教育，蒙古族的道德教育、劳动技能教育、生活技能教育和审美教育等得以代代传承。社会教育或社区教育则将蒙古族村落的村规民约、民族历史传承教育、尚武精神与族群性格代际传承等得以有效实现。新中国成立以来，正规化和制度化的学校教育为蒙古族民族人才的培养发挥了不可替代的作用。当下，向家坝惠美希望小学在发展中遭遇基础设施建设滞后、教育观念陈旧、教育投入严重不足，以及"读书无用论"思潮侵蚀等一系列现实问题，亟须在发展过程中予以解决，推动散杂居蒙古族地区基础教育的均衡与公平发展，为民族文化教育传承和人才培养做出应有的贡献。

---

① 《彭水苗族土家族自治县民族宗教志》，重庆出版社 2003 年版，第 209—210 页。

第六章

民间宗教与丧葬文化

作为外来族群，在与汉族、苗族、土家族等民族长期交错杂居的过程中，随着文化生态的改变，重庆蒙古族逐渐改变了原有的宗教与信仰文化体系，形成了具有地域特色和民族特色的民间宗教与信仰文化。

第一节 民间宗教与信仰文化

在人类学者看来，广义的宗教是指所有的民间信仰形式。对于民间宗教的类型，杨庆堃认为，宗教主要分为制度化宗教和普化宗教。在他看来，制度化宗教是指一种具有严格的宗教组织、个体成员、基本仪式、经典和体系化教义的宗教类型。通常来说，制度化宗教事务与一般的日常生活有所区别。普化宗教则是指信众的信仰活动扩散到日常生活之中，同时也没有形成比较严格的宗教组织，更没有明显的宗教经典、体系化教义。[1] 台湾人类学家李亦园先生也将人类宗教分为制度化宗教和普化宗教两种。在他看来，制度化宗教就是指成型的有组织、有教义的宗教，普化宗教就是指祖先崇拜、风水测算等民间信仰。[2] 由此可见，广义的宗教不仅包括制度化宗教即现代宗教，如伊斯兰教、基督教、佛教等，而且还包括祖先崇拜、自然崇拜、神灵崇拜等各种不同的民间信仰形式。

据文献记载，旧时蒙古族先民对各种自然现象不太理解，因而形成了万物有灵的观念，把日月星辰、雷电水火、山川草木、土地河流等奉为神灵。因此，在宗教祭祀仪式中，往往要顶礼膜拜天神、自然神、祖先神以

---

[1] 庄孔韶主编：《人类学概论》，中国人民大学出版社2006年版，第345—346页。
[2] 李亦园：《宗教、仪式与象征》，马戎、周星主编《田野工作与文化自觉》，群言出版社1998年版，第282页。

及其他神灵等，使天神崇拜、祖先崇拜、图腾崇拜等成为蒙古族社会精神文化体系的重要核心内容。

以前，蒙古族信仰萨满教。后来，藏传佛教逐渐成为蒙古族的核心信仰。蒙古族的萨满崇拜，是在原始信仰基础上逐渐形成的一种民间信仰形式。萨满作为蒙古族早期的一种信仰形式，至今仍可以在蒙古族的日常生产、生活中找到遗存，比如蒙古族的祭天、祭地、祭敖包以及祭火等祭祀活动。如今，在牧区蒙古族地区，还较为盛行祭敖包的宗教活动。①

如今，蒙古族祭天、祭地和祭火遗迹在我国南方一些蒙古族聚居地依旧存在。根据地方文献记载，原四川地区散杂居蒙古族的信仰形式多样化。靠近汉族、土家族居住的地区的蒙古族，大都信仰关公、土地等神灵；而靠近纳西族和藏族的，则既信仰藏传佛教，又信仰纳西族的达（东）巴教。②

文献记载，从制度化宗教的角度来说，历史上道教、佛教、天主教和耶稣教都曾在彭水地区布道传教。因彭水盛产丹砂，而丹砂又是道家炼丹的主要原料，因此，彭水地区曾经道教盛行。《成汉史略》记载："东汉末年，道教在汉中、巴郡、涪陵一带活动。"涪陵人范长生，有道术，为"天师道"首领。由于李雄家族的推崇，西晋年间，天师道在涪陵（今黔江、彭水）一带有深远的影响。明清时期，彭水各地广建道观，其中就包括在清同治年间修建在鹿鸣乡的文昌宫。统计数据显示，1939年彭水全县112处寺观中，其中有道观10处。③

明、清以来，佛教在彭水及附近地区发展较快。清代，彭水就曾新修佛寺共计85座。民国二年（1913）六月，彭水就建有佛教会组织佛教协会成立，教会设在彭水县长寿寺。1931年，彭水黔江佛教会成立。民国二十七年（1938），佛教附设民众学校一所。文献记载："全县僧尼，人数众多，会受戒领牒者，尤为寥廖。且惟县城长寿寺及郁镇开元寺等处僧众，行持教义，颇知讲求，其余则等自□矣。比年以来，皈依佛法之四

---

① 马京、金海主编：《蒙古族——内蒙古正蓝旗巴彦胡舒嘎查调查》，云南大学出版社2004年版，第254—261页。

② 四川省地方志编纂委员会：《四川省志·民族志》，四川民族出版社2000年版，第440页。

③ 彭水苗族土家族自治县民族宗教志编纂委员会：《彭水苗族土家族自治县民族宗教志》，重庆出版社2003年版，第123—124页。

众,日益加多,佛教之兴,可以预卜也。"① 当年,全县共有佛教寺院101座,僧、尼合计70名。1949年新中国成立后,佛教会停止活动。1955年,彭水全县共计有佛教寺院153处,和尚15人,尼姑共62人。以后,大多还俗。1987年以后,信徒逐渐变多。2000年,皈依受戒佛教徒49人,2001年佛教协会恢复。②

天主教在清代康熙四十三年(1704)由重庆秀山人杨斯德望传入彭水。清咸丰年间,天主教在彭水县城南建真原堂。到民国初年,全县共计有信徒500多人,在多处建有堂口。1949年以前,有教徒900多人。1951年,法国教父离境回国,教堂关闭。1987年,彭水全县有天主教信徒300人。1995年,天主教堂真原堂开放。③

耶稣教在1931年传入彭水地区,并在县城修建福音堂,随后又在郁山建有福音堂。有教徒150人。在彭水福音堂中,有传教士5人,其中就包括蒙古族传教士郭光明。郁山福音堂则由蒙古族传教士李达古铎负责传教。④

据文献记载,1940年彭水回教徒仅见马姓数家,人数不多,"与齐混居,尚属相安。为本县并非产牛之区,自来严禁屠牛,其所需肉食者,殊难觅取者"⑤,回教发展缓慢。

可见,在关于彭水道教、佛教、天主教、回教和耶稣教的记载中,由于文献缺乏,无法确认是否有重庆蒙古族参加过道教、佛教和天主教。笔者翻检史籍文献,对1940年间鹿鸣乡的"寺庙"情况进行梳理、鉴别,并统计如表6-1所示。

表6-1　　　　　1940年彭水县鹿鸣乡"寺庙"情况⑥　　　　　单位:人

编号	教别	寺庙名称	地点	主持姓名	修建时间	僧道人数
1	佛教	香山寺	鹿鸣乡	尼清福	清道光年间	2
2	佛教	双福寺	鹿鸣乡兆坝	张素贞	清道光年间	2

---

① (民国)彭水县政府印:《彭水概况》,民国二十九年(1940),第112页。
② 《彭水苗族土家族自治县民族宗教志》,重庆出版社2003年版,第125页。
③ 同上书,第125—126页。
④ 同上书,第126页。
⑤ (民国)彭水县政府印:《彭水概况》,民国二十九年(1940),第112页。
⑥ 同上书,第115—116页。

从表 6-1 可以发现，在 1940 年前后，彭水县鹿鸣乡的"寺庙"主要是佛教寺庙，"寺庙"主要有香山寺和双福寺两所，每所寺庙均仅有佛教徒 2 人。根据文献，这些信息虽不能全面把握 1940 年前后向家坝蒙古族的信教情况，但值得关注的是，双福寺主持张素贞为张姓，是不是即为向家坝张姓蒙古族，这还尚待进一步考证和确认。

在调查期间，笔者发现，重庆蒙古族群众对以上宗教并不很了解，宗教意识也十分淡薄。但在向家坝村，笔者发现现在有很多人吃素、吃斋，忌食荤腥。一般来说，吃素、吃斋有两种形式。第一种为长斋，即很长时间一段吃素吃斋，不食荤腥。第二种是短斋，即在每月初一、十五禁食荤腥。当然，民间还有许愿还愿的习俗，还有人烧香拜佛。同时，调查还发现，吃素吃斋、烧香拜佛多为女性蒙古族，男性几乎没有。

从民间信仰的角度来说，重庆蒙古族主要有太阳神、灶神、土地公公、萨满教、山神、自然神、关公等多个信仰对象，祖先崇拜观念十分浓厚。

第一，太阳崇拜。作为草原民族，蒙古族自古以来信仰太阳神。重庆彭水向家坝蒙古族有信仰太阳神的记录。向家坝蒙古族《族谱（残谱）》载："我族信太阳神，血统部落不通婚……我族传流，信太阳神、萨满教，精神尚武，血统部落不通婚。"笔者调查发现，如今重庆蒙古族信仰太阳神祭祀活动已基本绝迹，但在日常生产、生活中仍有一些遗风。在彭水自治县蒙古族中还有一种被称为"坝咒"的行为，即当有人做了认为"不干不净"的事情之后，若被族人逮住就会被逼着向太阳发毒誓，以防止发生不祥之事。据调查，在新中国成立前这种"坝咒"行为还比较普遍，但新中国成立后逐渐减少乃至绝迹，现已无从寻觅。当然，在夫妻吵架时，蒙古族也往往会不时提及太阳神诅咒，等等。

第二，萨满教。萨满教是流行于我国北方游牧民族中的一种原始宗教形式。最初，蒙古族信仰萨满教，主要表现在祭天、祭地、祭火、祭敖包等祭祀活动中。作为游牧民族后裔，重庆蒙古也有信仰萨满教的记载。《彭水县·鹿鸣乡——谭·张蒙古族简史》（谭孝权家藏本）记载："我族传流，信太阳神，萨满教（一种佛教），精神尚武，血统部落不通婚。"蒙古族曾流传有"天父地母"之说，认为著名山川和草木都由主神主宰。为此，每天早晨，蒙古族就把鲜奶和奶酒酹向山巅，以示致祭、崇拜。蒙古族对奇特形状和颜色的山崖、丘陵、树木和温泉等格外崇敬、畏惧，认为有精灵居住其间，因此祭祀过程中就禁止在山上砍柴、杀生和动土等行为。这就可认为是萨满教的一种祭地遗俗。这种遗俗在重庆蒙古族中也曾较为盛行。

第三，祖先崇拜。祖先崇拜是人类信仰文化的重要形式之一。著名人类学家林惠祥认为，祖先崇拜是一种特殊的鬼魂崇拜。人去世后，鬼魂往往还在冥冥中视察子孙的一切行为，或加以保佑，或加以惩罚……因此，他的子孙们都不敢不崇奉他。[1] 宋蜀华、陈克进也认为，祖先崇拜是父系氏族时期的产物。每一个氏族都有供奉的祖神。祖先崇拜是源于本氏族对先人的崇敬和爱戴。由于灵魂不灭的观念，认为去世的先人往往会成本氏族的保护神，能为子孙消灾免祸，并带来安宁幸福，保证人丁繁衍兴旺。[2]

文献记载，民国时期，包括蒙古族先民在内的彭水各族先民敬祖之风浓厚。《彭水概况》记载，"敬先之典，俗所同重。每年清明前后，各族巨室，祭扫祖茔，多具酒馔，大会亲友，甚盛事也。旧历七月中元，焚献楮锭，以祭先人，礼亦隆重。至有所谓上野坟者，则义等郊游，不足为训"。[3] 这段文献说明，在民国时期，包括蒙古族先民在内的彭水各族民众一年中至少有两次隆重的祭祖活动。第一次是在清明前后，第二次在七月中元节期间，祭祀仪式都十分隆重。又载，"县属各地，每届四时令节，中元除夕，及生日忌辰，生者之于死者，皆必具楮帛酒馔，致祭于庭。新年及清明，尤必亲祭于墓。其悠然慨然，视死如生之情，出自天性，非勉然也。至其节文，则大部保存古制，无什特异之点"。[4] 可见，彭水各族祖先崇拜观念浓烈。

祖先崇拜是重庆蒙古族信仰文化的重要组成部分。在蒙古族民间信仰体系中，先祖亡灵往往会受到崇拜和敬仰。在古代，蒙古族先民认为，先祖亡灵会保佑子孙平安，赐予后代幸福，并且也能和一些人格化的自然力相对抗。最初，祖先崇拜往往只是作为一种祭祀活动，主要用以维系氏族血缘关系和维护宗法制度。正因如此，蒙古族先民们特别

---

[1] 林惠祥：《文化人类学》，商务印书馆2005年版，第245页。
[2] 宋蜀华、陈克进主编：《中国民族概论》，中央民族大学出版社2001年版，第513页。
[3] （民国）彭水县政府：《彭水概况》，民国二十九年（1940），第107页。
[4] 同上书，第108页。

重视祖先崇拜。最初在蒙古父系氏族的祭祀活动中，仅允许本氏族的成员参加。到13世纪初，元朝建立后，这种以氏族为基本单位的祭祖活动被打破，成吉思汗正式成为最高的祖先神来祭祀。在蒙古族及其先民看来，成吉思汗与其他民族守护神一样，同样能够赐予平安和财富等，因而，成吉思汗也就成为蒙古民族崇拜的重要对象。

在重庆蒙古族聚居地，祖先崇拜观念还十分浓厚。调查发现，重庆蒙古族祖先崇拜主要包括两种类型：第一种类型主要是对古代杰出民族领袖以及本氏族祖辈的崇仰。这种形态又可细分为两类：其一是对蒙古族发展史立下赫赫战功并产生过重大影响的历史人物的敬仰和崇拜，如成吉思汗、忽必烈等蒙古族杰出的军事政治家。在重庆蒙古族聚居地区，这种崇拜活动还较为普遍。在祭祀活动中，蒙古族通常隆重祭祀成吉思汗等蒙古族古代先祖，其中，全族过"苏鲁定"节就是最明显的案例。可以认为，"苏鲁定"节实际上也是一个对先祖成吉思汗进行祭祀和纪念的节日。其二主要是对以家族为中心的历代祖先的崇仰，这种崇拜形式更具体，也更普遍，在重庆蒙古族社会生产、生活中也都有所体现。调查发现，重庆蒙古族家庭大多都供奉有神龛，上列历代祖先神位。蒙古族神龛大体可以分为两种：简易式神龛和复杂式神龛。总体上说，祭祖神龛的具体内容和格式如图6-1所示。

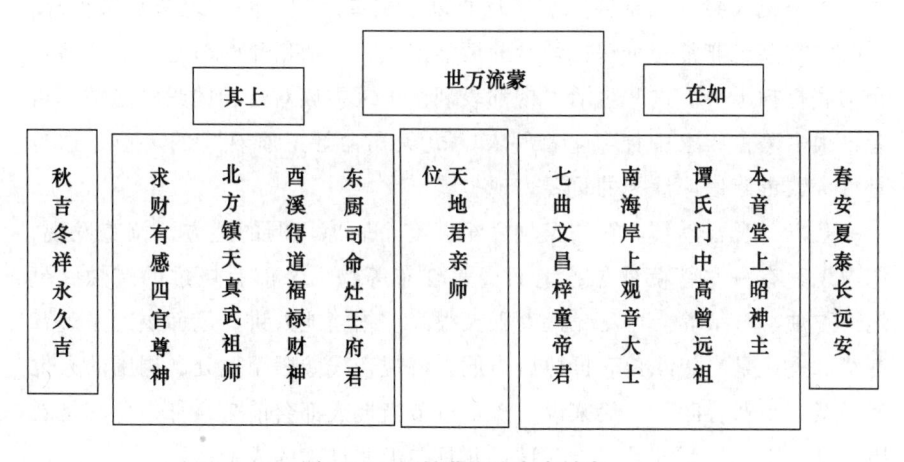

图6-1 谭姓蒙古族家中神龛

第二种类型是在居住习俗上也充分体现了重庆蒙古族对祖先的崇拜。调查发现，重庆蒙古族至今仍然保留着一种建房风俗，即在选择和建造房屋时,都会遵循堂屋"坐南朝北"的原则。在彭水县向家坝蒙古族中,就流传着这样一种观点,即堂屋朝北以示对蒙古族历代祖先的追忆和思恋,认为自己自始至终都是北方蒙古人的后裔。[①]

第四,山神崇拜。作为草原游牧民族,蒙古族先民在迁来重庆山区以后,在生产力较低的情况下,面对恶劣的自然环境和复杂的社会环境,对蒙古族民族赖以生存和栖息的巍峨大山产生了无限的敬畏和崇拜,认为每座大山都有神灵护佑,山神不仅给予了蒙古族民族以平安、吉祥和安康,而且还给予了丰实的猎物和各种生产、生活资料。因此,彭水向家坝蒙古族世代信仰山神,每年要多次举行仪式进行祭奠。同时,向家坝蒙古族世代保留着"神树"崇拜的习俗。在旧历小年三十、正月初一、二月十九、三月初三、六月十九、九月十九等时间,蒙古族村民都会准备"长钱"、"板子钱"、香烛、爆竹、"刀头"(当地俗称,即猪肉)、"供猎"(即豆腐)、从未开封的白酒等祭品对山神和"神树"进行隆重祭奠。

第五,灶神信仰。由于受自然与人文环境变化的影响,跟周边汉族、土家族、苗族、侗族等其他民族一样,重庆蒙古族也信仰灶神。调查发现,每年逢年过节,几乎所有的重庆蒙古族家庭都会祭祀灶神。祭祀时,蒙古族人将会在灶台上摆满香、蜡烛、纸钱、猪肉等祭品。在祭祀过程中,主祭祀人会将"纸钱"放于灶心以示敬奉灶神。除传统节日祭祀外,平时蒙古族也非常注重保持灶台的清洁卫生,旧历新年时节也一定会将灶台彻底打扫干净。这些生活习俗都表现出了蒙古族对灶神的崇拜之情。再者,很多蒙古族家中神龛上都写有"九天司命灶王府君"的灵位,这也是重庆蒙古族信仰灶神的重要表现。

第六,观音崇拜。在向家坝六组,有个叫凉风洞的地方。调查发现,洞内现存有一些菩萨残像,上面覆盖红布等物。像前有烧过的蜡烛、鞭炮、香烛、草纸等。可见,此处香火很旺。据当地人讲,里面供的是观音菩萨,据说是当年八角庙拆掉后当地人将观音残像搬至此处,周围的人也就来祭拜观音菩萨。一般来说,逢年过节当地人都会前来祭拜,尤其是农历二月二十九日、六月二十九日、九月二十九日来的人最多。

---

① 王希辉:《重庆蒙古族来源及社会文化》,《西南民族大学学报》(人文社会科学版) 2011 年第 3 期。

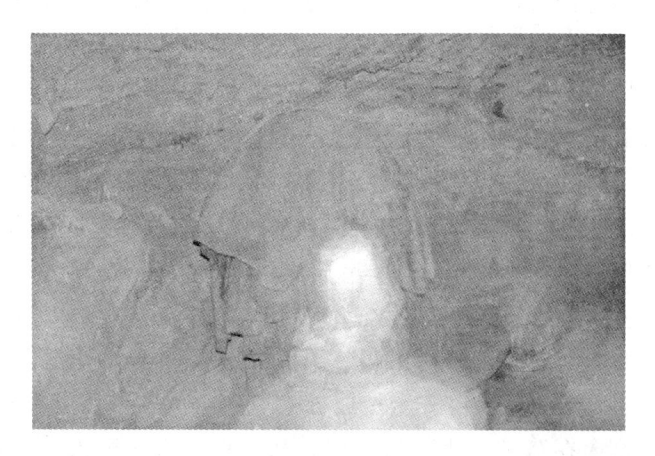

图 6-2 观音信仰

第七，山王庙信仰。山王庙信仰位于彭水县鹿鸣乡向家坝村 6 组村民谭孝权家附近，地名"神树朝"。现存"山王庙"，形如房屋，朝向为北，四周由四块整石砌成，上盖泥瓦。庙基座长 1.08 米，整庙长 0.78 米、宽 0.82 米、高 1.06 米。前有一小石门，门宽 0.27 米、高 0.39 米。庙内原有山王神像，庙前有一祭台用于祭祀。

图 6-3 山王庙

据谭孝权介绍，以前"山王庙"规模较大，但在"破四旧"及"文革"活动中被毁。现"山王庙"为"文革"后重新修建，规模相当于当地的一些土地庙。据他回忆，"文革"时期，有两个老师带自己的学生捣毁了"山王庙"，后来两个老师"遭了报应"，各死一子，当地村民认为这是因毁坏庙宇而遭的神灵惩罚。蒙古族谭孝回将庙中的一块地板石搬回家中，后得病久治不愈，于是四处问卦，得知久病不愈是因其家中的那块"山王庙"地板石。于是，谭孝回出资复建"山王庙"，即为现存之"山王庙"。

在向家坝村还有关于"山王庙"的传说。从前，"山王庙"周围有许多老虎，对过往行人的人身安全造成极大威胁。周围村民也都非常害怕。一天，一个商人在路过"山王庙"时，从庙里出来一个人，告知周围的老虎不要伤害过往的商人，于是，从那以后，过往行人的安全得到了保障，"山王庙"周围的村民和老虎的关系得到了缓解。笔者认为，此传说的真实性已无法去考证，但是从传说中可以看出，"山王庙"已成为蒙古族人寻求保护的一种心灵寄托。

长期以来，向家坝村蒙古族村民世代注重对"山王庙"的祭奠，是彭水蒙古族人最为重要的祭奠场所。当地蒙古族族民每年要到"山王庙"祭奠，时间为旧历：小年三十，初一、二月十九、三月初三、六月十九、九月十九。主要祭品：长钱、板子钱、香烛、爆竹、猪肉（当地人称"刀头"）、豆腐（亦称"供猎"）、酒（从未开封的）。

第八，神树信仰。向家坝蒙古族还信仰神树。调查发现，向家坝蒙古族主要信仰四棵大神树。大神树位于鹿鸣乡向家坝村"神树槽"。现存三棵，其中最大的一棵树干直径5.74米，最小一棵也达到了2.73米。现存的"神树"中，有两棵在前几年被大风刮断，断枝犹存。

关于"神树"，当地有一传说。从前，神树上有喜鹊筑巢。一天，一个村民上树取下喜鹊窝，后不久此人生病去世。因此，人们更加敬畏"神树"。

向家坝蒙古族世世代代都把"神树"作为自己民族的一种象征，"神树"成为当地村民的主要崇拜对象。但随着社会的不断发展，这种"神树"崇拜意识在向家坝蒙古族村民中渐渐淡化。据当地人谭树雄称，"神树"所断的树枝只能为他家所用，其他蒙古族家庭不能使用，如使用"神树"断枝则会出现一些头疼病症，不利于健康和日常生活。当地人有这样一种说法：因为谭树雄家经常在"山王庙"对神树进行祭奠，所以他家使用"神树"不会出现问题。正因"神树"存在，而且蒙古族村民经常来此朝敬"神树"，所以"神树"所在地被当地蒙古族村民敬称为"神树槽"。

第九，白马崇拜。向家坝蒙古族还有白马信仰习俗。据张友安回忆，以前八角庙就供奉一匹白马，香火不断。

对于蒙古族白马信仰，主要有三种说法：第一种观点认为，白马信仰是基于蒙古族作为的草原民族身份。作为草原游牧民族，马是他们的生产、生活工具。因此，白马成为他们生活的根基，所以崇拜白马。第二种观点认为，蒙古族信仰白马来源于马头琴。第三种观点认为，据传蒙古族先祖成吉思汗在西征西夏期间，连病几月不起，后在白马的帮助下病愈，因此，成吉思汗感其恩，故将白马顶礼膜拜，奉为神灵。以上三种观点均深刻说明了白马与蒙古族社会生产、生活之间的密切关系，也说明了马在游牧民族社会生产、生活中的重要地位和作用。

从以上论述可以发现，重庆蒙古族民间信仰文化体系较为复杂，信仰对象多样化特征明显，也有文化交融与文化借取的明显痕迹。

第二节　丧葬文化

丧葬文化是蒙古族传统文化的重要内容。随着社会变迁的不断加剧、民族互动与文化交流的逐步增加与融合，两百余年来重庆蒙古族丧葬文化发生了很大改变。

从丧葬形式来看，蒙古族主要有天葬、火葬和土葬三种。天葬是蒙古族的传统葬仪，又叫明葬、野葬。火葬是随藏传佛教传入的一种葬式，而土葬是农区以及半农半牧区蒙古族普遍实行的一种主要葬式。在东部蒙古族地区，葬俗主要有石葬、风葬、深葬、天葬、火葬、土葬等多种形式。新中国成立后，随着思想文化的变化，一些丧葬已不再进行。土葬逐渐发展为深葬，火葬也不再限于原先的那些地区，逐渐习惯于火葬场火化。那些有功于社会的人还要举行追悼、公葬，以寄托人们的哀思，并用以教育后代。①

　　调查发现，重庆蒙古族的丧葬系用棺木土葬，但早期是采用深埋的方式，也没有坟头，坟上植树。坟墓的上部呈圆锥形，下部呈圆柱形，形似蒙古包。据说，这是怀恋当年的居住生活而做成的蒙古包。② 随着社会演变，如今重庆蒙古族的葬式与周边汉族、苗族和土家族等民族葬式基本相同。

　　对于丧葬习俗，新中国成立前后，东部地区蒙古族民间葬俗主要有指路、丧服、停灵、入殓、出殡、死牲、合葬、烧纸、服丧。③ 调查发现，现在重庆蒙古族丧葬形式已和当地苗族、土家族、汉族等其他民族大致相同，主要丧仪有送终、净身、入棺、戴孝、超度、坐夜、安葬等基本仪式。④

　　文献记载，民国时期，彭水丧葬仪式较为简单。《彭水概况》记载，丧礼古制，至为繁重，前清通礼所制，亦颇细繁。本县所行者，较为简单。大抵婴疾，即居正寝，疾革，有遗言则书之。既终，举哀、延僧道关示亡魂，谓之开路。随入殓成服，设魂帛，出讣文，召亲族治丧，朝夕哭奠，上食上香。□即诹吉受□，行朱熹三献家礼，并迎大宾为主神。发丧前夕，亲友咸集，彻夜不寐，富者并请旧剧票友清唱，曰"坐夜"，又称"陪灵"。是夜具酒食以饷亲友，则曰"办夜"。入坟时，亲友毕送，曰"送葬"。死后每七日，辄招僧道诵经□以荐亡魂，七七乃至，曰"烧七"。至三年或一二年服阕，大作佛事，撤灵位，则曰"除灵"，又称"烧灵"。⑤ 可见，在民国时期，包括蒙古族先民在内的彭水各族先民的丧葬仪式主要经历"举哀"、"开路"、"坐夜"、"办夜"、"送葬"、"烧七"和"烧灵"等基本程序。

　　随后，民国政府对彭水丧仪进行改良，但是效果不是很明显。《彭水概况》又载，民国十年十二月县教育会以本县丧葬，多不中礼，特提案

---

① 王迅、苏荷巴鲁：《蒙古族风俗志》（上），中央民族学院出版社1990年版，第49—52页。
② 重庆民族宗教事务委员会：《重庆民族志》，重庆出版社2002年版，第266页。
③ 王迅、苏荷巴鲁：《蒙古族风俗志》（上），中央民族学院出版社1990年版，第53—54页。
④ 王希辉：《重庆蒙古族来源及社会文化》，《西南民族大学学报》（人文社会科学版）2011年第3期。
⑤ （民国）彭水县政府：《彭水概况》，民国二十九年（1940），第109页。

决议改良，并呈县署通令实行。顾遵行者，殊不多观。即丧仪礼新制，虽经国民政府颁行丧仪草案，而本县亦鲜遵行之者。至天主教、耶稣教、回教徒所行丧礼，则皆各遵教规。① 这是文献关于民国时期彭水县政府改良丧葬习俗的相关记载。

笔者调查发现，如今，重庆蒙古族的丧葬习俗仍然体现出一定的民族特性。据张友安老人介绍，（族人）刚（迁）来向家坝时，张大用、张人龙等先祖的丧葬习俗都还坚守蒙古族丧葬习俗的一些基本特征。传统意义上，蒙古族丧葬主要有以下几个特征。

第一，仪式简单。调查发现，以前蒙古族的整个丧葬仪式和坟墓都相对简单，不像现在还敲锣打鼓、"坐夜"和请道士先生。在老人去世以后，族人会烧水给死者洗澡，然后裹上白布放入棺木埋葬，这与草原上很多蒙古族的丧葬习俗差不多。

第二，尸体深埋。据张友安老人介绍，以前蒙古族坟墓往往都有深埋的传统。据说，向家坝张家因张人龙坟墓在与人打官司时，就发现张人龙的墓就埋葬得非常深。

第三，墓碑形制多为圆形。调查发现，原先向家坝很多蒙古族的坟墓多为圆形，即类似于蒙古包的样子。笔者在调查期间，就发现张氏始祖张经的墓就是圆形的，但是张经以后的墓都变成了方形，跟周围其他民族的墓形基本一样。

第四，墓碑"望山"② 多为笔架形。据张友安老人解释，笔架形就是苏鲁定的意思，这是蒙古族为纪念祖先和不忘自己民族根本在丧葬上的表现。

如今，随着民族交错杂居、族外通婚以及文化交流的深度和广度的增强，向家坝蒙古族丧葬习俗已发生了很多变化。笔者发现，现今蒙古族丧葬习俗在形式、内容等多方面都体现出独特的文化特征。

第一，"道士"先生的出现。调查发现，现今，几乎所有的蒙古族老人去世以后，必须请当地的"道士"先生主持整个丧葬活动。一般来说，"道士"先生是按照堂口分类，不同的道士分属不同的堂口。在整个丧葬活动中，围绕亡者的一切活动、仪式和其他事宜都是在"道士"先生的

---

① （民国）彭水县政府：《彭水概况》，中华民国二十九年（1940），第109页。
② "望山"，即墓碑的碑头。

安排和主持下完成的。

第二，时间的变化。传统意义上，蒙古族老人去世以后，在给死者洗澡沐浴后，裹上白布条后会很快深埋掉。但是，调查发现，如今，蒙古族老人去世以后，在家办丧事一般会持续三天到五天，也有家庭条件好的会做七天甚至是九天的祭祀活动。一般来说，办丧事的时间长短与亡者家庭的经济条件成一定比例，家庭条件好的时间就长，家庭条件拮据的时间就相对短些，办丧事的时间没有一定之规。总体而言，办丧事的时间都是单数，如三、五、七、九等，不会出现双数。

第三，内容更加复杂。传统上，蒙古族老人去世以后，丧葬内容较为简单，但是现在很多老人去世后，不仅会敲锣打鼓、放炮，请"道士"做道场，而且还有部分家庭会请乐队参加演出，亡者的至亲好友还会送耍锣鼓、耍狮子，等等。总之，现在的丧葬内容更加复杂多样。

第四，墓碑"望山"的变化。据介绍，一般来说，女性亡者墓碑的"望山"多为笔架形，男性亡者墓碑多为圆形。调查发现近年来，蒙古族亡者墓碑"望山"多为笔架形，圆形越来越少。调查还发现，部分家庭开始请石匠打制大理石方形墓碑或者直接用机器制作墓碑，但是这种情况还较少。

第五，坟墓样式的变化。笔者在调查期间发现，向家坝蒙古族第二代祖先张经的坟墓为圆形结构，形似蒙古包，而所调查到的其他蒙古族先祖坟墓为方形坟墓，坟墓样式发生了很大变化，即从圆坟变成了方形坟墓。

此外，蒙古族的祭祀仪式也发生了很大变化。

文献记载，蒙古族主要祭祀对象有两种，一是民族神、祖先神的祭祀；二是对自然神的祭祀。[①] 调查发现，重庆蒙古族的祭扫祖坟仪式也非常值得关注。调查发现，20 世纪 80 年代以前，每年旧历新年伊始，重庆蒙古族村民都会在族长的统一组织下举行集体扫墓和祭祀仪式。彭水向家坝张、谭二姓蒙古族族人就会敲锣打鼓祭祀祖先，人数多达数百人。一般来说，不管扫墓地点有多远，全体蒙古族人都会进行集体扫墓。据当地人

[①] 王迅、苏荷巴鲁：《蒙古族风俗志》（上），中央民族学院出版社 1990 年版，第 105 页。

解释说，这种习俗主要是为了追忆蒙古族祖先及其创下的伟大历史功业。① 如今，这种隆重的祭祖仪式也开始逐渐淡化。

本 章 小 结

作为民族传统文化的重要内容，重庆蒙古族的民间信仰与宗教文化体现出独特的民族特性与地域特征。从民间信仰的角度来说，重庆蒙古族主要有太阳崇拜、萨满崇拜、祖先崇拜、山神信仰、自然神崇拜、灶神、土地公公信仰等，有着文化交融与文化借取的明显痕迹。就丧葬文化来说，基于社会文化生态的变迁，重庆蒙古族的丧葬形式和习俗都已完成"农耕化"转换，与周边土家族、苗族等民族的丧葬习俗差别不大。这与重庆蒙古族所操持的山地农耕文化经济模式和散杂居民族文化个性是一致的。

---

① 王希辉：《重庆蒙古族来源及社会文化》，《西南民族大学学报》（人文社会科学版）2011 年第 3 期。

第七章

地域、文化与认同

对于土著民族而言，重庆蒙古族是一个典型的移入群体。在民族不断迁徙与运动的过程中，面对不断变化的社会文化生态，重庆蒙古族形成了独特的地域认同、民族文化认同和国家认同，散杂居民族认同特性非常突出。

为深入分析和探究散杂居蒙古族的文化认同体系和认同特征，笔者对重庆彭水自治县向家坝村蒙古族群众分布最集中的第1村民小组进行了抽样问卷调查和数据分析。在问卷调查过程中，笔者共发出抽样问卷100份，回收问卷85份，其中有效问卷82份，无效问卷3份。在所有受访者中，年龄最大的68岁，年龄最小的10岁。从职业和所从事的工种来说，受访者有乡村医生、中小学教师、退休国家干部、中小学生、外出务工人员、农民、大学毕业生以及村干部等。从性别来说，男性56人，女性26人。从姓氏来说，受访者均为向家坝张姓和谭姓。

同时，从受教育程度来说，受访者的受教育程度参差不齐。现将受访者受教育程度情况统计如表7-1所示。

表7-1　　　重庆市向家坝蒙古族受访者受教育情况统计　　单位：个，%

受教育程度\性别	男性	女性	合计	百分比
大学本科	1	0	1	1
大学专科	4	1	5	6
高中或中专	5	1	6	7
初中毕业	23	10	33	40

续表

受教育程度\性别	男性	女性	合计	百分比
小学毕业	14	12	26	32
小学没毕业	9	2	11	14

注：在数据分析和统计过程中，因统计对象是单独的个体，因此，笔者将所统计的数据精确到小数点后一位后再四舍五入，最后统计结果精确到个位数，后面的分析数据均类此处理。

表7-1统计数据显示，在受访者中，共有本科毕业生1人，大学专科毕业生5人，高中或中专毕业生6人，初中毕业生33人，小学毕业生26人，小学未毕业者11人。总体来看，在受访者中，高学历者人数较少，但小学未毕业者也不多，在总人数中初中毕业者最多，占到总人数的40%。因此，整体而言，受访者受教育程度呈现出椭圆形分布态势。

在文化与认同体系当中，基于散杂居民族的族属个性，重庆蒙古族体现出强烈的地域认同、民族文化认同和国家认同，这是重庆蒙古族的重要民族心理与文化属性特征。

第一节 地域认同

在经典马克思主义民族理论著作中，往往都将共同地域作为民族的基本特征，也把共同地域作为民族形成的基本要素。在斯大林的"民族"定义中，"共同地域"就是民族形成的基本要素。共同地域是一个人们共同体长期共同生活在一起而发生内部联系的空间条件，是指历史上一个共同体的主要成员长期稳定地居留在一起而组成的一个共同生活区域。"民族的共同地域是在人类社会由血缘关系转变为地缘关系，在地缘关系基础上发展而成的"[1]，这就是民族形成的基本条件。因此，共同地域是民族形成的物质基础，对民族的形成具有重要作用。同时，从人与自然生态关系来看，在一定地域中的自然物质环境是人类赖以生存的基础，人类不仅要依赖自然环境而获得衣、食、住、行等基本的生存资料，同样人类与大自然相互关系的过程中所创造出的文化也受到地理环境的影响，打上人类

---

[1] 黄学光主编：《中国的民族识别》，民族出版社1995年版，第128页。

生存的自然环境的烙印。① 不同文化模式的形成往往与这一因素有直接的关系，不同民族和不同民族经济文化类型的形成也必然与所处的地域环境有紧密联系。所以，在此背景下，民族传统文化中的地域环境特征应该非常明显，民族个体成员也就会形成不同形式、不同类型的地域文化认同。

民族社会学者认为，各个族群自开始形成之时起，就逐渐出现了各自不同的传统居住地域。随着时间的推移，各个部落群体对自己的传统"领地"赋予深厚的情感，"领地"被视为族群兴亡的主要标志并产生了相关各种传说，这种情感一代一代积累起来并在族群个体成员的心理上留下了深深的烙印。② 这种情感的延续、传承和演变，进而逐渐转化为族群个体成员对族群形成和发源地的一种心灵寄托和精神慰藉，成为一种对族群发源地的精神崇拜。

作为移民群体，蒙古族从北方草原的族源发源地不断迁徙到重庆定居下来，在不断迁徙和与其他民族互动的过程中，也就形成了对本民族族源地的地域认同和当下居住地的认同意识。这种地域认同意识的形成，不仅是重庆蒙古族对自身族源血缘追认的体现，而且是在散杂居背景下本民族传统文化进行调适的结果，是一种主观意识和客观环境互动的真实再现。

一　族源地：对北方草原的追溯与认同

北方草原是蒙古族的发源地，对蒙古族民族传统文化的形成有着重要影响。如今，重庆蒙古族已从游牧族群转化为南方山地农耕族群，但对北方草原仍有着深厚的民族情感。因此，笔者设计了一系列问卷，试图通过数据分析来揭示重庆蒙古族的民族文化认同。

表7-2　　　　　　　"您向往北方草原吗？"抽样问卷统计　　　　　　单位：%

性别\选项	向往	无所谓	不知道	说不清楚
男性	68	19	11	2
女性	57	31	8	4
合计	65	23	10	2

---

① 郑晓云：《文化认同论》，中国社会科学出版社1992年版，第104页。
② 马戎：《民族社会学导论》，北京大学出版社2005年版，第260页。

表7-2数据显示，在总抽样调查对象中，有65%的受访者"向往"北方草原，只有10%的"不知道"，持"无所谓"态度的受访者占到23%，另有2%的受访者"说不清楚"。从性别角度来说，整体而言，男性蒙古族受访者更"向往"北方草原蒙古族发源地，高达68%的男性受访者选择"向往"项，19%的"无所谓"，11%的"不知道"，2%的受访者"说不清楚"。与此相对应，有57%的女性蒙古族受访者选择"向往"，31%的"无所谓"，8%的"不知道"，4%的"说不清楚"。可见，男性蒙古族对族源地——北方草原的认同度更高，认同程度也更强烈。

蒙古族从北方草原颠沛流离，不断迁徙，最终到重庆定居下来。这一艰难的迁徙历程，给重庆蒙古族留下了苦涩的集体记忆。

表7-3　　　　"您知道向家坝蒙古族是怎么来到重庆的吗？"
抽样问卷统计　　　　　　　　单位:%

性别\选项	知道	不知道	听说过	说不清楚
男性	27	44	27	2
女性	35	27	38	0
合计	29	39	31	1

表7-3数据说明，29%的蒙古族受访者"知道"民族的苦难迁徙过程，选择"不知道"和"听说过"的分别高达39%和31%。从性别视角来看，女性对本民族过去的苦难历程的感知比男性要多。数据显示，35%的蒙古族女性受访者"知道"，27%的"不知道"，38%的"听说过"，无受访者"说不清楚"，与此对应，27%的男性蒙古族受访者"知道"，"不知道"的比例高达44%，"听说过"的占27%，还有2%的"说不清楚"。这一组数据说明，散杂居民族的民族记忆和民族历史教育深受依靠族谱和口耳相传传承方式的影响。

作为一个散杂居族群，虽然已定居重庆两百余年，但是重庆蒙古族及其先民仍然对自己民族发源地充满了深厚的民族情感，体现出强烈的族源地认同情怀。对于民族艰辛的迁徙历程，重庆蒙古族通过族谱记载、口耳传承等多种方式传诵至今，揭示了散杂居蒙古族强烈的民族认同感和凝聚力。

二 居住地：对重庆向家坝的认同和热爱

两百余年来，向家坝蒙古族及其先民在重庆这片土地上披荆斩棘，艰苦奋进，为开发、建设重庆做出了卓越贡献。向家坝村为重庆蒙古族的主要聚居地，也是重庆蒙古族的主要生活、生产的地理和文化空间，为重庆蒙古族及其先民提供了族群生存、发展和繁衍的重要物质条件。因此，向家坝蒙古族及其先民体现出对重庆、对向家坝的强烈认同和热爱，这是对族群居住地的一种心理认同和家乡情怀。

从民族内部来说，相对于北方蒙古族而言，向家坝蒙古族体现出强烈的地域认同。因此，笔者设计了"对您而言，您觉得向家坝蒙古族比重庆其他地方的蒙古族更亲近吗？"问题进行抽样统计。

表 7-4　　"对您而言，您觉得向家坝蒙古族比重庆其他地方的
蒙古族更亲近吗？"抽样调查
统计

单位：%

性别\选项	是	不是	不知道	差不多	不好说
男性	39	9	11	34	7
女性	58	0	8	30	4
合计	45	6	10	33	6

表 7-4 的统计数据说明，从蒙古族民族内部来说，因向家坝张、谭二姓蒙古族均来源于同一个血缘祖先和相同的居住地，所以高达 45% 的蒙古族都认为，向家坝蒙古族成员才是最亲近的群体。数据显示，39% 的男性受访者选择"是"，只有 9% 的选择"不是"，选"差不多"和"不知道"的分别是 34% 和 11%，"不好说"的占 7%。在女性受访者中，58% 的认为"是"，30% 的认为"差不多"，8% 的"不知道"，4% 的"不好说"，无人认为"不是"。

基于此，笔者设计了"您认为向家坝蒙古族内部是否很团结？"进行问卷调查，并将数据统计如表 7-5 所示。

表7-5　　　　　"您认为向家坝蒙古族内部是否很团结?"
抽样调查统计　　　　　　　　　单位:%

性别\选项	是	不是	不知道	说不清楚	不好说
男性	80	2	5	5	8
女性	69	15	8	0	8
合计	77	6	6	4	7

表7-5数据显示,向家坝蒙古族体现出了强烈的民族凝聚力,民族内部成员之间非常团结。这可能与重庆蒙古族散杂居分布样态有密切联系。从性别来说,更多的男性蒙古族更加认同民族内部成员之间的团结程度。虽如此,但对于"您认为向家坝蒙古族内部是否有必要进一步加强团结?"的问题,仍有较高的支持度。

表7-6　　　　"您认为向家坝蒙古族内部是否有必要进一步加强团结?"
抽样问卷统计　　　　　　　　　单位:%

性别\选项	是	不是	不知道	说不清楚	不好说
男性	94	0	2	0	4
女性	88	0	0	0	12
合计	93	0	1	0	5

表7-6数据显示,虽然向家坝蒙古族内部成员之间关系和睦,非常团结,但是仍然有高达93%的受访者认为要进一步加强民族内部团结,持这一观点的男性受访者甚至高达94%,88%的女性受访者也持这一认识,同时没有人持反对意见。这不仅从一个侧面揭示出了散杂居蒙古族民族成员内部之间的密切关系,而且也在一定程度上展示了蒙古族团结、友善的民族性格。

同时,对于"在您看来,重庆其他地区的蒙古族比内蒙古的蒙古族更亲近吗?"的问题,受访者回答情况也富有个性。

表7-7 "在您看来，重庆其他地区的蒙古族比内蒙古蒙古族更亲近吗？"
抽样统计　　　　　　　　　　　　　　　单位:%

性别 \ 选项	是	不是	不知道	差不多	不好说
男性	36	5	16	39	4
女性	0	50	11	35	4
合计	40	4	15	37	4

　　表7-7统计数据显示，在向家坝蒙古族看来，重庆蒙古族和内蒙古蒙古族相比较而言，只有40%的受访者认为重庆蒙古族比内蒙古的蒙古族更亲近，认为"差不多"的也高达37%，"不好说"和"不是"的均占4%的比例，"不知道"的约占15%。

　　但是，向家坝蒙古族女性和男性之间对这一问题的看法差别较大。在男性中，36%的受访者认为"是"，39%的受访者认为"差不多"，"不好说"和"不是"的比例分别是4%和5%，"不知道"也达到16%的比例。而在女性蒙古族看来，高达50%的受访者认为"不是"，35%的认为"差不多"，"不知道"和"不好说"的分别为11%和4%，无人认为重庆蒙古族比其他地区的蒙古族更亲近。

　　而对"对您而言，您觉得向家坝蒙古族比内蒙古蒙古族更亲近吗？"的问题，则揭示了重庆散杂居蒙古族对当下社会境遇的密切关注。

表7-8　　　"您觉得向家坝蒙古族比内蒙古蒙古族更亲近吗？"
统计　　　　　　　　　　　　　　　　　单位:%

性别 \ 选项	是	不是	不知道	差不多	不好说
男性	39	5	13	38	5
女性	58	0	0	38	4
合计	45	4	8	38	5

　　表7-8抽样统计数据说明，在向家坝和内蒙古蒙古族亲疏关系上，向家坝蒙古族更加倾向于认同向家坝蒙古族，当然认为"差不多"的比例也较高，接近40%。所以，对于"您认为向家坝蒙古族是否有必要加强与内蒙古自治区蒙古族的联系？"的看法，受访者也多持正面和肯定的

态度。

表7-9 "您认为向家坝蒙古族是否有必要加强与内蒙古自治区
蒙古族的联系"统计 单位:%

性别\选项	是	不是	不知道	说不清楚	不好说
男性	80	4	7	4	5
女性	88	0	0	0	12
合计	83	2	5	2	8

表7-9统计数据说明,虽然向家坝蒙古族认为本地同胞比族源地同胞更亲近,但是高达83%的受访者认为应该进一步加强本地与族源地之间的联系。在支持这一论点的受访者中,女性受访者占到88%的比例,男性受访者也高达80%。但是,需要引起关注的是,仍有4%的男性受访者持反对态度。

上述调查和数据分析说明,向家坝蒙古族体现出对族源地和居住地的强烈认同。总体而言,在地域认同的圈层关系中,向家坝蒙古族对居住地向家坝村的认同是第一位的,其次是对重庆的认同,最后才是族源地北方蒙古族草原的认同。可以认为,这种有轻重、层次性和差别化的地域认同格局,与重庆蒙古族散杂居的民族文化生态密切相关。

第二节 民族文化认同

认同是一个哲学概念。民族文化认同是民族认同的重要体现,是民族个体成员对本民族、本民族文化的认同和精神皈依,是民族凝聚力的重要标志。

中国社会科学院王希恩教授认为,民族认同是"社会成员对自己民族归属的认知和感情依附"。[1] 陈枝烈认为,民族认同"是关于个人的思考、知觉、情感与行为组型归属于某一族群的情形"。[2] 在陈丽华看来,民族认同"是指个人对某个族群团体的归属感觉,以及由此族群身份所

---

[1] 王希恩:《民族过程与国家》,甘肃人民出版社1998年版,第140页。
[2] 陈枝烈:《台湾原住民教育》,台湾师大书苑有限公司1997年版,第275页。

产生的想法、知觉、感情和行为"。① 可见，上述学者都强调了民族个体成员对群体的认同和皈依。

笔者认为，这种认同和皈依往往必须通过个体成员对这一人们共同体的传统文化的认同、接受、传承和创新来实现，通过民族文化认同来达成目标。因此，郑晓云就认为，民族认同包括两个层次：第一，民族是一个人们共同体，对这一共同体中人们的相互关系的认同，是民族认同中的核心问题。第二，就是对民族文化的认同。"对民族文化的认同，可以反映人们对以文化联系起来的群体的归属；即自己属于哪一个民族，那么也就会认同于这一民族的文化，用最通俗的话来表达，那就是同出一个源，同属一个民族"，"人们所认同的文化与民族"具有"一致性。"②

作为散杂居民族和移入群体，面对强势的土著民族群体及其文化，重庆蒙古族体现出了一定的"弱势性"。因此，基于文化孤岛的特殊文化生态，重庆蒙古族有着强烈的民族文化认同意识和认同感，尤其是对本民族特殊的发展历史、民族服饰、民族语言、族谱等"显性"和众多"非显性"或"隐性"文化特征的认可和认同，以此来强化自己民族的文化边界与民族差异，强调"我"与"他"的不同，凸显民族之间的文化区别，这是一种文化选择和文化适应的表现。

一 对民族历史的关注与强调

民族历史不仅是民族文化的重要组成部分，而且更是民族边界的重要标志。对散杂居民族而言，特殊的民族迁徙与发展历程，更是强调族群性的显性特征之一。因此，笔者对重庆蒙古族进行了调查问卷。

在民族之间和民族内部差异来说，对于重庆蒙古族和北方草原蒙古族之间的区别，抽样调查统计数据反映出重庆蒙古族作为散杂居群体的一些特殊文化信息。

---

① 陈丽华：《台北市阿美族学童族群认同发展之研究》，《国家科学委员会研究专刊》（人文社会科学）1999 年第 3 期。

② 郑晓云：《文化认同论》，中国社会科学出版社 1992 年版，第 134—138 页。

表7-10 "您认为，北方蒙古族和向家坝蒙古族的最明显区别在于？"
抽样问卷统计   单位:%

性别\选项	居住地不同	语言不同	服饰不同	生产生活方式不同	其他
男性	18	45	2	23	12
女性	31	46	0	4	19
合计	22	45	1	17	15

表7-10抽样统计数据显示，约有45%的受访者认可"语言不同"是重庆蒙古族和北方草原蒙古族之间的最显著区别。从性别角度来说，18%的男性蒙古族认为是"居住地不同"，23%的还认为是"生产生活方式不同"，选择"其他"和"服饰不同"的分别为12%和2%。在女性受访者当中，选择"居住地不同"的占31%，选择"生产生活方式不同"的占4%，而选择"其他"的为19%，但却无人选择"服饰不同"选项。

表7-11 "您认为，向家坝蒙古族和周围其他民族有区别吗？"
抽样问卷统计   单位:%

性别\选项	有	没有	说不清楚	不知道
男性	55	32	2	11
女性	35	46	8	11
合计	49	37	3	11

在重庆向家坝蒙古族中，近半数的受访者认为本民族与其他民族有区别，这种观念在男性受访者中尤其明显。但是，数据显示，女性群体的认同度较低，近半数的女性受访者不认为"有区别"，"不知道"的受访者超过10%。

表7-12 "您认为,蒙古族和其他民族的最明显区别在于"
抽样问卷统计数据　　　　　　　　　　　　　　单位:%

性别\选项	民族语言	民族服饰	民族歌曲	其他	备注
男性	59	14	2	2	传统、生物基因、宗教、传说等
女性	42	16	0	42	
合计	54	15	1	30	

表7-12统计数据显示,从宏观角度来说,重庆向家坝蒙古族认为,蒙古族与其他民族的区别首先主要在于民族语言的不同,其次是民族服饰,民族歌曲及其他因素也是重要标志。当然,民族传统、生物因素(外貌)、宗教、民族传说等因素也不容忽视。

表7-13 "您认为,向家坝蒙古族和周围其他民族的区别在于"
抽样问卷统计　　　　　　　　　　　　　　　　单位:%

性别\选项	有族谱、祠堂等	民族意识强烈	其他
男性	86	9	4
女性	85	15	0
合计	85	11	4

在上述问卷调查的基础上,笔者进一步对向家坝蒙古族和周围其他民族的区别进行了问卷调查。超过85%的蒙古族受访者认可族谱、祠堂等显性文化特征在民族差异上的重要地位。同时,女性受访者除认可这些显性的文化特征外,15%的受访者还认可民族意识的重要作用,而男性受访者有4%的选择"其他"。

对于蒙古族和汉族的区别,向家坝蒙古族也有自己的看法。

表7-14 "您是否赞同别人认为蒙古族和汉族已经没有任何区别的看法?"问卷统计   单位:%

性别\选项	是	不是	不知道	说不清楚	不好说
男性	37	39	16	4	4
女性	30	30	16	12	12
合计	35	37	15	6	7

表7-14调查统计数据显示,至少超过37%的男性受访者否认了蒙古族和汉族"没有任何"的区别的看法。在所有受访者中,选择"是"和"不是"选项的女性受访者比例基本持平,都是30%。在男性受访者当中,选择"不知道"的蒙古族占16%,选择"说不清楚"和"不好说"的受访者均为4%。在女性受访者中,选择"不知道"的也占16%,选择"说不清楚"和"不好说"的受访者均为12%。这与北方呼伦贝尔巴尔虎蒙古人的看法差异较大。根据张宝成的调查数据,在呼伦贝尔巴尔虎蒙古人中,有近40%的人认为蒙汉民族之间"没有区别"或"区别不大",1/4的人认为"有很大区别",有1/3的人认为"有一定区别"。①

元代,蒙古族在中国北方草原上建立了地跨欧亚大陆的大帝国,在中国历史和世界历史上都占有重要地位。这一时期的蒙古族对中华文明和世界文明做出了巨大贡献。因此,笔者设计了"您知道中国历史上的元朝吗?"和"您知道成吉思汗吗?"两个问题,以测试蒙古族对自己民族的辉煌历史贡献和民族著名历史人物的关注度和认同度。

表7-15 "您知道中国历史上的元朝吗?"抽样问卷统计   单位:%

性别\选项	知道	不知道	听说过	说不清楚
男性	48	20	34	0
女性	46	12	42	0
合计	47	17	36	0

---

① 张宝成:《磨合与交融:呼伦贝尔巴尔虎蒙古人的民族认同与国家认同研究》,博士学位论文,中央民族大学,2010年,第89页。

表7－15统计数据说明，向家坝蒙古族对自己民族在历史上的贡献认知度较高。80%的受访者都"知道"或"听说过"元朝历史，但仍有20%的男性表示"不知道"，与此对应超过12%的女性"不知道"，而没有受访者表示"说不清楚"。

对于我国历史上著名历史人物成吉思汗，重庆蒙古族显示出了较高的认同度和认知度。

表7－16　　　　"您知道成吉思汗吗？"抽样问卷统计　　　　单位:%

性别\选项	知道	不知道	听说过	说不清楚
男性	48	11	39	2
女性	42	12	42	4
合计	47	11	40	2

表7－16数据说明，超过80%的受访者"知道"和"听说过"蒙古族先祖成吉思汗，有略超过10%的受访者表示"不知道"，表示"不清楚"的在2%—4%。这种情况可能与重庆蒙古族远离北方草原蒙古族聚居地和处于散杂居的文化生态相关。

二　对民族身份的认同和追溯

对自己民族身份的认同与认可，是民族情感的重要外在显性标志，也是一个民族个体成员民族向心力的重要体现。作为一个移民群体，重庆蒙古族对自己民族有较深的民族情感，对自己民族身份的认定也经历了一个曲折的过程。

历史上，经过元、明两代中央政府大规模的"赶苗拓业"，产生了"十里无鸡鸣"、"百里无人烟"的悲惨景象，包括蒙古族先民的彭水县境内的各少数民族或迁居深山老林，背井离乡，或者不得不改名换姓，隐姓埋名，烧毁族谱，改变生活习俗，以求生存。[①] 这种情况是重庆蒙古族恶劣生存环境的真实写照，所以，重庆蒙古族不得不改为张、谭二姓，也不得不隐居深山，烧毁族谱，隐姓埋名，直到20世纪80年代党的民族政策

---

① 汪家生:《根深叶方茂，史长族亦兴——为〈彭水苗族土家族自治县民族宗教志〉即将付梓而作》，载《彭水苗族土家族自治县民族宗教志·序言》，重庆出版社2003年版，第1页。

的执行和实施，重庆蒙古族才真正恢复自己的民族身份，堂堂正正地认可自己的民族身份。

在恢复自己的蒙古族身份以后，重庆蒙古族的民族情感越发浓烈，先后依据老人们的记忆和祖祖辈辈传承下来的规矩和习俗，通过重修族谱、竖立蒙古族纪念碑等多种方式，不断强化和重构自己民族的集体记忆和历史记忆。这种民族身份的重构方式，对凝聚民族向心力、重构民族认同、强化民族意识起到了明显效果。

表7-17　"您是从哪里知道您是蒙古族的？"抽样问卷统计　　　单位：%

性别\选项	族谱	祖上	国家认定	说不清楚
男性	36	59	5	0
女性	50	38	12	0
合计	40	53	7	0

表7-17数据说明，在散杂居蒙古族族属传承的过程中，民族族谱和祖辈代代传习起到了重要作用，尤其是民族内部的代际传承对维系民族认同起到了不可忽视的作用。同时，在新中国成立以来所实行的制度化的民族识别和民族认定过程中，制度因素对民族身份的归属和强化也起到了重要作用，因此，很多学者也就提出中国的"民族"具有极强的"政治性"特征，是一种制度化的建构。

基于族谱、祠堂、碑刻等显性文化特征对于维系民族边界和民族认同的重要作用，散杂居蒙古族也不断试图强化自己的显性文化特征。

表7-18　"您认为向家坝蒙古族是否还有必要修复祠堂、族谱等？"
抽样问卷统计　　　单位：%

性别\选项	是	不是	不知道	说不清楚	不好说
男性	91	2	0	2	5
女性	100	0	0	0	0
合计	94	1	1	0	4

表7-18数据显示，对于有必要"修复祠堂、族谱"的显性文化标志，向家坝蒙古族体现出了高度的共识。高达94%的受访者正面认

同，仅有1%的人表示反对。尤其是女性受访者，100%的人正面支持。这一现象值得进一步持续关注。

在人类学家看来，维持族群成员的群体认同主要有两种模式：原生论（根基论）和场景论（工具论）。一般来说，绝大部分持原生论的学者都认为，族群归属感是个人认同的根基。族群认同是主要来自如亲属关系、超自然的信仰、共同的语言、起源的叙事和神话等情感纽带，所以族群情感所造成的认同不易改变。[1] 一个人生长在一个群体中，他因此得到一些既定的血缘、语言、宗教、风俗习惯，因此他与群体中其他成员由一种根基性的联系凝聚在一起。[2] 在持场景论者的学者看来，为了适应多元社会中的经济生境，一个群体可能强调共享的族群认同作为增强协作的手段，将族性视为不同利益和地位群体的社会、政治和文化资源。[3] 这些学者也往往将族群视为一种政治、社会抑或是一种经济现象，用政治与经济资源的竞争与分配关系来分析和解释族群的形成、维持和变迁。因此，族群认同也是多变的、可利用的，也是随状况而定的。[4]

为此，笔者设计了三个问题对重庆蒙古族进行问卷调查，而上述理论就正好用来解释笔者对向家坝蒙古族族群认同的基本状况。

表7-19 "您认为蒙古族的民族成分有好处吗？" 抽样问卷统计　　　　单位：%

性别\选项	有	没有	不知道	难说
男性	87	5	4	4
女性	88	0	12	0
合计	88	4	6	2

表7-19统计数据显示，接近90%的蒙古族受访者认为自己蒙古族的民族身份"有好处"，选择"没有"的男性受访者约占5%，而无女性受访者选择。

---

[1] 庄孔韶主编：《人类学概论》，中国人民大学出版社2006年版，第313页。
[2] 王明珂：《华夏边缘——历史记忆与族群认同》，中国社会科学出版社2006年版，第19页。
[3] 庄孔韶主编：《人类学概论》，中国人民大学出版社2006年版，第313页。
[4] 王明珂：《华夏边缘——历史记忆与族群认同》，中国社会科学出版社2006年版，第19—20页。

表 7-20　"您认为蒙古族的民族成分有哪些明显好处？"
抽样问卷统计　　　　　　　　　　单位：%

性别\选项	孩子读书加分	国家照顾更多	不知道	其他
男性	57	41	2	0
女性	77	23	0	0
合计	64	35	1	0

在所有受访者中，有64%的受访者认为自己的蒙古族身份可以给"孩子读书加分"，为孩子升学带来好处，还有约35%的受访者认为"国家照顾更多"。从性别角度来看，女性蒙古族倾向于"孩子读书加分"带来的实惠，而男性受访者则更倾向于"国家照顾更多"。

因此，基于这种现实的优惠和实际利益，很多蒙古族家庭往往会选择并不断强化自己的民族属性和身份认同。

表 7-21　"您会给您的孩子申报蒙古族民族成分吗？"
抽样问卷统计　　　　　　　　　　单位：%

性别\选项	会	不会	难说	不知道
男性	88	4	4	4
女性	92	0	0	8
合计	91	2	2	5

长期以来，基于"张、谭二姓不通婚"的禁忌和婚姻习俗，"张家无谭氏、谭家无张氏"，向家坝蒙古族都是族外通婚，多和周边苗族、土家族和汉族通婚。因此，根据国家相关民族政策，这种蒙汉、蒙苗或蒙土家的混合家庭的小孩既可随父系选择蒙古族民族成分，也可以随母系选择汉族、苗族、土家族等其他民族成分。但是，基于蒙古族族群身份的实际好处和利益，约91%的受访者表示"会"给自己的孩子申报蒙古族民族成分而放弃母系的族属身份选择权利。女性受访者无人选择"不会"，但同时也有近4%的男性受访者选择了"不会"。笔者认为，这一组数据正好切实印证了工具论的基本观点。

族群或民族成员之间的交流与互动也是强调民族身份的一个重要途径。因此，笔者设计"您愿意主动告诉别人自己的蒙古族身份吗？"问卷,以测试蒙古族成员在与他民族成员进行交流与互动时的一种民族认同意识和态度。

表7-22　　"您愿意主动告诉别人自己的蒙古族身份吗？"
抽样问卷统计　　　　　　　　单位:%

性别\选项	愿意	不愿意	不知道	无所谓
男性	92	4	0	4
女性	96	4	0	0
合计	94	4	0	2

表7-22数据显示,有94%的受访者表示很愿意在与其他民族交往的过程中,会"主动"告诉别人自己是蒙古族身份。

表7-23　　"您是否以蒙古族民族身份而感到自豪和骄傲？"
抽样问卷统计　　　　　　　　单位:%

性别\选项	是	不是	不知道	说不清楚	不好说
男性	82	9	2	8	7
女性	92	4	0	4	0
合计	86	7	1	1	5

表7-23数据显示,有86%的受访者以"蒙古族民族身份而感到自豪和骄傲",仅有不到7%的受访者不这么认为。从性别角度来说,相较于82%的男性受访者而言,92%的女性受访者持肯定态度,而持反对意见的男性和女性受访者分别占到9%和4%。这说明,女性蒙古族比男性蒙古族的民族自豪感和优越度要略高。

三　对民族传统文化的强调和重视

作为散杂居民族,随着社会文化生态的改变,两百多年来,重庆蒙古族社会与文化已发生了巨大变迁,逐渐形成了独具地域特色的山地农耕文化。但是,作为我国蒙古族的重要组成部分,重庆蒙古族对本民族传统文化给予了极大重视和强烈关注,尤其是对蒙古族语言文化、丧葬嫁娶习俗和信仰与宗教文化格外重视。

(一) 语言文化

民族学家认为,语言是民族形成的必要条件。民族语言最深刻地反映了民族特征和民族传统文化,是维系民族内部关系的重要纽带,更是区分不同民族时最先使用的重要标志。[①] 斯大林就将"具有共同语言"[②] 作为民族构成的一个要素,并将语言作为形成民族的必要条件。

调查期间,向家坝蒙古族也体现出对蒙古族语言文化的强烈关注。笔者对此设计了问卷进行抽样调查。

表 7-24　"您认为有必要恢复蒙古族语言文化吗?"抽样问卷统计　　单位:%

性别＼选项	有	没有	不知道	无所谓
男性	75	7	5	13
女性	69	0	0	31
合计	73	5	4	18

表 7-24 数据显示,有接近 75% 的蒙古族受访者认为"有必要恢复蒙古族语言文化"。在选择"没有"的受访者中,男性占到 7%,却无女性受访者。同时,还有 31% 的女性受访者选择"无所谓",而只有 13% 的男性受访者选择这一选项。

(二) 婚丧嫁娶习俗

特殊的婚丧嫁娶习俗也是构成传统文化的重要组成部分。作为显性的民族传统文化特征,重庆蒙古族也给予了极大关注。

表 7-25　"您认为还有必要恢复蒙古族的婚丧嫁娶习俗吗?"
抽样问卷统计　　单位:%

性别＼选项	有	没有	不知道	无所谓
男性	61	7	16	16
女性	42	0	8	50
合计	55	5	13	27

---

① 林耀华主编:《民族学通论》(修订本),中央民族大学出版社 1997 年版,第 69 页。
② 斯大林:《马克思主义和民族问题》,《斯大林选集》(上),人民出版社 1979 年版,第 64 页。

表7-25数据显示，有55%的受访者认为"有必要恢复蒙古族的婚丧嫁娶习俗"，但同时也有40%的蒙古族选择"不知道"和"无所谓"。其中，有高达61%的受访者选择"有"这一选项，而没有女性受访者选择"没有"，但却有高达一半的女性蒙古族选择"无所谓"。

（三）宗教与信仰习俗

笔者调查发现，作为民族传统文化的重要组成部分，重庆蒙古族还对自己民族的宗教与信仰习俗给予了格外关注。

表7-26　　"您了解蒙古族的宗教习俗吗？"抽样问卷统计　　单位:%

性别＼选项	了解	不了解	不知道	无所谓
男性	25	62	11	2
女性	27	69	4	0
合计	26	65	8	1

对于蒙古族的宗教习俗，在向家坝蒙古族中仅有26%的受访者表示"了解"，而选择"不了解"的高达65%。在男性和女性受访者中，选择"了解"选项的均不超过30%。

表7-27　　"您知道蒙古族的信仰习俗吗？"抽样问卷统计　　单位:%

性别＼选项	知道	不知道	不好说	无所谓
男性	25	64	11	0
女性	34	62	4	0
合计	28	63	9	0

对于蒙古族的信仰习俗，有超过60%的蒙古族受访者选择了"不知道"选项，而在选择"知道"的受访者中，女性占34%，男性仅为25%。

由此可见，对于蒙古族的宗教与信仰习俗，重庆向家坝蒙古族的了解程度均不高。这不仅在一定程度上说明了重庆蒙古族宗教与信仰习俗传承的深度和广度，而且暗示了重庆蒙古族宗教与信仰习俗的变迁较大。

随着党和国家民族政策的逐步推行和实施，民族平等、民族团结、民族互助和民族和谐逐渐成为社会主义新型民族关系的基本内容,重庆蒙古族人民也真正实现了当家做主的愿望,民族意识也逐步增强,对民族文化的关注和传承也日益重视。

表7-28 "您认为学校有必要开设关于蒙古族社会历史文化的课程吗?"问卷统计   单位:%

性别\选项	有	没有	不知道	无所谓
男性	88	4	4	4
女性	96	0	0	4
合计	92	2	2	4

在"您认为学校有必要开设关于蒙古族社会历史文化的课程吗?"问卷调查中,有高达92%的受访者选择了"有"选项。这充分说明,重庆蒙古族试图借助现代学校教育制度来传承民族传统历史文化的强烈想法和愿望。

在强烈希望借助现代教育制度传承民族文化的同时,重庆蒙古族也体现出对民族传统文化迅速消失的担忧。

表7-29 "蒙古族一些典型习俗逐渐消失或者淡化,您是否感到担心?"抽样问卷统计   单位:%

性别\选项	是	不是	不知道	说不清楚	不好说
男性	71	5	4	4	16
女性	81	0	0	8	11
合计	74	4	2	5	15

表7-29数据显示,对于蒙古族一些典型民族习俗逐渐消失或淡化,有74%的向家坝蒙古族表示"担忧",另有20%的受访者表示"说不清楚"和"不好说"。其中,在女性受访者中,无人选择"不是"选项。

随着民族文化的迅速变迁和现代转型,很多传统民族文化因子和习俗都已发生了很大变化,民族差异也逐步模糊起来,民族之间的界限也随之日益缩小,但这并没有直接冲击或影响重庆蒙古族的民族意识和民族情感。

表 7-30　"很多人认为蒙古族已不是少数民族了,您生气吗?"
抽样问卷统计　　　　　　　　　　单位:%

性别\选项	会	不会	不知道	无所谓
男性	61	21	2	16
女性	62	15	0	23
合计	61	20	1	18

表7-30数据显示,对于认为蒙古族已不是少数民族的看法,超过60%的受访者表示会生气,体现出强烈的民族认同意识和民族情感。

由此可见,重庆蒙古族对本民族的发源地、居住地等重要地理文化空间体现出强烈的情感和认同意识,对本民族的迁徙与发展历史、民族重要历史人物等有着深厚的民族情感,对本民族的语言文化、婚丧嫁娶习俗以及宗教与信仰文化等显性文化特征有着较高的关注度,深刻揭示了重庆蒙古族对本民族以及民族文化的热爱和对当下生存环境的关注。

第三节　国家认同

在20世纪70年代,国家认同的概念在政治学领域兴起并逐渐为人文社会科学研究接受并迅速传播开来。有学者认为,国家认同主要是指一个国家的公民对自己祖国的历史文化传统、理想信仰信念、道德价值取向、国家政治主权等的认同。[①]

青年学者张宝成博士认为,实质上,国家认同是一个人、一个民族对自己所属国家的身份的确认,自觉地将自己或自己民族的利益归属于国家,形成捍卫国家主权和整体国家利益的主体意识。因此,国家认同是一种重要的公民意识,是维系一个国家存在和发展的重要纽带,人们只有确认了自己的公民身份,了解了自己与国家之间的密切联系,将个体归属于国家,才会关心国家的利益,主动地在国家利益受到侵害的时候挺身而

---

① 贺金瑞、燕继荣:《论从民族认同到国家认同》,《中央民族大学学报》(哲学社会科学版)2008年第3期。

出,自愿地在国家文化受到歧视的时候为国家的发展承担起责任。① 解志萍、吴开松提出,根据国家的基本属性,国家认同需从两方面理解。在对外上,国家必须得到他国的承认和国际社会的认可,人们才能建构出属于某个国家的身份意识;在对内方面,国家必须获得主权的认可,个人才能在情感上与国家结合,产生对国家的忠诚,理解、赞同、认可、支持和追随国家的政治权威、政治制度、政治价值和政治过程等内容。因此,国家认同是国家建构的目标,在公民社会建构过程中,不断的接触并接受众多的国家的信息资源,深受本国文化的影响,从而逐渐培养了对国家的认同感。②

由此可见,基于不同的学科背景和研究视角,国内学者分别从不同角度对国家认同进行了分析和解读。但是,不管基于何种背景和考虑,在笔者看来,国家认同就是在全球化的背景下,构成国家的个体成员对自己集体(国家)和国族的认同和情感皈依,是一种潜意识的情感和行动上的理解、赞同、支持和追随。这是一个不断建构的过程,但是这种"归属感"和"身份感"一旦形成,则具有一定的固定性,不易改变。

长期以来,重庆蒙古族人民勤劳、勇敢、善良,为开发和建设重庆这片热土做出了应有的贡献,形成了热爱家乡、热爱祖国的爱国主义精神内核,对蒙古族、中华民族和国家有着深厚的情感,国家认同意识非常强烈和明显。

为测试重庆蒙古族的国家认同意识,笔者特设计了以下问卷,分别从跨境民族关系、民族内部族群联系、蒙古族与中华民族关系、蒙古族认同与国家认同关系来讨论。

表7-31 "您认为,向家坝蒙古族是我国蒙古族的一部分吗?"
抽样问卷统计　　　　　　　　单位:%

性别\选项	是	不是	不知道	说不清楚
男性	92	0	4	4
女性	100	0	0	0
合计	96	0	2	2

---

① 张宝成:《民族认同与国家认同之比较》,《贵州民族研究》2010年第3期。
② 解志萍、吴开松:《全球化背景下国家认同重塑——基于地域认同、民族认同、国家认同的良性互动》,《青海民族研究》2009年第4期。

表 7-31 数据显示，对于向家坝蒙古族和我国蒙古族的关系，96%的受访者认为向家坝蒙古族是我国蒙古族的重要组成部分。其中，100%的女性蒙古族认可这一说法。这也在一定意义上揭示了向家坝蒙古族浓厚的民族情感和民族认同意识。

表 7-32　"您认为，向家坝蒙古族是中华民族的一分子吗？"
抽样问卷统计　　　　　　　　　　　　　　　单位：%

性别\选项	是	不是	不知道	说不清楚
男性	93	0	7	0
女性	96	0	4	0
合计	94	0	4	2

表 7-32 统计数据说明，向家坝蒙古族有着高度的中华民族意识，但是仍有 4% 左右的受访者选择"不知道"选项，还有 2% 的受访者选择"说不清楚"。同时，没有人选择"不是"选项。这个现象需要引起关注。

作为一个地跨中国、蒙古国等国家的跨境民族，对于向家坝蒙古族和国内蒙古族的关系，向家坝蒙古族也有自己的不同看法。

表 7-33　"您认为向家坝蒙古族和国外蒙古族是一个民族吗？"
抽样问卷统计　　　　　　　　　　　　　　　单位：%

性别\选项	是	不是	不知道	说不清楚	不好说
男性	63	7	21	9	0
女性	84	0	8	8	0
合计	70	5	17	8	0

表 7-33 数据显示，70% 的受访者认为向家坝蒙古族和国外蒙古族是一个民族，有 5% 的受访者选择"不是"，"不知道"和"说不清楚"的受访者有 25%。这说明了散杂居蒙古族对本民族整体性的关注和认同意识。

当然，在调查期间，笔者就此问题进行交流时，也有部分受访者认为，"是不是一个民族（蒙古族）要看（是属于哪个）国家"。这深刻说明，在这些受访者意识中，国家的归属高于民族的属性。

表 7-34　　　　"您认为热爱蒙古族就是热爱中华民族吗？"
抽样问卷统计　　　　　　　　　　单位:%

性别 \ 选项	是	不是	不知道	说不清楚	不好说
男性	96	4	0	0	0
女性	96	4	0	0	0
合计	96	4	0	0	0

表 7-34 统计数据显示，在"热爱蒙古族"和"热爱中华民族"的关系上，96%的受访者认为二者是一致的，热爱蒙古族就是热爱中华民族，仅有4%的受访者持不同意见。同时，有趣的是，男性受访者和女性受访者所持的比例基本一致，这就说明在这一问题上，没有不同性别的认知差异。

表 7-35　　　　"您认为热爱蒙古族就是热爱国家吗？"
抽样问卷统计　　　　　　　　　　单位:%

性别 \ 选项	是	不是	不知道	说不清楚	不好说
男性	89	7	2	0	2
女性	96	4	0	0	0
合计	92	6	1	0	1

对于"热爱蒙古族"和"热爱祖国"的关系问题，92%的受访者认为二者是一致的，热爱蒙古族就是热爱祖国、热爱中国。但是，仍有6%受访者持相反态度。在持反对观点的受访者中，女性占到4%，而男性占到7%的比例。

由此可见，对绝大多重庆蒙古族而言，他们认为，向家坝蒙古族是我国蒙古族的重要组成部分，也是整个跨境蒙古族的重要组成部分。同时，他们认为，热爱蒙古族就是热爱中华民族，也就是热爱祖国的重要表现。在这个意义上来说，向家坝蒙古族的民族认同和国家认同具有一致性。

本 章 小 结

作为散杂居族群,重庆蒙古族有着强烈的地域认同、民族文化认同和国家认同。在不断迁徙和与其他民族互动的过程中,重庆蒙古族对居住地和族源发祥地有着深厚的情感与认同,并形成了层次分明的地域认同体系。在地域认同圈层内部,重庆蒙古族形成了以现居住地认同为核心、其次为重庆认同、最外围为族源发祥地认同的地域认同架构。

同时,重庆蒙古族还体现出对本民族历史的强烈关注和强调、对本民族身份的认同与追溯以及对本民族传统文化的重视,具体涉及对本民族来源与迁徙历史、民族成分的认知与选择、民族语言与文化、婚丧嫁娶习俗、民间信仰与宗教等内容。

作为一个地跨多国的跨界民族,重庆蒙古族地理上处于蒙古族聚居地的边缘位置、文化上处于边缘地带。作为中华民族大家庭的一员,重庆蒙古族固然体现出对国外蒙古族民族属性的认知和认同,但同时也强烈关注到国籍与族籍之间的本质区别和巨大差异,有着强烈的中华民族认同与国家认同。

第八章

文化遗存与民族记忆

文化遗产,从考古学意义来说,又叫文化遗存,主要是指一个国家或民族的历史积淀,凝聚着一个国家或者民族古老灿烂的历史文化传统,是一笔宝贵的文化财富。按照学术界所达成的基本学术观点,文化遗产(cultural heritage)主要分为有形文化遗产和无形文化遗产两种,即物质文化遗产和非物质文化遗产。从普遍意义上来说,经常所说的文化遗产多指有形文化遗产,也就是物质文化遗产。物质文化遗产是以物态形式存在的重要文化遗存,具有较强的历史、艺术和科学研究价值。按照《保护世界文化和自然遗产公约》的界定,物质文化遗产主要是指具有一定历史、艺术和科学价值的重要文物,其中就包括古遗址、古墓葬、石窟寺、石刻、壁画、古建筑、近代现代重要史迹和代表性建筑等不可移动的文物;历史上各时代的重要实物、艺术品、文献、手稿、图书资料等可移动文物;在建筑样式、分布均匀或环境景色相结合方面具有突出普遍价值的历史文化名城、街区、村镇等。[1] 由此可见,从一般意义上来说,物质文化遗产主要包括不可移动遗产、可移动遗产以及具有突出历史、艺术和科学价值的重要文化载体和物质空间。非物质文化遗产则主要是指各种以非物质形态存在的与群众日常生活紧密相关、世代传承的传统文化的表现形式,主要包括口头传统、传统表演艺术、民俗活动、礼仪与节庆、有关自然界和宇宙的民间传统知识和实践、传统手工艺技能等以及与上述传统文化表现形式相关的文化空间。[2]

在迁入重庆以后,重庆蒙古族在改造、建设家乡的历史进程中,创造

---

[1] 顾江:《文化遗产经济学》,南京大学出版社2009年版,第4页。
[2] 王巨山:《非物质文化遗产保护原则辨析——对原真性原则和整体性原则的再认识》,《社会科学辑刊》2008年第3期。

并积累了内涵丰富的文化遗产，留下了宝贵的精神文化财富。调查期间，在向家坝村发现了象鼻子洞及象鼻塞碑、押刀洞碑及其遗址、八角庙文化遗址、清代民国墓碑、跑马道和箭池军事文化遗址、清代匾额、《族谱》（残谱）等重要文化遗存，展示了重庆蒙古族灿烂丰厚的历史文化。

第一节　象鼻塞洞与象鼻塞碑

2010年1月下旬，在重庆市彭水苗族土家族自治县民族宗教事务委员会办公室主任、民族研究所所长安世均先生和当地村民的大力帮助下，笔者在向家坝蒙古族村村口的象鼻子洞中发现两块重要石碑①，这是记录重庆蒙古族清代历史的重要碑刻资料。

一　碑刻基本情况及内容

两碑均位于向家坝村象鼻子洞内。象鼻子洞由上洞和下洞两部分组成，为当地人所建立的古代军事建筑，类似于城墙性质的厚重石墙至今还清晰可见。在洞内，笔者发现石碑两块，其中一块（以下简称"残碑"）已破损多时，损缺部分分散于下洞草丛中，碑上部分字迹早已十分模糊，但绝大部分还清晰可辨。残碑无碑名，约高70厘米，宽50厘米，厚约14厘米。另一碑立于象鼻子洞下洞后壁离地300厘米处，铭文清晰可辨，"象鼻塞"三个大字清晰明了，高95厘米，宽62厘米，厚17厘米。

残碑和象鼻塞碑碑铭均为直书，碑阴无文字。现将两碑所铭内容转录如下。②

残碑（一）

且吾人，当世乱之。而欲为身家之谋，则□城鉴池在所当急□。然高地不可守，则其□犹有示善者。若我境之象鼻硐，则不然。去年秋，贼匪窜入，吾辈数百人同避硐内，而贼至硐口逡巡而不敢入，其地之可守。亦有门□矣，受邀同入，益加修补。千内□，厚其垣墉，外复高其沟垒。庶一旦祸变之，亦不至遭其蹂躏□。耳是为序。

---

① 王希辉：《重庆彭水"象鼻塞碑"考释》，《黑龙江民族丛刊》2010年第3期。
② 为方便阅读，笔者将原文录下并标点。"象鼻塞碑"录入时也作相同处理。

图8-1 象鼻子洞

谭广　谭英　谭陞　谭志尧　谭志舜　谭志喜　张汝翼．谭志武　张汝康　张汝谐　刘玉　刘琴　刘玲　刘玩　刘珂　王永堂　石匠
刘璋　潘朝壁　李德才　吴正朝　吴文炳　刘璠　徐顺贵　刘瑞
同治元年□八月中浣吉旦立

残碑所录共计汉字199个，其中有7个汉字早已模糊不清，无法辨认。另附录人名共计24个，主要包括谭姓7个，张姓3个，刘姓8个，吴姓2个，徐姓、潘姓、王姓和李姓均为1个。在所有人名中，明确标明石匠身份的有8个。立碑时间为同治元年，同治为清穆宗爱新觉罗·载淳的年号，即公元1862年。

象鼻塞碑（二）[①]

鉴闻不殆有三，而险居其一。若我境象鼻子，上有老虎岩，耸然而特立；下有落水孔，窈然而深藏。鼻中有一内洞，可容数百余人。内洞上二穴，其一通洞外，其一虚悬岩壁，状若谯门。临上而俯视，

---

① 王希辉：《重庆彭水"象鼻塞碑"考释》，《黑龙江民族丛刊》2010年第3期。

断岸千尺，肝胆为之掉栗。此城，我境至险之胜地也。辛酉秋，贼匪入寇。吾与戚族避兵于此，既获平安。今复因其势，而垒石城墙，以为预防之计。倘急有事，而退处其中，则虽有千军万马之来，亦将高枕而卧，莫予毒也已。是为序。

　　张志端　十千文　　张志周　十四千文　　张汝翼　十千文
张汝谐　十六千文
　　张汝明　四千文　　张汝熙　八千文　　张汝雍　二十千文
张汝诚　十千文
　　王永堂　二千文　　谭朝钦　十千文　　谭朝选　八千文　谭志喜　十五千文
　　谭志轩　二千文　　谭志尧　九千文　　谭志舜　七千文　吴玉朝　七千文
　　吴文炳　七千文　　李德才　二千文　　刘玉　两千文　　刘琴　十五千文
　　刘玲　七千文　　刘玩　八千文　　刘璠　六千文　　刘珂　六千文
　　潘于忠　一千文
　　同治三年九月十八日立

　　象鼻塞碑所录共有汉字 320 个。附录捐款人名 25 个。其中，张姓 8 个，谭姓 6 个，吴姓 2 个，刘姓 6 个，王姓和李姓各 1 个。捐款数额不等，最多的为二十千文，最少的为一千文。立碑时间为清同治三年，即公元 1864 年。

　　以上两块碑所录内容，有很多相同之处。第一，碑刻上所录人名均为张姓、谭姓、吴姓、刘姓、王姓、潘姓和李姓等姓氏。同时，张姓和谭姓人数最多，在碑刻人名中排名为第一和第二位，排名靠前。第二，立碑时间均为清代同治年间。残碑为同治元年，即为公元 1862 年，象鼻塞碑立碑时间为同治三年，也就是公元 1864 年。立碑时间相差为三个年头。第三，两碑均记载了在贼匪入寇时，张、谭、吴、刘等姓氏的当地民众躲入象鼻洞而脱离险境的情况。

二　立碑的原因与历史背景

自古以来，彭水及其附近地区为兵家必争之地。再加上少数民族众多，地理环境复杂，也往往是匪患较厉害的地方。历代以来，文献关于彭水及周边地区的少数民族（蛮夷）反抗中央政权和起义活动的记载不绝于史，以及中央政权频繁的剿匪、平蛮等活动，使彭水及周边地区社会环境十分复杂。故"彭之邑，在巴渝之东偏，本五溪地。自汉始沐声教，其绣壤与楚蜀土苗相错。故蜀地多名贤，而彭以荒徼"。[①]

秦汉时期，彭水属于黔中郡。西汉以降，彭水及周边地区的少数民族与中央王朝军事征战不止。文献记载，东汉时期，从建武二十年（44）起到中平三年（186）年间，武陵蛮就曾反叛17次，长沙蛮反叛3次，江夏蛮反叛2次，零陵蛮反叛1次，东汉中央政府平均每6年就有一次大规模的军事征伐行动。[②] 清代同治年间，（彭水及周边地区）"邻氛不靖难，边警时闻，关隘团防，处处皆资捍卫"。[③]

地方史志明确记载：清咸丰十一年（1861），太平天国翼王石达开部将曾广依率部从棕河入（彭水县——笔者注）县境，经牛由于岈铺、保家楼、郁山镇沿线去黔江，在郁山镇与清兵激战。同治二年（1863），石达开的另一部将李福猷率兵从善感乡的周家寨入境，经梅子垭去黔江。[④]

蒙古族是一个地地道道的马背民族，崇尚武功，精于骑射。彭水蒙古族也长期保持重视骑射的传统，所以代代养马，人人喜爱骑射。村内就曾建有马道、箭池。[⑤] 史载："彭之人志切同仇，于以剪内患、出外寇，一时挺身杀贼，慷慨捐躯。以及烈女、节妇，铮铮然振纲常而维风化者，故

[①] 《彭水县志》编纂委员会：《彭水县志·附录·陶文彬序（康熙四十九年）》，四川人民出版社1998年版，第923页。

[②] 《彭水苗族土家族自治县民族宗教志》编纂委员会：《彭水苗族土家族自治县民族宗教志》，重庆出版社2003年版，第10页。

[③] 《彭水县志》编纂委员会：《彭水县志·附录·黄文中序（同治四年）》，四川人民出版社1998年版，第926页。

[④] 《彭水苗族土家族自治县民族宗教志》编纂委员会：《彭水苗族土家族自治县民族宗教志》，重庆出版社2003年版，第26页。

[⑤] 四川省地方志编纂委员会：《四川省志·民族志》，四川民族出版社2000年版，第439页。

可听其淹没耶?"① 由此可以推测,当"长毛贼"犯境时,当地张、谭二姓蒙古族便联合附近姓氏的他族群众,带领戚族躲入象鼻子洞而获得平安。为此,在众人商议下,集资捐款修建象鼻子洞要塞,并建有牢固的军事城墙。时至今日,城墙依然屹立,坚固而雄伟。因而,当地各族人民为纪念这一重要历史事件,特立碑记传,以传后世。

据此碑文推断,"象鼻塞碑"和残碑是张谭二姓蒙古族,以及吴、刘等其他民族先民为躲避翼王石达开部将曾广依率部队而专门修建,具体时间为同治元年(1862)的"去年秋",即公元1861年秋天。"象鼻塞碑"则可能为残碑因碑铭被毁坏后而复立新碑,因而具体时间为"辛酉秋"。在重刻碑文和重修或者加固要塞时,张姓、谭姓、刘姓、王姓、李姓、潘姓、徐姓等各族群众有钱出钱、有力出力,共同修建,合力抵抗外敌,三年后于公元1864年即清同治三年正式复立"象鼻塞碑"。

三 学术意义和研究价值

笔者认为,象鼻子洞残碑和"象鼻塞碑"的发现、考释和进一步深入研究,具有重要的研究价值和学术意义。

第一,地方史研究价值。象鼻子洞两块碑刻的发现和考释,在一定程度上可以弄清在清代同治年间,彭水向家坝及其周边地区的社会、人口和民族分布等基本情况。通过考释和分析象鼻子洞残碑和"象鼻塞碑",一方面可以为石达开路经彭水并在彭水与清军及当地武装作战的历史事实提供翔实而确切的佐证材料;另一方面,也可以在一定程度上弄清彭水向家坝蒙古族与周边族群互动的基本状况。

第二,民族史研究价值。向家坝村是一个以蒙古族为主体,土家族、苗族和汉族交错杂居的散杂居民族村落。至今,因为文献资料不足,作为迁入族群的重庆蒙古族,在历史上与周边民族的互动和民族关系仍是学术界所无法弄清的重要问题。因此,在一定意义上来说,象鼻子洞碑刻的发现和考证正好弥补了上述研究的不足。根据碑刻所录内容,可以得出以下信息:

---

① 《彭水县志》编纂委员会:《彭水县志·附录·黄文中序(同治四年)》,四川人民出版社1998年版,第926页。

第一，在清同治年间，蒙古族先民已成为重庆彭水向家坝及周边地区的主要族群和重要居住者。

第二，从社会结构来看，蒙古族先民可能已在当地社会的政治和经济体系中居于主导地位。笔者调查发现，如今向家坝张、谭二姓均为蒙古族，而王姓、刘姓、李姓等姓氏则为苗族、土家族等其他民族。从碑刻所录人名的先后次序来看，张、谭二姓蒙古族在所有排名中非常靠前，总是在第一位或第二位。同时，从碑刻所录人名总数来看，在残碑所录24个人名中，张、谭二姓蒙古族就占到10个，约占总人数的40%，并且没有石匠。同时，在非蒙古族的14个人中，石匠共计8人。"象鼻塞碑"所录捐款的25个人名中，张、谭二姓蒙古族就占了14人，几乎占到了总人数的60%。所以，笔者推测，在清同治初年，蒙古族可能在彭水向家坝社会政治与经济生活格局中处于主导地位。

第三，清代民族关系和族群互动研究的重要文献。在学术界研究包括蒙古族在内的清代少数民族关系和族群互动的过程中，史料缺乏和文献不足是重庆乃至整个西南少数民族研究中都存在的重要现实问题。因此，象鼻子洞残碑和"象鼻塞碑"的发现、考释和进一步研究，在一定程度上有助于探讨清代蒙古族、苗族、土家族、侗族等重庆少数民族之间的民族关系和文化互动问题。碑刻铭文显示，面对外敌的入侵和贼寇骚扰的险峻形势，当地各族先民在蒙古族等尚武民族的带动下，互助合作，相互提携，积极修筑军事要塞，共同保卫家园，维护社会的团结与安定。

因此，笔者认为，在清同治年间，重庆蒙古族、苗族、土家族、侗族等少数民族先民之间关系融洽，和谐友好，文化互动非常紧密。这对推动我国南方散杂居蒙古族历史与文化研究具有重要价值和意义。

第二节　八角庙文化遗址

调查期间，向家坝蒙古族群众向笔者介绍了村西头八角庙遗址。在村民的帮助下，笔者对八角庙文化遗址进行了详细调查。

据张友安老人回忆，八角庙原分上殿、正殿和东西厢房，山门在南面。笔者调查发现，八角庙现仅存一座二层木楼，木楼四面立柱，此为上殿。一楼三面还有残存板墙，二楼仅存北面板墙，楼顶早已破败无存。据说，八角庙是由张攀桂四代孙张希圣所建。原建筑楼顶呈八角形，正中有顶，如虎爪翘伸，即为"沙帽顶"，貌似"蒙古包"。二楼曾供有一面大鼓和一把大刀，二楼建有楼梯，但过去一般不随便让人上二楼。据说，在进香祭拜菩萨时，会敲击大鼓。

八角庙正殿早已被夷为平地，现仅存基石条，隐约可见。据张友安老人回忆，正殿曾供有佛像，张攀桂牌位立于佛像前，立柱上刻有对联。张攀桂的牌位前供奉有蒙古文书籍，东侧供有一匹泥塑白马，东厢房供奉观音菩萨，西厢房为僧人住所，前面为山门。同时，殿内还供奉有文昌菩萨等。

图 8-2 八角庙遗迹

尤其值得一提的是，正殿东侧供奉着泥塑白马。据《成吉思汗祭奠》记载："鄂尔多斯的老人们说，在成吉思汗圣主五十大寿时，忽染恶恙，历经两个月的治疗方才痊愈，从此有了八十一天凶兆的说法。于是，便在三月二十一日这天拉起万群牲畜之练绳，用九九八十一匹的母马之乳以向九天祭酒。同时，还有另一个版本的传说，据说成吉思汗五十岁那年春天，碰上罕见的荒年旱月，成吉思汗认为春三月主凶，是个凶月，必须逢凶化吉，于是就用许多母马之乳，告慰上苍九天祭酒，以祈祷风调雨顺，牛羊满圈，并选出一匹灰马披挂白缎，使之成圣，以为神骏加以供奉。"这就是蒙古族关于白马的传说。八角庙内供奉白马充分说明了蒙古族先辈崇奉成吉思汗神马对后代的教育意义，以及八角庙规划修建时对圣主成吉思汗无限崇敬的心情。[①]

据62岁的蒙古族谭敦模老人介绍，在新中国成立前后一段时间内，八角庙还是向家坝私塾学校所在地。在"文化大革命"时期，八角庙受到冲击，打砸很严重。在20世纪70年代，政府为修建新学校，八角庙部分房屋和建材被拆卸后运往新校址，所以八角庙原有的厨房、厕所、卧室、教室等近十间房屋逐渐损毁，八角庙也因无人看管，逐渐残破以致形成今日状况。

第三节　捱刀洞遗址

2011年7月17日，笔者和张友安、张友明、张远权、喻国安等一行九人，在向家村坝蓼叶坝大山中发现了捱刀洞。捱刀洞当地人称为债洞、磨刀洞或张家洞。大山位于木棕河旁，对面即为重庆市武隆县。捱刀洞即在大山半山腰中，洞口怪石嶙峋，树木丛生，地势险要，可谓有"一夫当关、万夫莫开"之势。

捱刀洞口建有城墙。城墙长四五丈，厚约丈余，依山而建。捱刀洞洞内藏洞，洞腹地势开阔，可容纳数百人于内居住。同时，洞内还发现制硝使用过的土灶。在洞右上方有一小洞，洞顶上壁垂下一条粗重铁链。

一　《捱刀洞记》的基本内容

在捱刀洞内右角，发现破损石碑一块。石碑上刻有《捱刀洞记》并附有人名数十人。因年久失修，风化严重，再加上"文化大革命"和"破四旧"运动的破坏，石碑上部分字迹或已模糊不清，或剥离脱落，很难辨认。

笔者现将石碑上所能辨认文字加句读并转录如下：

《修捱刀洞记》

尝谓□岩险穴以贤人君子避世则然也，而有时亦为避□者所乐处焉。清咸丰间贼匪入□，毁民居室，掠民货财，伤民性命，声势赫

[①] 荣盛：《乌江河畔的蒙古人》（下），《北方新报》2009年4月21日。

图 8-3 揷刀洞

暹。众恐撄其锋而为所杀戮也,爰邀亲友同避揷刀洞,因沿而修之,嘱余作文以为之记。

夫洞为揷刀,不知始于何时,亦不知何所取义。窃观洞之形状在大山之腰,其上悬岩千仞,其下险流百尺,独腰间一径,仅可容足,而洞口间百石罗列,如虎豹之张牙舞爪,令人望而生畏□□人莫入刀。而是洞之森严殆如揷刀于前而不敢近,洞之有是名也,或以此乎。倘值时之□□修增固同托于此,庶得所凭依?入险出俭矣。是为序。

一议碑上无明目皆不准□
一议洞中以众凌寡,以强欺弱,罚钱一千以作重修之资
一议洞中乃住人之所,马牛羊鸡犬豕一概不准牵入
一议洞中年幼子弟□□糊言乱语,如违众不姑容
一议洞中不许人□,如违,罚钱四千以作重修
地主 罗朝富 罗廷柱 为首
罗廷□ 李三吉 张志端 涂子仪 邓正福 谭□
邀集
罗廷海 罗□□ 罗□□ 槐□ 栋□模 □□之 □□□ 邓正爵 邓正元 邓正品 邓正兴
张志周 (张)汝谐 (张汝)熙 (张汝)诚 (张汝)翼

第八章　文化遗存与民族记忆　209

　　（张汝）明　　（张汝）雍　　（张）立群　涂子孝　（涂）吉顺（涂）文光

　　刘成贵　（刘成）学　（刘成）文　黄士林　（黄）□武（黄）国兴　潘于忠　（潘）朝福（潘）朝达　谭朝爵　（谭）志武

　　盛世俸　（盛世）友　何兆祥　（何）朝仲　胡开泰　（胡）开科　沈永福　（沈永）发　冉钦（冉）广模　陈学龙

　　李仁远　陈昌宗　郭正禄　夏祥瑞　赖文道　邓起明

　　皇清咸丰十一年季冬月下浣吉旦立

二　《揞刀洞记》考释

经过仔细鉴别，从石碑上《揞刀洞记》所刻内容，可以发现如下信息：

第一，立碑的原因及时间。从碑文可以发现，此碑立于清代咸丰十一年季冬月，也就是公元1861年，农历辛酉年，季冬月即农历腊月。也就是说，此碑是清咸丰帝十一年腊月所立。根据古人习惯，每月二十一日至三十日为下浣，所以立碑的具体时间是腊月下旬的吉日。

至于立碑原因，《揞刀洞记》也作了明确交代："清咸丰间贼匪入□，毁民居室，掠民货财，伤民性命，声势赫暹"，因此，向家坝村及周边民众为"恐樱其锋而为所杀戮"，故而"爰邀亲友同避揞刀洞，因沿而修之，嘱余作文以为之记"。可见，揞刀洞遗址具有明显的军事防御的特征，此碑此铭文就是为纪念当年事件而修建。

同时，碑文还描述了洞的名称问题。"夫洞为揞刀，不知始于何时，亦不知何所取义"，可见，当时向家坝各族先民也并不知道洞为何名。由于该洞"形状在大山之腰，其上悬岩千仞，其下险流百尺，独腰间一径，仅可容足，而洞口间百石罗列，如虎豹之张牙舞爪，令人望而生畏□□人莫入刀。而是洞之森严殆如揞刀于前而不敢近，洞之有是名也，或以此乎"，于是，向家坝各族先民便依据洞所处的位置、形状、内部空间等，将此洞命名为"揞刀洞"，这便是洞名的由来。

第二，人员构成及分工。从碑文可以发现，清代咸丰、同治期间，向家坝揞刀洞附近主要居民姓氏为：罗、张、谭、邓、李、刘、黄、胡、何、涂、潘、沈、赖、陈、郭、冉、夏、盛等至少18个，笔者将所刻姓氏人数进行了初统计（见表8-1）。

表8-1　　彭水苗族土家族自治县向家坝《揹刀洞记》
　　　　　所录人名姓氏统计　　　　　　　　　单位：个

姓氏	罗	张	谭	邓	李	刘	黄	胡	何	涂	潘	沈	赖	陈	郭	冉	夏	盛
人数	6	9	3	6	2	3	3	1	3	4	3	2	1	2	1	2	1	1

从表8-1统计数据可以发现，在所有姓氏中，蒙古族人数最多。其中张姓共9人，谭姓3人，合计12人。同时，罗姓有6人，邓姓6人，再就是涂姓、黄姓、何姓、潘姓、刘姓等姓氏也相对较多，人数最少的可能为赖姓、郭姓、夏姓和盛姓及胡姓。这种姓氏格局与如今向家坝的情况相差不大。可以认为，向家坝《揹刀洞记》所录姓氏的数量，一定程度上也暗示了相关家族在当地社会结构中的地位和作用。

从民族分布角度来说，张、谭二姓为蒙古族，那么可以认为在清咸丰年间，向家坝蒙古族已和周边汉族、苗族、土家族等民族交错混杂居住，形成了多民族居住的分布格局。

从民族关系角度来说，1861年前后在向家坝各民族中，蒙古族已成为重要社会力量。从碑刻首段可以发现，主要是"罗姓""地主"的罗朝富和罗廷柱"为首"，外加"罗廷□、李三吉、张志端、涂子仪、邓正福、谭□"等家族共同出来主持和处理向家坝突发事故，并邀请其他家族或者家庭的人参加。这种情况，不仅可以认为，张、谭姓蒙古族已是当时向家坝的几大重要家族之一，在当时向家坝社会体系中处于重要位置，而且也说明了清咸丰年间，重庆蒙古族、苗族、土家族等少数民族之间关系融洽[①]，民族关系良好。

同时，以罗姓地主"为首"，也揭示出当时向家坝的社会结构与社会分工。众所周知，蒙古族是一个尚武民族，向家坝蒙古族"代代养马，人人都喜爱骑射。村内还建有马道、箭池"。[②] 作为一个匪患较多而民族错杂居住的多民族地区，在面对"贼匪"侵扰的时候，却由罗姓地主出

[①] 王希辉：《重庆彭水"象鼻塞碑"考释》，《黑龙江民族丛刊》2010年第3期。
[②] 四川省地方志编纂委员会：《四川省志·民族志》，四川民族出版社2000年版，第439页。

来主持大事，这显示出当时罗姓大族的雄厚经济基础和经济实力。在经济较为落后和生产力低下的冷兵器时代，修建能容纳上百人的军事工事，需要大量的经费投入，开支可想而知。据蒙古族老人张友安介绍，在如今蓼叶坝一带，以前就是罗姓大地主的家产和田产，经济实力非常强，非常富有。如今，向家坝民间还流传着"罗家的银子、张家的枪杆子"的说法。这句民间谚语，就揭示了当时向家坝各姓民众内部进行社会分工的基本情况。

在突发事件来临之际，洞内躲藏妇孺、老幼数百人，外加各家各户的家当、财务，洞内人员嘈杂，物件众多，于是，各族各家于洞内订立了各种规约：碑上无明目皆不准□；以众凌寡，以强欺弱，罚钱一千；马牛羊鸡犬豕一概不准牵入洞内；严禁年幼子弟□□糊言乱语；不许人□，如违罚钱四千。这些规定就说明了包括蒙古族在内的向家坝各族先民的伟大智慧。

笔者认为，在清代咸丰年间，"贼匪"、"盗贼"侵扰的情况下，尚武的向家坝蒙古族与周边相对富有的大家族罗姓一起领导周边各族先民共同抵御突来的重大社会变故，各家各户出钱、出力和出物，先后修建"象鼻塞"和"捱刀洞"军事要塞，一则保护各族居民的生命、财产安全，二则抵御外来强敌的侵袭。经过二百多年的岁月洗礼，留下"象鼻塞"和"捱刀洞"军事要塞两处文化遗址。这些文化遗址，诉说了包括蒙古族在内的向家坝各族先民的勤劳、勇敢、智慧和岁月沧桑。

第四节　清代墓碑

调查期间，笔者在张友安、张远权等蒙古族群众的帮助下，发现了大量清代时期墓碑和碑文。通过对这些墓碑和碑文的调查、考释和分类，可以发现清代重庆蒙古族及其先祖相关社会活动的某些细节和信息。鉴于此，笔者现将部分墓碑调查的基本情况逐一进行介绍。

一　张人龙墓碑

2011年7月14日，在谭敦建、张友宪、张友群等蒙古族群众的帮助下，笔者在向家坝村邓家坪发现张家蒙古族第五代先祖张人杰的墓碑。彭水县《张氏源流》编委会于1999年编纂的《张氏源流》显示，张人龙为向家坝张氏蒙古族张希圣之子、张大用之孙、张经之曾孙、张攀桂之玄孙。张人龙字藻辉，妻许氏生张柄、张楷、张桂三子。

墓碑分四层。从上到下第一层为山形"望山"。第二层上书：寅山由，两边一副对联：如却月，似覆舟。中间一层书四个大字：万年瞻拜。两边书对联：佑子孙，启后人。第三层上刻有图案：中间为八卦图，两边有莲花图。第四层为碑刻主体。碑刻中间书：清待赠显考讳人龙号藻辉张公老大人之墓，两边对联为：佳城称马鬃，吉地说牛眠。左下角刻孝男：柄（妻黄氏、何氏）、桂（妻：黄氏、戴氏）、楷（萧氏）。右下角刻孝孙：道（妻何氏）、兴（妻曾氏）、成（妻黄氏）、端（妻胡氏）、彦（妻向氏）、周（妻刘氏）、清（妻冉氏）、任（妻冉氏）。嘉庆二十五年庚辰岁孟春月吉旦。

二　张人龙妻许氏墓碑

2011年7月12日，在村委主任张远权家附近发现清道光年间的墓碑一块。坟墓位于山脚缓坡地带，坟前地势开阔。坟墓规模不大，但墓碑较为宏伟、壮观。可以推断，坟墓主人在生前家境较为富裕，具有一定的社会地位和权势。

墓碑共分四层。最下一层为主碑，主碑正中书：皇清待诰八十上寿显妣张母许老夫人之母，两边刻录对联一副，上联：得牛眠月却，下联：双凤起蛟龙。左下方署名孝男：桂（妻：黄氏、戴氏）、柄（妻：黄氏、何氏）、楷（萧氏），孝孙：志道（妻：何氏）、志兴（妻：曾氏）、志端（妻：胡氏）、志成（妻：黄氏）、志周（妻：刘氏）、志清（妻：冉氏）。右下方署名孝女五姑，曾孙：汝安、汝为、汝器、汝勋、汝翼。

根据向家坝蒙古族张氏字派"人朝志汝"的顺序可以推断，因孙辈为"志"字派，曾孙为"汝"字派，可见，张老夫人的儿辈应为"朝"字派，她丈夫应为"人"字派。

在主碑右下角注明立碑时间为：（清）道光二年季冬月中浣吉旦。

主碑上有三层。第一层上横书：佳城万古。左书：经千年不朽，右边书：历万古常新。第二层上书三个大字，因年久风化已模糊不清。第三层为碑帽。

三　张学鲁墓碑

2011年7月12日，在村委主任张远权家房屋对面山坡上发现清代同治年间的墓碑一块。墓碑上书对联一副。上联：四尺崇封称马鬣，下联：九泉灵识荫龙孙，横批：克昌厥后。对联中间刻有墓志铭。现将墓志铭附录如下：

彭邑封翁张公学鲁墓志铭

彭邑鹿鸣乡有孝友君子，为张封翁学鲁。其人也，君讳志曾。先府君朝辅，品学兼优，入邑庠，称名士。生子四，女五。行二，素以诗礼传家。缘朝辅公，以嘉庆丙子春下世。年四十有五。伯兄志立，方十八，亦于是年初夏卒。时君仅十有六耳。三弟席珍志儒其讳□□□□，四弟志益甫九龄。君祖母黄孺人虽在堂，已衰老，主家政者为君母冉孺人而已。君慨然曰："吾家本清素，不幸父兄俱亡。大姊二姊虽傍名门，尚以子女六人遗吾母。母虽娴内治，其如孤掌难鸣，一木难支，何为弃儒业？"随聘母家之侄女为内助，佐母氏协理内外，兼为两弟延外传□贵，不稍懈。岁戊寅完配三弟，庚辰于归三妹，癸未为祖母成服，三弟即于四年游泮，君固幸书香之有赖矣？及乙丑，四弟志益逝。四妹五妹又相继出阁，承母氏欢者，惟君与三弟耳。迨丙申春，丁母艰哀毁□□□□□孺人之劳猝几二十年也。距壬寅三弟席珍攸病不起，前故弟媳胡所生汝熙、汝诚俱幼。继娶弟媳王虽贤淑□□□艰于料理，君此时析产虽已久，然送牲抚居，捆内挡外，悉肩乃身，并不使孤儿寡妇有不得其所之叹，由其孝友之怀出于天性故也。至君之子四，长汝谐、次汝襄、汝亮、汝宣，女□，五人皆为选婿完配。其余男孙五、女孙五，无一不切思勤焉？夫以君素行有合于君子者，彰彰如是，则后之□其德者，谅可必式榖之善承也。

壬寅癸卯，君膝下谐与襄来从余游。余见其天资之纯粹，容貌之秀伟，早信君家之必昌。庚戌，汝谐获□。乙丑，汝襄复采芹，三四郎俱已峥嵘，秀出将现，不日并可□破壁高飞。由是观之，修德必获报，理果不爽矣。

至于君子，为人敦厚周慎，方正有容。言无过辞，动不过则。此犹其余事耳。余故志其孝友之大者，使人知燕翼贻谋之有自也。爰为之铭曰：
　　孝友二字从古重，伦类各殊理则共。
　　书训君陈足为改，周情孔思堪讽诵。
　　皇天无亲亲斯人，富厚福泽累叶奉。
　　君克体此归日用，即将诗言赠张仲。
　　涪邑增广生员□眷弟徐炳奎顿首撰
　　邑庠生愚外甥何克明沐手书
　　皇清同治四年乙丑岁十二月初五日榖旦立

四　张桂墓碑

2011 年 7 月 14 日，在谭敦建等蒙古族居民帮助下，在向家坝邓家坪张人龙墓旁发现蒙古族先祖张桂之墓。据彭水县《张氏源流》编委会于1999 年编纂的《张氏源流》显示，张桂为向家坝张氏蒙古族先祖张人龙之子、张希圣之孙、张大用之曾孙、张经之玄孙。张桂妻代氏生张志清和张志端兄弟二人。

墓碑共分四层。从上到下第一层为山形"望山"。第二层题名：艮山坤，两边对联为：如却月，似颠舟。第三层雕刻有四个大字：万古佳城。第四层为墓碑主体。上书：皇清待赠显考张（讳）桂翁（号）朝安老大人之墓。两边对联为：佳城称马鬣，吉地说牛眠。

大清道光二年壬午岁孟冬月吉旦立

五　张柄妻黄氏墓碑

2011 年 7 月 14 日，笔者在高坎子对面山坡上发现张氏蒙古族先祖张柄妻黄氏墓。据彭水县《张氏源流》编委会于1999 年编纂的《张氏源流》显示，张柄为张氏先祖蒙古族张人龙之子、张希圣之孙、张大用之曾孙、张经之玄孙。即上述张桂之兄弟。张柄妻黄氏生张志道一子。

墓碑分三层。最上层书四个大字：毓秀钟灵，两边对联为：千秋发，万世荣。第二层中间书：万古佳城，两边对联：同石窌，赛土封。第一层与第二层中间雕刻有"狮子对望图"，另有类似宝剑等图案。最下层为碑刻主体。主体部分上书：皇清待诰故显妣张母黄老太君之墓。两边对联为：此处云蒸霞蔚，他年凤起蛟腾。左下角书：孝男志道，妻何氏。女敏五、聪槐、三八、四凤。姑孝孙女□、驹，孙女酉、癸。右下角书：孝胞侄成，端（妻胡氏）、兴（妻曾氏）、孟（妻许氏）。志清、彦、周、任。婿周永清、左□、何宗凤、黄文栋。

大清嘉庆二十三年戊寅岁仲春月吉旦

六　谭世武墓碑

2011年7月14日，笔者发现谭世武墓碑。墓碑仅在碑头上书：万古佳城。碑刻正中书：皇清待赠故显考讳世武（号殿飏）谭老大人之墓。左下书：男理（妻：冉氏、黄氏）、珏（妻冉氏）、瑷（妻黄氏）、琬（妻冉氏）、琢（妻周氏），婿冉珂。右下书：孙人性（妻吴氏）、人义（妻周氏）、人达（妻邵氏）、人敏、人援。皇清乾隆三十五年岁次庚寅孟春吉旦立。

对于谭世武的来历和出身，谭孝云家族谱藏本作了明确说明。向家坝蒙古族始祖张攀桂生纶、经和斗三子。其中，斗无嗣。谭纶生五子，即长子大中，次子世元、三子世文、四子世武、五子世英。世英生五子，即人理、人珏、人瑷、人琬、人琢。也就是说，谭世武为谭姓蒙古族有据可查的第三世始祖之一。

可见，谭世武墓碑立碑时间为公元1770年。

七　张经墓碑

2011年7月15日，笔者见到了张氏蒙古族始祖张经之墓。张经之墓位于向家坝民族公路边密林之中。据彭水县《张氏源流》编委会于1999年编纂的《张氏源流》记载，张经为蒙古族始祖张攀桂之子。张经字正猷，妻汪氏生独子张大用。

墓碑为圆形结构，形似蒙古族包式样，这与笔者发现的其他墓碑方形不同。墓碑上书：清待赠显祖考（讳）经（号）正猷张老大人之墓。墓碑上刻"山明水秀"四个大字。碑左下方注：男张大用，媳冉氏。右下角注：祀孙希圣，曾孙人杰、人龙、人道。

立碑时间：太岁戊辰年孟春月吉旦立。

八　张志立墓碑

2011年7月15日，在张友权、涂道远等村民的指引下，笔者见到了张氏蒙古族始祖张志曾、张志儒的胞兄张志立的墓碑。据《彭邑封翁张

图 8-4　张经墓

公学鲁墓志铭》记载：绿朝辅公，以嘉庆丙子春下世。年四十有五。伯兄志立，方十八，亦于是年初夏卒。可见，张志立十八岁去世。

墓碑上半部刻有：雁行折翼，两边对联为：千年弗朽，万古佳城。墓碑主体部分正中竖刻：故胞兄（讳）志立（号）于礼张老大人墓前。左下角注：孝胞弟张志曾、张志儒、张志益。右边竖书：孝妻王氏。

嘉庆丁丑年仲丑冬月吉旦

九　谭珏墓碑

2011 年 7 月 15 日，在张友权、涂道远等村民的帮助下，笔者发现了谭氏蒙古族始祖谭珏之墓。谭珏隐藏于张远权家附近公路边的山林之中。

谭孝云家族谱藏本记载，谭珏为谭氏蒙古族第四代始祖，谭伦之孙，谭世武之二子，生育一子谭人达。

墓碑上书：故显考□□（讳）珏谭老大人之墓，墓碑顶部刻有：山明水秀。

乾隆二十三年岁次戊□□吉旦

可见，谭珏碑在公元 1758 年雕刻并竖立纪念。

上述清代墓碑的发现、考释和研究，笔者认为可以分析出以下一些基本信息：第一，重庆蒙古族至少在公元 1758 年即清代第六世皇帝清高宗纯皇帝爱新觉罗·弘历二十三年就已在向家坝定居，也就是说，蒙古族至少是在清乾隆年间就已成为重庆民族大家庭中的一员，并有墓碑等佐证。第二，自清代乾隆年间以来，蒙古族已是向家坝及周边地区的重要大族，在整个社会结构中占重要地位。按照传统，一般来说，祖辈去世以后，后世子孙都会修建墓碑以示对祖先的尊崇并以此祈求祖先神灵的护佑。但是，在生产力水平较为低下的情况下，人数不多的族众要修建数量如此之多、规格如此之高的数辈人的墓碑，就暗示了蒙古族群众人心之齐、经济基础的相对优越和发达，也在一定程度上展示了蒙古族在当地社会结构所处的重要政治和经济地位。

第五节　军事活动遗址及其他

调查期间，笔者发现除上述象鼻塞遗址和碑刻、挼刀洞遗址及碑刻、八角楼文化遗址、清代墓碑外，向家坝蒙古族及其先民还留下了箭池和马道子等军事活动遗址、清代寿匾、族谱等重要文化遗产。

一　箭池和马道子遗址

箭池和马道子遗址是向家坝蒙古族先民遗留下来的重要军事活动遗址，也是蒙古族尚武崇武的重要历史见证。

作为游牧民族后裔，在很长一段历史时期，重庆蒙古族崇力尚武，骑马射箭，不忘马背民族的本色。文献记载，彭水向家坝的蒙古族群众直到20世纪40年代还保留着重骑射的传统。他们代代养马，人人都学骑射。村内设有马道、箭池等学骑射的场所。[1] 蒙古族是马背民族，精于骑射，彭水向家坝的蒙古族群众早已脱离游牧环境，成为完全的农耕者，但却一直保持着重视骑射的传统。马道从张永安（张友安——笔者注）家门起至张远洋屋后止，共长六七百米，箭池为一块大田，靠屋前一边的直线为弦，半月形地面为弓，均用条石铺成，正中是座独木桥，连接"弓"、"弦"。族内男女直到1949年以前还必须在此练习骑射，练习时背三支箭，骑马在马道中奔驰到尽头急转时，连发三箭。[2] 对于蒙古族先民练习

---

[1] 重庆民族宗教事务委员会：《重庆民族志》，重庆出版社2002年版，第265—266页。
[2] 四川省地方志编纂委员会编纂：《四川省志·民族志》，四川民族出版社2000年版，第439—440页。

骑马射箭的情况，70岁的张孝和回忆说："招生操武是我们八世祖张汝器在高坎子创办的。我小时候看到到过练操习武，一批四五十人不等，但是每个习武的必须从高坎子门前骑马跑600公尺到旋窝子；这时，马掉头，骑马者加鞭往马道子跑，在300公尺处，人在马背上顺势反射三箭，箭箭射中牛皮做的靶子才算合格。"①

《彭水苗族土家族自治县概况》记载：今鹿鸣乡向家村，有蒙古族的箭池遗址。箭池形如新月，底长25米，圆弧半径为7米。以条石镶边，板石铺底。圆弧正中置跑道一条宽1米，一直向外延伸，于1000米处设靶场。为蒙古族迁居彭水后练习骑射的遗址，今存。②

在调查期间，张友安老人向笔者详细介绍了箭池、马道子的基本情况。如今，箭池、马道子已为良田，种植玉米、稻谷、黄豆、马铃薯、红薯等各种粮食作物。可以说，作为文化遗产，箭池、马道子已经从实实在在的军事活动遗址逐渐转化为蒙古族群众记忆中的美好记忆，物化的财富逐渐转化为蒙古族民众对先祖辉煌过去的精神遗产。

二 清代寿匾

2011年7月13日下午，在张友位家中发现一块清代道光十三年的寿匾。

寿匾为木质，长240厘米，宽105厘米，上书"天寿贞贤"四个大字，"天寿"二字已模糊不清。

匾头题字因年代久远，已剥落模糊无法辨认。据张友位告诉笔者，在他很小的时候这块匾就在他家中，当时家中缺少家庭器物，所以这块匾额也被当作木板来使用。据他回忆，在匾中间还有一块大印，但是现早已脱落，不知去向。

在匾额的左下角题注为：右给文生张席珍之母冉氏。

道光十三年小阳月中浣吉旦立。

"道光"即为清宣宗爱新觉罗·旻宁的年号，"道光十三年"为公元1833年。也就是说，张友位家中的这块刻有"天寿贞贤"大字的寿匾是

---

① 赵开国：《泪凝诗句，僻壤隐天骄——向家坝蒙古族的由来考察记》，《绿荫轩》（内部资料）1984年第3期。
② 《彭水苗族土家族自治县概况》编写组、《彭水苗族土家族自治县概况》修订本编写组：《彭水苗族土家族自治县概况》（修订本），民族出版社2007年版，第35页。

图 8-5 清代寿匾

清道光十三年也就是公元 1833 年时期的重要文物，具有较高的历史研究价值和民俗研究价值。

本 章 小 结

作为处于文化孤岛的散杂居族群，二百多年来重庆蒙古族的社会与文化结构都已发生了翻天覆地的变化。为强调和固守本民族的文化认同和族群边界，重庆蒙古族及其先民有意或无意地创造了丰富的历史文化遗产，给后世留下了宝贵的民族文化遗存。象鼻子洞与象鼻塞碑、八角庙文化遗存、捫刀洞遗址及《捫刀洞记》、清代墓碑与碑刻铭文、箭池与马道子遗址、清代寿匾、族谱等文化遗存，见证了重庆蒙古族的沧桑历史与社会变迁。这些都是重庆蒙古族的重要文化遗存和瑰宝，是维持民族记忆的物质载体，更是强化民族边界和族群认同的重要依托。

第九章

风俗习惯

在人类学家和民族学家看来，风俗习惯是民族传统文化的重要组成部分，是民族传统文化的重要内容，主要是指一个特定民族在衣、食、住、行、生产劳动、婚姻、丧葬、节庆、礼仪等方面的风尚和习俗。[①] 作为民族社会心理的重要显性表现形式，风俗习惯是一种独特的文化现象，直接影响了一个时代的民族精神和基本生活面貌。

在长期的民族互动与文化交流过程中，重庆蒙古族创造出具有明显民族特性和地域特色的服饰习俗、饮食习俗、居住习俗、交通习俗、节庆习俗等风俗习惯。这些习俗与风尚，既与重庆蒙古族所处的社会文化生态密切相关，又与重庆蒙古族社会生产力水平和生活方式密不可分。中华人民共和国成立以来，尤其是改革开放三十多年来，重庆蒙古族社会生产力水平有了很大提高，生活水平和生活质量也都发生了翻天覆地的变化，传统的民族风俗习惯随之产生剧烈变迁。

第一节 服饰习俗

民族学认为，服饰是人类生活中最重要的物质资料，一般与社会生产力发展水平、经济基础、物质文明建设、社会风尚与审美观念同步发展。[②] 可以认为，服饰衣冠不仅可以体现一个民族所处生态环境的差异，还可以体现一个民族的社会生产、生活方式和社会文化的不同，同时还可以展示经济发展程度的高低。

---

① 林耀华主编：《民族学通论》（修订本），中央民族大学出版社1997年版，第446—447页。

② 陈茂同：《中国历代衣冠服饰制度·前言》，百花文艺出版社2005年版，第1页。

一　蒙古族的传统服饰

伴随着社会环境的改变和经济文化交流的不断增强，蒙古族服饰习俗产生了很大变化。从传统而言，蒙古族服饰与游牧经济密不可分。男女服饰款式相似，都穿长袍，右衽交领，少数为方领，腰间密密打作细褶，以帛带束腰，腰身紧缩突出。衣肥大，长拖地。初以毡、皮毛、皮革制作，后以棉布、织锦等制作，喜穿红、紫、绿等色衣服，冬服二裘，一裘毛向内，一裘毛向外，以御寒。已婚妇女喜穿长袍，前开口至底部。① 基于长期游牧经济的生产、生活方式，蒙古族男女老幼都喜穿皮质长袍，束腰带，这种长袍俗称"蒙古袍"。蒙古袍比较肥大，袖细而长。服饰颜色尚白，以示圣洁、长寿。蒙古袍有舞台服装和民间服装两种，民间服装多用黄、红、深蓝色的布料或绒线，在衣领、袖口、下摆等处上精美花边。蒙古族男女老幼均喜欢穿皮靴，防寒又防风，行走也较为方便，阻力小。② 由此可见，传统蒙古族服饰与草原游牧经济相伴相随，密不可分。

在旧时代，蒙古族女性从小就扎耳洞。成年后，普遍戴耳环。老年妇女的耳环是略小于铜钱的玉石耳环。极少数男子也戴耳环，不过只戴一只耳环。结婚时，岳父家要给一头牛。这种习俗一直到新中国成立前仍有个别地保留着。③

蒙古族是一个长于装饰的民族。在日常生活中，除用如金、银、珍珠、玛瑙、翡翠等一些珍贵的饰物装饰外，蒙古族妇女尤善于刺绣。在民间，一个待嫁的姑娘，要用很长时间刺绣，绣鞋、靴、荷包、枕头顶等等。嫁后，这些刺绣衣物就成为人们品评新娘子手巧还是笨拙以及幼年家教如何的"考卷"。由于刺绣深受重视，所以经过漫长的历史发展逐渐形成了一种独具风格的民族民间服饰艺术，而且花纹、图案、色彩、构图、技巧等也越来越有所发展和提高，应用范围也越来越广。除嫁妆外，普通人的衣服、老年妇女的脑包和青年的耳包以及靴子、毡子、鞍具、枕顶、门帘、箭袋等也刺着各种花卉和图案。④

---

① 《蒙古族简史》编写组、《蒙古族简史》修订本编写组：《蒙古族简史》（修订本），民族出版社2009年版，第92—93页。
② 杨圣敏主编：《中国民族志》，中央民族大学出版社2003年版，第111页。
③ 王迅、苏赫巴鲁：《蒙古族风俗志》（上），中央民族学院出版社1990年版，第13页。
④ 同上书，第13—14页。

二　重庆蒙古族服饰的演变

随着地理环境和社会文化生态的改变，为适应南方山地农耕生计方式，重庆蒙古族服饰发生了根本性改变。明清时期，彭水及附近地区是明清政府"赶苗拓业"的主要地区。因此，很多幸存下来的各族人民不得不改着汉装。避难逃入的蒙古人，也入乡随俗，着当地人一样的服饰。[1] 清代，中央政府规定"无论生苗、熟苗，胥令剃发缴械，且变其服饰，杂服蓝、白"。清至民国，包括蒙古族在内的各族人民服饰的基本颜色为蓝、白二色。一些老年妇女身穿青色服饰，头包青色丝帕抑或穿戴青色绒帽。除新娘全身红色、郎挂红绸外同于全国外，彭水各族人民结婚时均用红毡垫桥和垫跪，当为红苗的遗风。[2]

新中国成立前，包括蒙古族在内的彭水各族群众服饰多素色。头饰、上衣、裤子等极富特色。在头饰方面，彭水农村各族无论男女，不分青年、中年、老年，均喜欢包白布帕。《苗疆风俗记》记载："土蛮男妇人等，头上皆包白布，燕会往来，习以为常。"白帕一般均为单数长度，即为三尺、五尺抑或七尺不等，平时不封顶。在亲人去世以后，白帕会封顶，俗称"孝帕"。劳动时，白布容易脏，故多包蓝布帕或青布帕，农闲时才包白帕。小孩子夏天戴凉帽，春秋戴猫头帽（虎头帽），冬天戴尾巴帽子。一般来说，帽子前沿、中间要点缀银饰佛像或者罗汉图，两边再点缀"长命富贵"等吉祥语言的银字或银质的十八罗汉，尾巴帽要挂银制的响铃。老年人冬天也戴尾巴帽，颜色多为青色和蓝色，从前额遮过两耳一直垂到后背。未出嫁的女孩留长单辫，扎彩色头绳，拖到臀部。结婚时，将发辫绾成发髻，置于脑后，扎以头绳。一般来说，也会根据家庭富裕程度，插戴铜、银、金簪子，外面用青色发网罩住，俗称"牛屎粑儿"。[3]

在上衣方面，彭水各族成年男子的上衣在春秋多穿蓝色对襟短衣，夏天为白色。对襟多为五对或转让七对布扣，左右略呈长方形敞口包。当然，夏天也有穿蓝色和白色背心的。冬天穿长衫，内穿短棉袄或长棉袄。

---

[1] 彭水苗族土家族自治县民族宗教志编纂委员会：《彭水苗族土家族自治县民族宗教志》，重庆出版社2003年版，第106页。

[2] 同上书，第106页。

[3] 同上书，第106—107页。

富有的家庭穿丝绸制品，冬天穿皮夹袄。但是，无论是长衫、长袄抑或是短衣、短袄，全都是两袖细长，从背脊开缝，肩背处不接缝，只在肘部接袖子。成年女子上衣右边开襟，布扣，袖子比男装大，前膝、下摆、衣领、袖口都镶嵌花边，部分女装甚至长至膝盖以下，无领或浅领，俗称二马裙。一般女性都围绣花围腰，用银圈穿彩带固定。富家妇穿长旗袍，在旗袍下摆、袖口即开襟处绣有花边。①

中等以上家庭，中年以上男性和女性在做客时，脑前戴一排、两排或三排银制牙签，上面刻有人物、花鸟等图案，做工精细。下面戴各种银饰品，包括手镯、挖耳、银刀、银剑、獐子牙等。中年以上男人多留胡须，按不同脸型即各人的审美需求，分别六一字胡、八字胡、三须胡、满嘴胡、络腮胡等。②

就成年男女来说，所穿裤子均为大脚、大腰，除小孩裤子外中间均不开裆，另加白布或蓝布为裤腰，穿时以为固定，俗称"便裤"。女裤的裤脚都镶彩色花边，有的接缝处也镶嵌花纹。有的妇女也穿直筒裤管和百褶裙、筒裙等。

新中国成立前，包括蒙古族在内的彭水各族男子或女子多穿草鞋甚至是打赤脚，草鞋有稻草鞋、茅草鞋、麻草鞋和桐麻草鞋等多种样式。一般来说，草鞋多为家中老人自己编造，麻草鞋多为家境富裕者享用。桐麻草鞋可防止沙虫和烂脚丫。松紧鞋、布袜子，或里面用"包脚布"将脚包住。冬天穿棉鞋。新中国成立前，彭水有的地方妇女缠足，穿尖尖鞋。

在彭水各地农村，婴儿脑门上多留"命鞑"，形如火铲而俗称"铲铲头"。十来岁后，留"木碗丘"，就是将头发呈圆形留到耳郭后，如一只木碗罩于头上。女孩在蓄发，留成长辫子。民国时期，政府下令剪辫子，还专门派人到各地去剪辫子。③

新中国成立尤其是改革开放以来，随着社会经济的不断快速发展，传统乡村社会完全被纳入到国家经济体系甚至是世界经济体系中来，重庆蒙古族民众社会生活水平有了极大提高，服饰原料、服饰样式、制作方法、服饰功能等也发生了明显变化。

---

① 彭水苗族土家族自治县民族宗教志编纂委员会：《彭水苗族土家族自治县民族宗教志》，重庆出版社2003年版，第107页。

② 同上书，第107页。

③ 同上书，第107页。

首先，服饰原材料和样式发生变化。调查期间，据部分蒙古族老人回忆，在20世纪50—60年代，重庆蒙古族服饰多以青布、白布、黑布等为主，色调较为单一。如需黄色或其他颜色的布匹，当地蒙古族会购买原料自己染制，制作方法也较为粗犷、原始。调查发现，如今蒙古族服饰均用机制布匹，人工染制的布匹完全淡出了人们的生活，基本上已没有家庭用以制作。

调查发现，在20世纪70年代末到80年代初期，"的确良"布匹深受蒙古族群众喜爱，"的确良"布匹所制衣服也较为走俏。自20世纪80年代以来，向家坝蒙古族地区先后流行中山装、列宁装、西装、夹克等各种服饰，裙子、牛仔裤以及高跟鞋、旅游鞋、皮鞋等也先后进入向家坝蒙古族家庭。可以认为，如今蒙古族所着服饰和外面大中城市的服饰已差异不大，各种服饰应有尽有。

其次，服饰制作方法和服饰功能的变迁。随着改革开放的逐步推进和经济文化交流的加速，在蒙古族所着服饰的制作工艺中，机械制造也完全代替人工制造。调查发现，除少量布鞋、棉鞋外，其他各种服饰均为机器制作。机器制作的服装不仅美观、大方、经济，而且样式新颖，深受欢迎。同时，从服饰功能的角度来看，蒙古族服饰的遮羞功能和御寒功能逐渐让位于对服饰美和形体美的追求，服饰的传统功能逐渐淡化。

同时，调查还发现，如今已很少有人佩戴头饰，但是佩戴手表、耳环等饰品的现象则相对较多。部分蒙古族年轻人还戴有黄金制饰品。

有关历史文献记载，新中国成立后，彭水其他地方直到20世纪80年代还可看见留辫子的习俗[1]，农村一些上了年纪的老人还留有"椎髻"的发式，清平乡苗族谢朝敦1961年时还留有长发，[2] 但向家坝蒙古族基本没有留辫子和"椎髻"的习俗。如今，发式也较为多样，与外面城镇男女所留发式已基本相同。笔者调查发现，在所有人群中，在校学生、外出务工青少年是流行发式的推动者和实践者，而与此相反，传统发式的保留者多为老人，尤其是老年妇女。

此外，调查发现，现在很少有人还留有胡须，以前的各种留须样式也

---

[1] 彭水苗族土家族自治县民族宗教志编纂委员会：《彭水苗族土家族自治县民族宗教志》，重庆出版社2003年版，第107页。

[2] 同上书，第108页。

不多见。

总体而言，重庆蒙古族服饰与当地其他民族服饰已基本没有区别，蒙古族传统服饰的文化痕迹已基本消失殆尽。这一变化过程，一方面体现了重庆蒙古族和其他民族进行服饰文化交流的力度之大，程度之深，另一方面也展现了蒙古族为适应新的社会环境而做出的服饰文化调适的努力。

第二节 饮食习俗

民以食为天。作为一种文化现象，各民族饮食总是受一定的生态环境、自然资源和社会生产力水平的制约。饮食质量的好坏和饮食种类的多寡也代表着一个民族社会生产、生活水平的高低。

一 蒙古族的传统饮食

从传统意义来说，作为一个地地道道的游牧民族，蒙古族创造了独具民族特色和地域特性的饮食文化习俗。主食除炒米外，他们还有"白食"和"红食"之说。"白食"主要分为食品和饮料两种。饮料有酸奶、鲜奶、混合回锅酒、奶酒等，食品有奶豆腐、酸奶豆腐、奶油、黄油、奶酥、白奶豆腐、奶酪、奶皮、奶渣子等。肉食品即为"红食"，主要原料为牛羊肉，其次就是山羊肉和骆驼肉，吃法多种多样，通常包括手扒肉、炖羊肉、烤羊肉等。宴席讲究摆全羊席。[①]

东部区蒙古族的白食又分奶油、奶干、奶皮子、奶酪等诸多食品。"红食"主要包括牛、羊、猪、兔，其次包括黄羊、麋鹿等。其中，羊肉食谱众多，也很讲究烹饪。食法主要有"手扒肉"、吃"乌查"、吃全羊和全羊席等。另外，还有蒙古八珍、成吉思汗火锅、炒米、牛犊汤、奶酒等。[②]

有学者对现今牧区蒙古族家庭饮食进行了详细调查。在牧区的蒙古族家庭中，最典型和最不可少的饮食是羊肉。羊肉的做法很多，可以做羊肉包子、羊肉汤和馅饼。吃羊肉是蒙古族人的最典型标志。饮料主要是奶酒和奶茶，奶豆腐也是牧区蒙古族不可或缺的食品。黄油也是牧区蒙古族认

[①] 杨圣敏主编：《中国民族志》，中央民族大学出版社2003年版，第111—112页。

[②] 王迅、苏赫巴鲁：《蒙古族风俗志》（上），中央民族学院出版社1990年版，第14—22页。

为营养价值极高、极好的东西。①

二　重庆蒙古族的饮食变迁

与传统蒙古族饮食以及当下牧区蒙古族饮食比较，重庆蒙古族饮食文化发生了很大变化。调查发现，从纵向的饮食文化发展历程来看，向家坝蒙古族家庭饮食习俗的演变主要经历了三个阶段："缺食少吃"阶段、"足食吃饱"阶段和"足食吃好"阶段。

第一阶段："缺食少吃"阶段。限于经济发展水平等原因，这一阶段的主要特征是蒙古族家庭缺衣少食，吃不饱穿不暖。食物的特征是数量少，质量不高。在新中国成立以前，向家坝蒙古族家庭可谓食不果腹，衣不蔽体。

新中国成立后，随着"土改"的完成、减租减息运动的开展和农业合作化运动的进行，向家坝蒙古族家庭的饮食有了基本保障，饮食质量和数量都有了一定提高。但是，随着大生产运动的开展和大集体大办伙食的开始，尤其是在1959—1961年三年自然灾害时期，很多向家坝蒙古族家庭陷入崩溃的边缘，很多蒙古族群众饿死路边。在这期间，很多家庭吃枇杷树皮、树叶和树根，吃麻桐树皮粉，甚至是"观音米"（即一种黏性泥土，又称"观音泥"），以渡过危机。

第二阶段："足食吃饱"阶段。这一阶段的饮食特征是蒙古族家庭粮食够吃，普通家庭也能基本维持口粮供给。自家庭联产承包责任制实施尤其是改革开放以来，向家坝蒙古族社会生产力得到极大解放，大量剩余劳动力也逐渐从传统农业中转移出来，产业结构调整政策得到进一步贯彻、推进和优化，整个向家坝蒙古族社会出现一片复苏和欣欣向荣的景象。粮食产量得到极大提高，普通家庭人均口粮得到了基本保证，向家坝蒙古族家庭基本解决了"吃饱"的问题，结束了长期以来"吃不饱饭"的历史。这一阶段标志着向家坝蒙古族家庭饮食开始注重饮食种类的增加和饮食质量的提高。

第三阶段："足食吃好"阶段。进入21世纪尤其是近五年以来，向家坝蒙古族家庭经济收入来源进一步多样化，生活水平逐步提升，普通群

---

①　马京、金海主编：《蒙古族——内蒙古正蓝旗巴彦胡舒嘎查调查》，云南大学出版社2004年版，第178—178页。

众在吃饱饭的同时，也提出更高的饮食文化需要向"吃好"转化。于是，一些现代高营养食品进入千家万户，高档白酒、饮料、牛奶等也逐渐摆上普通家庭的餐桌。

从横向角度而言，重庆蒙古族家庭在饮食种类和饮食礼仪方面逐渐形成了自己的特色，生产了一系列极富地域特色和民族特色的绿色食品。

从饮食种类来说，向家坝蒙古族饮食主要有主食、副食和饮料等三类。在主食方面，主要包括大米和玉米（苞谷）。副食则主要有马铃薯、荞麦、红苕等。肉类多为自养的猪、牛、羊、鸡、鸭等畜禽，以及在农闲时期捕捉到的兔子、野猪等野生动物和鱼类等。蔬菜种类有青菜、白菜、萝卜、冬瓜、四季豆、辣椒、豇豆等50多种。豆制食品有豆腐、豆干、豆腐脑、豆腐丸子、霉豆腐、豆油皮、干豆豉、水豆豉等。糯米制品有汤圆、醪糟、糍粑等。苞谷制品有苞谷粑、炒米。荞面制品有荞面粑粑、荞面汤圆等。小麦制品有包子、馒头、面条、面块、麦子粑等。还有冰粉、斑鸠窝豆腐、魔芋豆腐以及软荞粑粑等。[①] 在饮料方面，主要是饮茶。茶叶为自采自制。一般来说，如有客人到家，主人都会奉上热茶一杯以示亲热和敬意。

同时，向家坝蒙古族还有浓烈的饮酒风俗。在笔者调查期间，发现向家坝蒙古族家庭几乎是无酒不成席。酒桌上，大家欢快畅饮，大块吃肉、大碗喝酒。调查发现，以前向家坝蒙古族的酒水主要是自制自酿的苞谷酒，也就是白酒。如今，随着生活水平的进一步提高，向家坝蒙古族家庭所饮酒水均为购自商店的瓶装酒，如金江津、小角楼、诗仙太白等多种白酒。啤酒也是向家坝蒙古族喜爱的一种酒水。调查期间，笔者发现很多家庭往往是将啤酒作为待客的"茶水"，随倒随喝，很是豪爽。可见，大碗喝酒、大块吃肉是向家坝蒙古族的传统习惯，在族人婚丧嫁娶、祭祖祀神、节日喜庆、招待宾朋、款待来宾等特殊节日时一醉方休[②]，以体现主人对客人的真诚和友好。

从饮食礼仪来看，在饮食过程中，向家坝蒙古族往往还体现出豪爽的待客之道。在客人到来之时，家中或者族中长者往往都会参加接待来客的

[①] 彭水苗族土家族自治县民族宗教志编纂委员会：《彭水苗族土家族自治县民族宗教志》，重庆出版社2003年版，第18页。

[②] 重庆民族宗教事务委员会：《重庆民族志》，重庆出版社2002年版，第266页。

酒席。在席桌上，族人往往会先请客人上桌，家中或者族中众人才会按照长幼尊卑次序依次坐好。再由主人或者长者举杯欢迎来客到家来做客。在宴席过程中，主人或者陪席之人往往在向客人敬酒之后还要向在座的族中长者、尊者敬酒。可以认为，从饮食礼仪角度来说，向家坝蒙古族的饮食礼仪体现了蒙古族人的热情好客和对长者、尊者的尊敬与爱戴。

此外，在向家坝，还有一些极富地域特色和民族特色的绿色食品。荞面豆花是向家坝蒙古族地区较有特色的食品之一。荞面豆花主要是由荞麦、豆花混煮而成。按照程序，先将豆花制好后，再将其和荞麦做成的荞麦汤圆放到锅中混煮，待水开以后即可上桌食用。这种食品营养丰富，口感爽朗，制作程序也较为简单，深受喜爱。

干土豆，俗称干洋芋，也是向家坝蒙古族特制的绿色食品。干洋芋的制作程序较为复杂。第一步，挑选洋芋。先将从地里挖回的洋芋进行挑选，那种个头较大、淀粉较多、无虫食或无破损和破皮的洋芋最适合做干洋芋。第二步，准备洋芋。将挑选出来的洋芋洗刷干净，去皮后用凉水浸泡，然后将土豆切成三角形、扇形或多边形块状，为下一步的制作做好准备。第三步，蒸煮洋芋。将切成型的洋芋放到水中蒸煮或者放到蒸笼中蒸熟。在这个过程中间，需要注意火候的把握，即要求洋芋蒸熟或者煮熟，但是又不能将洋芋蒸烂或者煮烂，只要熟透即可。第四步，晒洋芋。将煮熟或蒸熟的洋芋放到太阳下晒干，这个过程一般持续三四天，如果天气不好则要一个星期左右。在晒洋芋的过程中，要注意防止洋芋淋水或者被蚊虫叮咬，同时还要注意远离灰尘源等污染物质。总之，在晒洋芋的过程中，既要保证洋芋的水分被晾干或晒干，又要保证洋芋的卫生和不被污染。干洋芋制成以后，保存时间长而不易腐坏。特别适合冬天没有新鲜蔬菜下锅时来调剂餐桌，若与腊肉炖煮口感甚好，营养价值高，深受向家坝蒙古族群众喜爱，是难得的山间绿色食品。

总体而言，向家坝蒙古族饮食文化发生了质的变化，经历了从吃不饱饭到吃得饱饭、从吃得饱饭到追求吃好饭的变迁过程。整体来说，在饮食习惯上，重庆向家坝蒙古族的饮食习惯已与当地土家族、苗族相差不大[1]，出现了饮食文化融合和趋同的特点。

---

[1] 王希辉：《重庆蒙古族来源及其社会文化》，《西南民族大学学报》（人文社会科学版）2011年第3期。

第三节　居住习俗

居住文化是体现一个民族、一个国家经济与社会发展水平的重要标志。民族学家认为，人类在长期的实践和探索中，积累了丰富的经验，他们充分利用自然条件，适应不同的文化生态，创造出了不同民族特点的居住文化。[①] 不同时期、不同地域和不同民族的居住习俗都有着极强的时代特征、民族特色和地域特性。

一　蒙古族的传统居住文化

根据历史文献记载，历史上蒙古族多住帐幕和窝棚。这两种居住形式都是为适应游牧和狩猎经济生活而形成的住所，易拆卸、便携带。[②] 帐幕又称"蒙古包"，这种居住形式直到近现代仍在蒙古族社会中流传。蒙古包外形像一把撑开的伞，在顶端中央留有天窗，以作通风、采光和生火时出烟之用。四周为圆形毡墙，与上面伞形屋顶相连，下垂直于地。一般来说，蒙古包高七八尺，直径丈余长，大小有"60 头"、"80 头"、"90 头"不等。蒙古包一般面朝东南，这不仅与崇尚太阳有关，更多的是为抵御严寒风雪。[③]

近百年来，农业区和半农牧区蒙古族基本上已普遍定居，建立了土木结构的房屋。在新中国成立前，在蒙古包和住房上表现出了明显的等级制度。在新中国成立后，住房和村庄都有了很大变化。农业区和半农半牧区，均为土木、砖木结构建筑，部分地区也建有"一面青"的砖土结合型平房。普遍注意采光，用四合玻璃窗或折页窗。基本与当地其他民族无太大差异。牧区用蒙古包。不过，有些蒙古包用的是钢架，有前后窗户，内有床或灶，成为一种具有现代风格的蒙古包。[④] 在牧区，蒙古族一般都住在蒙古包，一个牧户一般是一两个蒙古包。[⑤] 如今，牧区

[①] 宋蜀华、陈克进主编：《中国民族概论》，中央民族大学出版社 2001 年版，第 489 页。
[②] 《蒙古族简史》编写组、《蒙古族简史》修订本编写组：《蒙古族简史》（修订本），民族出版社 2009 年版，第 94—95 页。
[③] 杨圣敏主编：《中国民族志》，中央民族大学出版社 2003 年版，第 112 页。
[④] 王迅、苏赫巴鲁：《蒙古族风俗志》（上），中央民族学院出版社 1990 年版，第 28—29 页。
[⑤] 内蒙古自治区编辑组、《中国少数民族社会历史调查资料丛刊》修订编辑委员会：《蒙古族社会历史调查》，民族出版社 2009 年版，第 113 页。

很多蒙古族过上了定居生活，也逐渐开始利用土坯、泥土、干的牛羊粪、木料、砖等建筑平房。当然，也还有极少数牧区蒙古族家庭居住在蒙古包内。①

二 重庆蒙古族居住文化的变革

地方史志文献记载，明清以来，重庆彭水及附近民族地区逐渐开始流行以地域为范围的"村落"，但仍流行聚落的风俗。聚落主要有五种：据山凭险而居的、以荆棘为围的、在石墙上栽植荆棘的、以巨石为墙的和以土墙围墙的。这些聚落大多以居民姓氏及地形连起来命名，如何家寨、谢家沟、任家坪、田家园、朱家堡、冉家坝、张家坪、李家山、吴家湾之类。鹿鸣乡向家坝村全为蒙古族居民张、谭二姓，新中国成立前没有外姓外族居住。② 姑且不对上述文献的真实性和准确性进行考证，但其所描述的聚落现象至今在向家坝蒙古族社会中仍旧存在。笔者在调查期间就发现，现今向家坝固然有很多蒙古族家庭已经单独居住，"独立门户"，但是仍有很多家庭是连屋而居，多则四五户，少则两三户。如向家坝村委主任张远权家就与张小松等四户住户连屋而居。可见，聚落习俗至今仍有遗风。

随着社会的不断变迁，重庆蒙古族地区房屋样式也发生了很大变化。笔者认为，向家坝蒙古族的居住习俗经历了很大变迁，向家坝蒙古族的居住样式主要经历了岩洞时期、茅草房时期、土坯房时期、木架干栏建筑时期以及钢筋混凝土结构建筑时期等五个阶段。不同时期不同的居住样式真实反映了向家坝蒙古族经济与社会发展的不同阶段和实际水平。

第一个阶段：岩洞时期。向家坝蒙古族居住岩洞主要是在新中国成立前。这一时期，由于向家坝地理位置偏僻，经济社会发展缓慢，人们生活极为困难，再加上连年战乱，很多蒙古族家庭居无定所，就只好选择条件较好的岩洞作为住所。全家吃、住均在岩洞中。岩洞夏不遮阳，冬不抗冻，生活十分困难。77 岁的张友志老人就告诉笔者，现今向家坝很多岩

---

① 马京、金海主编：《蒙古族——内蒙古正蓝旗巴彦胡舒嘎查调查》，云南大学出版社 2004 年版，第 179—181 页。

② 彭水苗族土家族自治县民族宗教志编纂委员会：《彭水苗族土家族自治县民族宗教志》，重庆出版社 2003 年版，第 91—92 页。

洞里面的"索索"都还在，这些都是那些年代（蒙古族居住在岩洞中）留下来的。调查期间，向家坝很多岩洞中还有架锅造饭的痕迹，木炭灰和烟火熏烤的印迹也还非常明显。

第二个阶段：茅草房时期。这一时期一直从新中国成立延续到改革开放甚至是20世纪80年代。1949年新中国的成立，向家坝蒙古族社会迎来了翻天覆地的变化，向家坝各族人民实现了当家做主的愿望，社会生产、生活积极性有了很大提高。同时，各级党和政府部门不断加大对民族地区扶贫和帮扶的力度，因此，重庆蒙古族社会面貌焕然一新，很多蒙古族家庭也从岩洞中走了出来，修建了较为简易的茅草房居住。据蒙古族老人回忆说，一直到20世纪60年代末，还有很多家庭住在茅草房中。

第三个阶段：土坯房和土木结构建筑时期。在20世纪70年代末期，由于国家政策中心逐渐向经济建设转移，以阶级斗争为纲逐渐为经济建设和社会建设所取代。因此，伴随着家庭联产承包责任制的实施和改革开放政策不断向纵深推进，向家坝蒙古族家庭经济条件有了根本性转变，社会生产、生活水平也随之有了很大提高。在此背景下，很多向家坝蒙古族家庭逐渐推倒原先的茅草房屋，改修土坯房屋。从建筑的材料和技术来看，主要是采用泥土、石头和木头混合修建，但动力仍然是人力。土坯房和土木结构建筑的产生，是蒙古族居住文化发展历程中的重大变化，标志着向家坝蒙古族逐渐开始追求居住条件的物质享受和安逸度。这一阶段从20世纪70年代一直延续至今。调查发现，在现今向家坝蒙古族家庭的建筑中，仍有一定数量的土坯房和土木结构建筑。

第四个阶段：木架房和干栏建筑。自20世纪80年代以来，向家坝部分蒙古族家庭在修建土坯房和土木结构的同时，更多的蒙古族家庭选择了木架房和干栏建筑。这种建筑是一种纯木头建筑。向家坝及附近地区多山多树木，木材资源非常丰富。于是，向家坝蒙古族在经济条件允许的情况下，因地制宜，就近砍伐树木，修建干栏木架房屋。木架房和干栏建筑一般为"一进三开"式，即进入中堂以后，左右再开门并加修厢房，厢房数量根据需要可以随意增加。同时，在中堂还可向后开门，向后加盖拖檐房屋。因此，木架房一般是"明三暗六"，甚至是"明五暗十"。由于修建房屋的木头较粗较高，很多家庭修建的木架房和干栏建筑几乎都是两层，上面修建木楼，所以一般都较为宽敞。

图 9 – 1　干栏建筑

　　调查发现，如今向家坝蒙古族家庭多以木制干栏式建筑为主要建筑样式，这与当地土家族、苗族、汉族等其他民族的建筑样式已经相差不大。一般来说，干栏建筑下层多为日常生活所用，上层多为满足储物所用。同时，当地蒙古族还有少量的砖瓦建筑。据文献记载：蒙古族的祠堂正厅为八角形的"沙帽顶"，普通民居的屋顶也为两重檐，即正中两空要高出 1 米左右以形成两个四角，即为八角形。蒙古族家中的水缸、灶头和柱础也都是"八面"，八角庙所祀武将的刀把也为"八棱"，甚至民间日常所用的柴刀和菜刀刀把也都是"八棱"。据当地民间传说，这是因元顺帝奇渥温·妥欢帖睦尔原为八弟兄，为纪念他们而在日常生活中不离"八"。但《元史·宗室世系表》载，元顺帝为明宗长子，明宗只有二子。可见，帝王八弟兄之说无据。蒙语的汉译，多以"八"字开头，如蒙文叫"八思巴文"；勇士叫"八都鲁"；蒙古人名以八字开头的也不少。如此看来，在蒙古语里"八"字并非实指，而其子孙后辈流入彭水后，为纪念其祖宗，才将"八"字按汉语所指加以具体化。[①]

　　从木架房和干栏建筑房屋内部结构来说，中堂一般是主厅，用于祭祀和举行重大活动，如结婚、祭祖等。厢房一般为卧室。拖檐一般为厨房和杂物间。调查发现，向家坝蒙古族家庭的厕所和猪栏一般单独修建，很少

---

① 彭水县志编纂委员会：《彭水县志》，四川人民出版社 1998 年版，第 735 页。

和房屋连接在一起。如今，在向家坝，差不多90%的蒙古族家庭都还是木架房和干栏建筑。可以认为，木架房和干栏建筑是向家坝蒙古族充分认识自然、利用自然资源的重要表现，是向家坝蒙古族智慧的象征和结晶。

第五个阶段：钢筋混凝土结构建筑。这是在向家坝新近出现的一种建筑样式。改革开放以来尤其是近10年来，向家坝蒙古族家庭经济能力大幅度提升，产业结构的调整和外出务工人员增多，钢筋混凝土结构的平房建筑和小洋楼开始在向家坝出现。调查发现，如今向家坝的钢筋混凝土结构的平房和小洋楼有近10家。

笔者认为，钢筋混凝土结构的平房建筑和小洋楼的出现，标志着向家坝蒙古族居住条件的巨大改善，也标志着向家坝蒙古族居住条件有了质的飞跃和发展。从建筑材料来看，在钢筋混凝土结构建筑修建的过程中，现代工业建筑材料如钢筋、水泥等取代了传统的石头、泥土和木头等自然材料。从建筑动力技术来看，传统人力也逐渐让位于机械力，挖土机、搅拌机等现代机械建筑工具正逐步取代传统人工建筑动力。从建筑内部构造来说，钢筋混凝土结构建筑和现代城市建筑差别不大，里面的设施也更加现代和实用，更加宽敞明亮，厨房、卫生间、洗澡间、卧室、杂物间、厅堂等样样俱全。笔者认为，从向家坝蒙古族居住文化的发展趋势来看，钢筋混凝土结构的平房建筑和小洋楼必然会引领向家坝蒙古族居住样式的未来发展方向，将来会有更多这种钢筋混凝土结构的平房建筑和小洋楼出现。

总体而言，向家坝蒙古族居住习俗的演变与当地经济社会发展水平是一致的。从居住习俗的功能来说，蒙古族居住习俗逐渐摆脱了较为原始和粗犷的依靠与利用自然资源的方法，转而借助现代科学技术的力量，修建更为舒适和宜居的建筑样式。可以认为，居住习俗的演变，体现了向家坝蒙古族居住习俗功能从最简单的寻求栖身之所和遮风避雨逐渐转变为追求居住质量的提升，寻求更安全、更舒适和最宜居的居住之所；是生活质量和生活品位在居住文化中的重要表现。

第四节　出行与交通习俗

出行方式是体现一个族群、一个国家社会发展水平的重要标志。在人类社会的历史进程中，人类的交通与出行方式经历了从人力、畜力到机械力转变的过程。在传统社会，人们的出行方式为步行，同时借助轿子、马车、牛车、船舶等交通工具来实现。进入现代社会以后，出行方式逐步现代化，出行更加便捷、经济和方便。

据文献记载，古代蒙古族的交通运输工具主要有马、牛、驼及车辆。游牧、狩猎和作战则需用马，用牛驾车，骆驼在一些地区则是最重要的交通工具。① 在古代社会，蒙古族的交通工具主要包括使用畜和车。畜主要包括马、牛、骡、驴、骆驼等，主要是马。通用的车主要是勒勒车，后随着手工业的发展，出现了大铁车、骡驮轿等。②

如今，北方牧区由于火车、汽车、飞机等交通工具的出现，内蒙古少数民族地区的交通状况大为改善。③ 很多家庭都开始拥有摩托车、吉普车和其他车辆，交通工具变化很大。④ 有学者在对内蒙古正蓝旗巴彦胡舒嘎查里蒙古族社会进行调查后发现，那里70%以上的蒙古族家庭都拥有一辆摩托车，极少数家庭甚至还拥有两辆，同时还有数量不等的家用吉普车。在现代各种交通工具的冲击之下，马匹的原有地位开始动摇。⑤

新中国成立以来，向家坝蒙古族的出行方式也发生了很大变化。在历史上，蒙古族是一个尚武的民族，骑马打猎是蒙古族的主要生产、生活方式。可以推断，相当长一段历史时期，骑马都是重庆蒙古族主要的出行方式。

随着自然环境与社会环境的改变，重庆蒙古族及其先民逐渐放弃了传统的草原游牧生计方式，转而逐渐接受了南方山区农耕生计模式，转变成为一个地地道道的南方山地农耕特色鲜明的少数民族族群。⑥ 从"马背"到"牛背"的转变，使蒙古族从马背上走了下来，逐渐转变成定居住的农耕民族，出行方式也随之发生了很大改变。由于地理环境复杂恶劣，为适应山地农耕经济发展的实际需要，向家坝蒙古族的主要出行方式也逐渐

---

① 《蒙古族简史》编写组、《蒙古族简史》修订本编写组：《蒙古族简史》（修订本），民族出版社2009年版，第95—96页。

② 王迅、苏荷巴鲁：《蒙古族风俗志》（上），中央民族学院出版社1990年版，第29—32页。

③ 宋蜀华、陈克进主编：《中国民族概论》，中央民族大学出版社2001年版，第496页。

④ 杨圣敏主编：《中国民族志》，中央民族大学出版社2003年版，第112页。

⑤ 马京、金海主编：《蒙古族——内蒙古正蓝旗巴彦胡舒嘎查调查》，云南大学出版社2004年版，第1782页。

⑥ 王希辉：《重庆蒙古族来源及其社会文化》，《西南民族大学学报》（人文社会科学版）2011年第3期。

转变为步行。鉴于农耕生产生活方式的稳定和不易变更性，可以认为，放弃马背、主要依靠步行，不仅是农耕生产、生活的需要，而且更是社会变迁与发展的结果。在社会生产力较低的情况下，这种出行方式存续了较长的历史时期。

面对巍峨大山的自然环境，为适应山地农耕的需要和步行的方便，蒙古族先民就不得不不断披荆斩棘，开山修路，修筑通往大山外的交通要道。据蒙古族张友安老人介绍，如今向家坝通往鹿鸣乡的石阶小道就是蒙古族祖先张志道当年主持修建的。当时，这条道路的修通，得到了当地各族群众的支持和帮助，给大家的生活、生产都带来了方便。

同时，乘船也曾是向家坝蒙古族出行的主要方式之一。木棕河位于向家坝村西边境，向家坝及周边地区各族群众要渡河到武隆等地，就必须经过木棕河上的铁索桥。向家坝蒙古族称木棕河上的铁索桥为"官渡"，木棕河为"官渡河"。据张友安老人回忆，以前向家坝蒙古族要去武隆或者木棕河两边的群众要互相往来，往往要渡河。为此，张家祖先张志道就让木棕河边一黄姓家庭设一渡口，免费为渡河的人摇橹。为褒扬黄姓家庭的善举，在当地各族群众支持下，官府免除了黄姓船工家庭的各种徭役和赋税。张友安老人说，木棕河上的"官渡"一直到公路修通和铁索桥修建之前仍然存在。因此，可以认为，在相当长的一个时期内，乘船也曾是向家坝蒙古族外出和与武隆等地进行交流所选择的主要交通方式之一。

新中国成立尤其是改革开放以来，向家坝蒙古族社会发生了翻天覆地的巨大变化，社会生产、生活也发生了极大改变，因此，出行方式也有了根本性变革。

20世纪80年代以来，随着外出务工人员的增多，向家坝更多蒙古族借助现代交通工具走出大山，进入外面的世界。20世纪90年代以来，随着向家坝民族公路的开通，向家坝很多家庭都购买摩托车作为外出代步工具。调查统计发现，如今向家坝几乎所有的家庭都至少有一辆摩托车，部分家庭甚至还有两辆。笔者发现，如今摩托车不仅是向家坝村民下地干活、到鹿鸣乡赶集和出入彭水县城等的主要工具，而且也是他们收割庄稼、运输粮食柴禾、购买肥料、种子、猪饲料等进行农业生产的基本运输和载力工具。当然，作为在社会生产、生活中的重要交通与运输工具，这些摩托车主要是就近在鹿鸣乡或者彭水县城购买。

表9-1　　　彭水自治县向家坝村摩托车数量统计　　　　　单位：辆

组别	一组	二组	三组	四组	五组	六组	合计
数量	35	24	20	36	17	25	157

资料来源：本资料由鹿鸣乡向家坝村民委员会主任张远权提供。

当然，调查期间，笔者还发现有部分家庭购买了三轮摩托车、农用车运输货物。据不完全统计，全村现有"长安车"3台、三轮摩托车6台。但是这种能量较大的运输工具数量还较少。此外，村内还有1辆私家轿车。

总体而言，当下向家坝蒙古族的出行方式还是较为单一，即步行和借助摩托车等现代工具。但是，向家坝蒙古族出行方式发生了巨大变革，出行动力已从纯粹的人力出行到以人力出行与借助机械力出行并重，甚至是以借助机械力出行为主的根本转变。这种转变是向家坝蒙古族经济社会发展进步的重要体现和标志。

第五节　节日习俗

节日不仅是一个民族传统文化的重要内容，而且也是传承民族文化的重要载体。岁时节庆习俗，可以说是民族文化生活直接的表现形式，比较全面地反映出了民族的历史、经济、物质生活、宗教、道德、审美观、禁忌等各种文化现象。[①]

一　蒙古族的传统节日习俗

蒙古族主要有春节、祭星、麦德尔节、那达慕大会、秋祭、涅槃节、祭祀成吉思汗陵宫、祭敖包兴畜节、鲁班节、祭累、塔克勒根节、猎日、其本哈尔、祭天、祭海、祭地母、灯节、小年等传统节日。这些节日，有的是全民族同庆，有的是地方性民族节日。[②] 据有关文献记载，东部地区蒙古族一年中的节日主要有火日、（农历年）新年、成吉思汗大祭、敖包

---

① 林耀华主编：《民族学通论》（修订本），中央民族大学出版社1997年版，第453页。
② 宋蜀华、陈克进主编：《中国民族概论》，中央民族大学出版社2001年版，第504页。

会、猎日等民族节日。① 在牧区，蒙古族的主要节日为那达慕节、祭敖包等。

在彭水及其周边地区，民间节日较多，主要有小年夜、大年夜、端银水、正月初一、牛日、上九、元宵、闹元宵、给果树喂饭、爆格蚤、打老鼠、偷菜、拜年、斗锣鼓、斗歌、说春、二月二、清明、四月初八、端阳、六月初六、月半、中秋、九月初一至九月初九、腊月初八、大寒节等二十多个节日。但是，新中国成立后，这些节日中的祭祀活动大多取消，人民偏重于休息和娱乐。②

调查发现，新中国成立以前，重庆蒙古族仍然保留了蒙古族的一种传统节日——"苏鲁定（锭）"节，即北方蒙古族的"苏勒德"节，时间为旧历每年二月十七。关于"苏鲁定节"来历，重庆蒙古族中流传着一个神奇的传说：在蒙古出兵攻打花剌子模前，成吉思汗曾手持"苏鲁定（锭）"在旧历二月十七这天举行了出征前的最后一次大规模的大阅兵仪式，以壮军威。因此，蒙古族则把这天定为"苏鲁定（锭）"节。

二 重庆蒙古族的节日文化

据向家坝蒙古族老人张友明介绍，新中国成立前，"苏鲁定（锭）"节是彭水蒙古族最重要的节日之一。"苏鲁定（锭）"节时间短则1天，最长的达5天，并伴有摔跤、爬树、顶板凳、骑马、射箭等比赛项目。据张远杨、张友安整理的《四川彭水鹿鸣乡向家坝蒙古族张、谭姓氏源流向家坝蒙古族·补后》记载：我们传统节日，每年古历（农历）二月中旬都要集中全族人"库里尔台"（意思是开大会），欢度苏鲁定（锭）节。（蒙古族）人们除了头人外，多数人也不知道纪念的是什么？传说是成吉思汗阅兵日。1947年举办了最后一届"苏鲁定（锭）"节，新中国成立后就被停止。

重庆彭水蒙古族"苏鲁定（锭）"节被称为清明会，没有直接称其"苏鲁定（锭）"节。笔者实际调查发现，这种行为实际上是为了"掩盖"蒙古族真正的民族属性，这主要是为了保障蒙古族族人安全而不得

---

① 王迅、苏赫巴鲁：《蒙古族风俗志》（上），中央民族学院出版社1990年版，第59页。
② 彭水苗族土家族自治县民族宗教志编纂委员会：《彭水苗族土家族自治县民族宗教志》，重庆出版社2003年版，第117—120页。

不采取的一种权宜保护措施。

　　事实上,"苏鲁定（锭）"节曾是重庆蒙古族最为重要的节日,不仅加强了张、谭两姓蒙古族后裔之间的合作、和睦关系,对散杂居于强势民族中的重庆蒙古族的生存和安全产生了重要保护作用,而且还通过共同祭祀蒙古族先祖和相关仪式,起到了对内凝聚力量、对外合作抵抗的明显作用。

　　2015年清明节期间,向家坝蒙古族在惠美希望小学召开了新中国成立以来的第一届"苏鲁定（锭）节",热闹非凡。

　　除"苏鲁定（锭）"节外,重庆蒙古族主要还有过新年、端午节、清明节、月半、中秋节和大寒节等中国的传统节日。

　　过新年也叫春节,是重庆蒙古族的重要节日之一。在蒙古族看来,春节是他们辞旧迎新的时节。在春节期间,蒙古族人们互祝问候,祈愿来年风调雨顺,牛羊满圈,五谷丰登,幸福吉祥安康。在春节期间,蒙古族也会在大年初一上坟祭祖。据向家坝蒙古族老人回忆,新中国成立前他们在大年初一祭祖,由族长主持全族人参加,敲锣打鼓,燃放鞭炮,很是热闹。

　　清明节是向家坝蒙古族祭祀先祖、怀念亡去亲人的重要节日。清明节这天,蒙古族几乎所有的家庭都会出门祭扫祖坟。挂上由白纸和红绿色纸扎成的"标魂",以表示这座坟茔已有子孙祭拜。在亲人亡去后,很多家庭都会在清明节去祭扫亡灵,供奉上各种祭祀食品,并烧香纸、放鞭炮等,以示纪念。据说,以前蒙古族祭祀祖先时,几乎是全族出动,敲锣打鼓,很是热闹。

　　端阳节也是蒙古族喜欢的一个节日。蒙古族过端阳节,也是为纪念屈原,因为他们觉得"屈原死得冤枉"。[1]

　　月半,即农历七月初七,又称"鬼节",民间也有"七月半,鬼乱窜"之说。鬼节期间,蒙古族会为逝去的祖先烧纸钱,时间一般七月初一到十五这半个月之间。以前,蒙古族还有用当年新收获的粮食如新玉米之类的祭祀祖先,是为"食新"。

---

[1] 彭水苗族土家族自治县民族宗教志编纂委员会:《彭水苗族土家族自治县民族宗教志》,重庆出版社2003年版,第119页。

第六节　其他习俗

信息交流与通信方式也是一个族群、一个民族现代化水平的重要体现。在社会生产力水平较低的情况下，人们的信息交流与通信的方式都较为原始，即依靠传统的信息传递方式，如烟火、声音等手段。

调查发现，在新中国成立前，向家坝蒙古族进行信息传递主要是依靠人与人之间面对面地进行交流来实现。同时，还有借助祠堂堡擂鼓、"放号"等传递信息的方式。

"号房"放号是清代蒙古族传递消息的主要方式。张友安先生介绍，清代道光、咸丰、同治年间，向家坝蒙古族及周边其他民族要有什么大事或者有消息要进行传递，往往会在祠堂堡号房擂鼓以通知全村的人来"号房"开会，传递信息和商议大事。张友安还介绍，清代"放号"称为"齐团"，民国时期"放号"则称为"会哨"。张友安转述他的长辈的话说，一年往往会"放号"或"会哨"几次，讨论并决定地方重大事务或分配任务。据他回忆，以前张家很是发达，很多人都知书识礼，周边地区如鹿鸣、马金以及武隆很多大地主、官员都是向家坝祠堂堡的学生，张家先人也就是教过他们的先生，所以，张家当时虽无人为官，但是却很有威望，很多人只要知道是向家坝张家人，往往都很给面子。据说，向家坝村赖宗友的妻子黄氏刚刚去世，鹿鸣黄大中就以是赖宗友妻子娘家人的名义领来了十多个人到他家中"敲钉锤"[①]。十多人在赖家住了十多天并要求赖宗友支付大笔费用，赖宗友很是不安，于是就找到张友安老人的曾祖帮忙。张友安的曾祖听了赖宗友的话很是生气，于是就让赖宗友将他用过的拐杖转交黄大中并告诉他，有什么事情直接来找张家，不要找赖家。当赖宗友将张家老人的拐杖交给黄大中时，黄大中分文未取就走了，给了张家很大的面子。这件事显示当时张姓蒙古族的社会影响力很大。

张友安老人还介绍说，二百多年以来，向家坝及周边的各族民众和蒙古族关系很好。他们在遇到大事时，往往会寻求张家出面解决，可以说，张家在向家坝社会事务中享有崇高的社会声望和社会影响力。

中华人民共和国成立后，随着社会的急剧变革，旧社会的很多遗俗很

---

① 当地人俗语，就是"敲诈"。

快被抛弃,并进而逐渐形成了新社会的新风尚。随着更多的平民子弟能上学读书识字,因此在较远距离传递信息时,向家坝蒙古族也逐渐开始通过写信的方式来进行。后来,电报也成为较远距离地区和人群中间传递信息的重要方式。

20 世纪 80 年代以来,随着越来越多的蒙古族年轻人外出务工,电话也就成为外出务工者和家人之间联系的主要方式。据向家坝村委主任张远权介绍,2000 年,村委从合理乡邮政局将电话线接入,当时全村就有 108 户家庭安装了固定电话。2003 年前后,村里的很多打工者和经济宽裕的村民就开始购买移动电话,随后几年,越来越多的家庭也先后购买移动电话。如今,向家坝几乎是家家都有一部移动电话,甚至很多家庭是人均一部。因此,移动电话已成为向家坝蒙古族村民之间维持人与人之间联系的主要方式和基本手段。

表 9 - 2　　　　　　　向家坝蒙古族家庭通信方式
抽样调查　　　　　　　　　　单位:年/部/台

通信方式	安装时间	总数	户均拥有量
移动电话	2003	21	1.4
固定电话	2000	9	0.6
无线电视接收装置	1997	14	0.93

从表 9 - 2 可以发现,向家坝村蒙古族聚集地的通信方式呈现出多样化发展趋势。在经济快速发展的背景下,向家坝村蒙古族在通信手段上已经与其他发达地区相差不大,除没有有线电视外,其他通信手段基本都拥有,并已达到较高的普及率。特别是最近几年,移动电话的普及速度正不断加快,普及程度不断提高。调查显示,截至 2011 年 6 月,向家坝村蒙古族手机人均拥有量已超过 1 部。

同时,调查发现,电视也早已成为向家坝蒙古族村民日常生活中不可或缺的重要物件,看电视已是村民日常消遣娱乐的重要方式。据村委主任张远权回忆,20 世纪 90 年代中期,电视媒介开始逐步进入向家坝村民的日常生活中来。1995 年,向家坝村民中就有几户家庭购买黑白电视机,但是当时信号不是很好。1997 年,张远权家购买了彩色电视机,并组织部分村民集体购买了电视卫星接收器。2009 年,在中央政府对民族地区加大扶持力度的政策支持下，向家坝加快"村村通"工程建设，所有的蒙古族家庭都先后安装了由重庆广播电视局提供的中国卫星电视接收器。据统计，除个别"五保户"和贫困家庭外，全村每家每户都有一台电视机，电视机总台数已超过400台。

此外，除看电视外，向家坝村蒙古族的娱乐方式还有串门、聊天和打牌等。在农闲、茶余饭后消遣之时，向家坝蒙古族村民往往会在家看电视，或是晚间纳凉时串门、聊天，谈论国家大事或家中琐碎小事，以此拉近邻里关系和联络感情。调查期间笔者发现，或是在夏天午后或是雨天，向家坝部分村民还会聚集在村超市、小卖部和卫生所，或是打麻将，或是斗地主，或是玩纸牌等，以消遣娱乐，打发时光。

本章小结

在长期的民族互动与社会适应过程中，伴随着"本土化"与"农耕化"生计模式的成功转换，重庆蒙古族的服饰习俗、饮食习俗、居住习俗、节庆文化习俗、交通与出行以及信息传递方式、休闲娱乐习俗等都已发生了前所未有的变化和发展，地域特色和民族个性明显。这些都是重庆蒙古族社会进步与文化发展的重要显性标志。

结论：文化固守的理性思考

作为一个典型的散杂居族群，重庆蒙古族完全具备散杂居民族所独有的基本特性与文化特征。迁徙并定居重庆以后，伴随着社会与文化生态的变化，蒙古族及其先民积极适应新的社会文化环境，不断推动土地制度变革和经济生活水平提高，大力推动乡村社会建设，带来了民族服饰、饮食、居住、出行、节日等文化习俗的演变与发展。同时，基于"血亲不婚"的文化习俗，在婚姻与家庭制度发生变化的同时，重庆蒙古族在信仰与宗教文化、地域与民族文化认同、文化遗存与仪式等方面还不断固守和强化自己民族的文化边界与族群认同。可以认为，在二百多年的历史演变过程中，重庆蒙古族社会的文化变迁与文化固守相生并存、互为依托，共同推动了散杂居民族社会的螺旋式发展与进步，极富个案价值。

事实上，众所周知，长期以来，社会与文化变迁一直是民族学、文化人类学和社会学等人文社会科学的主要研究内容。在民族学和文化人类学界，近二百年来，经历代民族学家、文化人类学家的不懈努力和辛勤劳动，已基本建构了民族学、文化人类学的文化变迁理论，理清了文化变迁的内涵、变迁原因、变迁历程、变迁动力、文化涵化等基本问题，推动了学科领域的拓展和学术话语的建构。

但是，在探讨社会与文化变迁的同时，民族学者和文化人类学家也往往关注到了社会与文化变迁的另一面：文化固守。在社会与文化变迁的过程中，文化系统在文化进化、文化传播、创新、发明、创造等因素的推动下产生了不同程度的变化和发展，这是文化变迁的一般表现。实际上，在社会与文化变迁的同时，社会与文化系统本身仍有意或无意地保持原有的文化与社会面貌，固守着一系列代表"过去"的文化特征与要素。理论与研究实践都说明，这是社会与文化变迁中存在的一个普遍现象。

因此，笔者通过对向家坝蒙古族社会与文化进行长时段、大规模的实地调查和分析，在个案研究的基础上，不揣冒昧，试图将民族学与文化人类学中的文化固守现象进行一定的理论梳理和初步建构，以期对学术研究有所贡献。

一 "固"、"守"与"文化固守"的词源学解释

文化固守是一个永恒的现象。因此，从词源学角度来探讨和理解固守与文化固守，把握文化固守的基本内涵就显得至为重要和十分关键。

1. 固、守与固守

固，全包围结构，从口、古声。按照2008年商务印书馆版《汉语大辞典》解释，"固"主要有以下几种解释：一是结实，牢固，如稳固，加固。二是坚硬，如固体，凝固。三是坚决地，坚定地，如固辞，固请。四是使动用法、使坚固，如固本，固防。五是鄙陋。六是本来、原来，如固有，固当如此，固所愿也。七是连词，如固然。① 由上述解释可以看出，不管哪种解释，"固"字的基本含义都有"牢固、坚固"，"维持原样"的意思。

守，会意字，从宀、从寸。宀表示房屋，寸意味着法度。因此，"守"表示掌管法度。最初的本义表示官吏的职责、职守。2008年版《汉语大辞典》有如下解释：守，动词。一防守，与"攻"相对，如把守、看守、守卫等。二守候、看护，如守护。三遵守、遵循如守法、守约。四靠近、依傍的意思，如守着水的地方，可多种稻子。② 可见，"守"字的基本含义就含有"保持，维持原样"的意思。

由"固"、"守"两字的分析可见，二者均有"维持原样"、"保持"的意思。因此，"固守"一词在《汉语大辞典》中就解释为：固守，动词。一坚决的守卫，如固守阵地，据险固守。二主观固执的遵循，如固守成法。③

2. 文化固守

从词汇学来说，"文化固守"是一个短语，既可以理解为偏正结构，

---

① 中国社会科学院语言研究所词典编辑室编：《现代汉语词典》（第5版），商务印书馆2008年版，第492页。

② 同上书，第1256页。

③ 同上书，第493页。

即"关于文化的固守"或"对文化的固守",又可以解释为主谓结构,即"文化所实现的自身存续与固守"。

"文化"一词是人文社会科学尤其是民族学、文化人类学学科的核心概念之一,历来也成为中外学术界的关注焦点。据有关统计发现,截至20世纪70年代,中外各种文献中关于文化的概念就多达250多种。[①] 对于纷繁芜杂的界定和各种概念,英国"人类学之父"泰勒给出了十分经典的"文化"定义:"文化,就其在民族中的广义而言,是个复合的整体,它包括知识、信仰、艺术、道德、法律、习俗和个人作为社会成员所必需的其他能力和习惯。"[②] 对民族学人类学研究而言,这个概念"已经到了相当高的层次",尤其是为后世学者研究此问题的"认识之升华奠定了良好的基础"。[③] 其后,人们提出的新的人类学文化概念,大多都是在这个概念的基础上做一定的修改和补充而成。

因此,在笔者看来,文化固守就是指在社会与文化不可逆转的变迁过程中,作为文化拥有者的民族或者族群成员对他们祖祖辈辈传承下来的传统知识、信仰、艺术、道德、法律、习俗和个体作为群体成员所必需的各种基本能力和习惯的坚守与保持。在文化固守与维持的过程中,文化固守与文化变迁是一个相对概念,二者相依相存,但又不互不否认,互不冲突与排斥。

二 文化固守的分类及主要实现形式

费孝通先生曾提出,文化是人为的,也是为人的。在文化人类学家看来,人不仅是文化的创造者与传承者,而且是文化的拥有者,文化是人类群体有意识的劳动成果。在社会与文化恒久而不可逆转的变迁过程中,作为有意识和极富主观能动性的个体成员和人群则起着举足轻重的关键作用。反过来说,在社会与文化固守的过程中,起决定作用的仍然是人类群体,也就是这些文化的创造者、拥有者和继承者。

因此,笔者认为,从人类主体性和主观能动性及主观意识所起作用来看,文化固守主要有主观性文化固守和客观性文化固守两种。主观性文化

---

① 林耀华主编:《民族学通论》(修订本),中央民族大学出版社1997年版,第380页。
② 黄淑聘、龚佩华:《文化人类学理论方法研究》,广东高等教育出版社2004年版,第24页。
③ 和少英:《社会文化人类学初探》,云南大学出版社2007年版,第12页。

固守又称主动固守，主要是指文化主体本身出于某种需要采取有意识的文化行为而体现出来的一种文化存续现象。客观性文化固守又称被动固守，即指社会与文化体系因外在原因而导致的一种文化行为，这种外在因素会在一定程度上导致文化主体本身对自身和过去产生一种强烈认同与追崇。所以，在笔者看来，主观性文化固守与客观性文化固守二者的区别就在于导致文化固守产生的原因不同，主观性文化固守产生的原因是内在的，文化主体本身的，而客观性文化固守的原因则是外在的，非文化主体本身的。但是，二者又不完全对立，在特殊条件下二者互相统一，甚至可以互相转化。[①]

笔者认为，文化固守是伴随着社会与文化变迁而产生的一种固有现象，是一种真实的客观存在。与文化变迁一样，文化固守的实现也有着自身特殊的表现形式。在笔者看来，文化固守的实现主要集中在以下四个层面：

第一，物质层面。物质层面的文化主要是指人类的物质生产活动及其产品的总和，"是可感知的、具有物质实体的文化事物，构成整个文化创造的基础。物态文化是以满足人类最基本的生活需求，主要包括衣、食、住、行为目标，直接反映人与自然之间的互动关系，反映人类对自然界认识、把握、利用、改造的深入程度"。[②] 伴随着时间的推移和空间的不断转换，社会与文化体系发生了巨大变化。在变迁的过程中，固守与存续下来的物态文化多以"文物"的形式展现在世人面前。在民族考古学看来，文物为"人类在历史发展过程中遗留下来的遗物和遗迹"。从存在形态来看，文物主要有两类：可移动性文物和不可移动性文物。可移动性文物主要是历史上各时代的珍贵艺术品和工艺美术品；历史上各时代的文献资料遗迹具有历史、艺术和科学价值的书稿图书资料等；反映历史上各时代、各民族社会制度、社会生产社会生活的主要代表性实物。不可以移动性文物具有较高历史、艺术和科学价值的古文化遗址、古建筑、古墓葬和古窟寺及石刻与壁画；与重大历史事件、革命运动或著名人物有关的遗迹具有重要纪念意义、教育意义或者史料价值的重要史迹及代表性建筑，等

[①] 王希辉：《论文化人类学文化固守理论的初步建构》，《广西民族研究》2014年第1期。
[②] 张岱年、方克立主编：《中国文化概论》（修订本），北京师范大学出版社2005年版，第5页。

等。① 由此，我们也就不难理解鄂西苗族和重庆蒙古族社会群体中出现的如下文化现象。

湖北苗学研究者认为，鄂西苗族主要是在清雍正十三年（1735）"改土归流"到咸丰五年（1855）近二百年的时间里，由现湖南西部或贵州东北地区陆续迁入的。② 作为外迁移民，鄂西苗族仍然保持着本民族物质文化的民族特性。据《咸丰文史资料》（第5辑）所载《苗背篓》一文记录，现在苗乡使用的花背篓就是由原小村苗家篾匠朱平区的后代在古苗背篓的基础上改进设计而成。花背篓的外形及制作方法主要有三种：第一种是"古式苗背篓"，即为"小村朱、白两家祖先从贵州思南、铜仁、石阡等地携带而来的"，青扁篾织成的正方形背篓则叫"方背篓"；第二种是"密背篓"，为朱平区在模仿其他民族背篓形状及制作工艺的基础上采用细篾编织而成，因"底扁方形、口呈圆形"又名"站背"；第三种是"花背篓"，为朱平区孙子朱鹏程据"蚂蚁腰"密背篓加工而成，湖北恩施地区通常所称的"小村背篓"即为第三种。可见，根据《咸丰文史资料》记载，"苗背篓"已不再是原来湘黔边地区民间广泛使用的"方背篓"，而是苗族篾匠在"模仿"和借鉴其他民族背篓编织工艺基础上改进设计而成的。可以这样说，鄂西苗族虽也使用"苗背篓"的名称，但同时也保留并运用了原湘黔边地"方背篓"的"背篓"意义与理念，这是对"方背篓"的一种继承和发展。③ 这就是湖北苗族文化固守在物质文化层面的最明显体现。

重庆蒙古族是一个典型的移民族群后裔。数百年来，尽管自然环境与社会文化生态都已发生巨大改变，社会文化与周边土家族、苗族和汉族也已差异不大，但重庆蒙古族在居住习俗、婚丧嫁娶、饮食文化、民族节日等方面也逐渐形成了独具特色的民族特性和地域特征。④ 在居住习俗方面，重庆蒙古族的民居虽然与周围世居民族同为干栏式建筑，但建筑实体和建筑样式却仍存在很大差异和区别。在向家坝村，蒙古族的祠堂正厅为

---

① 王云霞：《文化遗产的概念与分类探析》，《理论月刊》2010年第11期。
② 龙子建、田万振等：《湖北苗族》，民族出版社1999年版，第54—69页。
③ 王希辉、田万振：《承传与遗忘——湖北苗族移民特征的文化人类学分析》，《汕头大学学报》（人文社会科学版）2006年第6期。
④ 王希辉：《重庆蒙古族来源及其社会文化》，《西南民族大学学报》（人文社会科学版）2011年第3期。

八角形的"沙帽顶",普通民居的屋顶也为两重檐,即正中两空要高出1米左右以形成两个四角,即为八角形。蒙古族家中的水缸、灶头和柱础也都为"八面",八角庙所祀武将的刀把也为"八棱",甚至连民间日常生活所用的柴刀和菜刀刀把也都是"八棱"。据当地民间传说,这是因元顺帝奇渥温·妥欢帖睦尔原为八弟兄,为纪念他们而在具体日常生活中处处不离"八"。但据《元史·宗室世系表》记载,元顺帝为明宗长子,而明宗也仅有二子。可见,民间"八弟兄之说"并不足信。在蒙语中,汉译往往多以"八"字开始,如"八思巴文"、"八都鲁"(勇士)等,蒙古人名字中也有很多以"八"字开头。由此推断,蒙古语中的"八"字可能并非实指,而可能是蒙古族先民在迁入彭水定居后,为纪念远古先祖而将"八"字按汉语所指加以具体化和实意化。在丧葬方面,重庆蒙古族的丧葬多用棺木土葬,但早期葬俗却与汉族、土家族和苗族不同,人去世后均采用深埋方式,坟墓亦无坟头,并种树以为标志。坟墓形似蒙古包,上为圆锥形,下呈圆柱形。据传,这是为怀恋当年的居住生活而做成的蒙古包。①

由上述可见,鄂西苗族"苗被篓"和重庆蒙古族居住习俗与丧葬习俗就是对物质文化固守的最好诠释。这种固守行为在很多少数民族社会中较为常见。笔者在重庆蒙古族地区调查时发现,重庆蒙古族在丧葬和居住习俗外,还有象鼻塞碑②、族谱③、八角楼遗址、箭池、马道子遗址、祠堂遗址、墓碑等较具有代表性文化形态,也都揭示了物质文化固守的基本样态。

第二,精神层面。在民族学家和文化人类学家看来,精神层面的文化应该包括上层建筑的各个方面,如哲学、科学、伦理、道德、法律、宗教、文学和艺术,等等。精神层面的文化固守多集中体现在宗教信仰、民间传说、民族认同等方面。这些文化固守具有相对较强的稳定性和延续性,往往体现出对民族或民族文化"过去"历史的追认和推崇。

重庆蒙古族在民间信仰、民族认同等方面的文化固守也较为明显。笔者调查发现,重庆蒙古族主要信仰太阳神、自然神、灶王神、山神、土地

---

① 重庆市地方志编纂委员会:《重庆民族志》,重庆出版社2002年版,第264—266页。
② 王希辉:《重庆彭水"象鼻塞碑"考释》,《黑龙江民族丛刊》2010年第3期。
③ 张远杨、张友安整理:《四川彭水鹿鸣乡向家坝蒙古族张、谭姓氏源流》(残谱),1985年印刷,2004年翻印。

菩萨、关公等神灵，祖先崇拜观念也较浓厚。重庆蒙古族祖先崇拜主要体现为两种形式：一是表现为对蒙古族杰出先祖和民族领袖的崇仰，这不仅包括对历史发展产生过重大影响的重要人物的敬仰和崇拜，比如成吉思汗、忽必烈等，而且还包括对家族先祖的崇仰。二是重庆蒙古族建房仪式中所体现出来的祖先崇拜观念。重庆蒙古族至今仍保留着一种风俗，即在房屋选址和建造过程中，都会坚持堂屋朝北向的传统，以此来显示对蒙古先祖的追忆，进而强调北方蒙古后裔的族群血统。笔者调查发现，在民族认同方面，重庆彭水向家坝村张、谭二姓蒙古族的民族认同非常强烈，对成吉思汗、忽必烈等民族伟人充满景仰之情。当被问及民族成分时，往往会不假思地回答"蒙古族"、"是蒙古族"等，民族意识和民族认同之强烈可见一斑。①

作为移民群体的鄂西苗族，面对较为复杂的社会文化环境，为维持自己民族的生存与繁衍，对外往往隐瞒自己的民族属性，对民族内部也严格保持并强调族群个体对群体的认同。《恩施市民族志》中就明确记载："（苗族）老人临终前才告诫诉我们，我们是苗族。"②《湖北苗族课题组》在湖北来凤县古架村调查时，苗族老人龙左清也曾告诉课题组成员："我们来自贵州铜仁县的岩脚寨，因朝廷包围武陵山，才迁到来凤。我们对外讲是汉族，自己心里很清楚，是苗族。"课题组成员进一步追问对方为什么对外讲是汉族时，他毫不含糊地回答："因为国民党时，苗族要低人一等。"③

第三，制度层面。在文化学者看来，人类社会高于动物群体之处，往往就在于人类创造出了"一系列处理人与人、个体与群体、群体与群体之间相互关系的准则，并将它们规范化为社会经济制度、婚姻制度、家族制度、政治法律制度等多种社会准则，以及家族、民族、国家、经济、政治、教育、科技、宗教社团、艺术组织等"。④ 因此，可以认为，面对社会的急剧变迁与不断发展，一些特殊族群或者民族的社会文化体系会自觉

---

① 王希辉：《重庆蒙古族来源及其社会文化》，《西南民族大学学报》（人文社会科学版）2011年第3期。
② 恩施市民族志编写组：《恩施市民族志》，民族出版社1991年版，第9页。
③ 龙子建、田万振等：《湖北苗族》，民族出版社1999年版，第380页。
④ 张岱年、方克进主编：《中国文化概论》（修订本），北京师范大学出版社2005年版，第4页。

与不自觉地保持自己群体在社会制度层面的文化固守,以实现和维持自己民族的认同与族群边界。

实际上,从制度层面来说,少数族群或者少数民族的文化固守并不一定在经济制度、婚姻家庭制度、政治法律制度、宗族制度等每个制度层面都会体现出文化固守的特征。大量实际个案证实,不同群体在制度层面实现文化固守的形式和方式可能是不同的,这要根据不同群体的实际社会文化环境而定,有的是体现在婚姻家庭制度上,有的是体现在政治法律方面,而有的则是在经济交换活动中实现,有的是通过一些禁忌来实现,形式多种多样,不一而足。

重庆蒙古族在制度层面实现文化固守主要在婚姻制度上体现出来。调查发现,重庆彭水向家村蒙古族有着独特的婚俗禁忌,即张、谭两姓蒙古族不许通婚,这正如当地俗语所言"张家无谭氏,谭家无张氏"。如有违背,往往会遭到唾弃。当然,如今当地蒙古族也有张、谭两姓通婚的个案出现,但前提是双方无血缘关系。可以认为,向家村张、谭二姓不许通婚的禁忌就是重庆蒙古族在制度层面实现文化固守的明显体现。

第四,行为层面。文化人类学认为,行为文化主要是通过一套仪式和行动来全面揭示特殊族群或少数民族社会的社会与文化模式。这种社会与文化模式往往蕴藏于活生生的民风民俗或具体的社会生产、生活活动中。以民风、民俗形态出现的行为文化,"在时间上(是)传承的,在空间上是播布的"。①

在社会发展与演变过程中,基于文化自觉,少数族群或少数民族社会与文化体系本身会通过个体或群体力量在民风民俗方面展示出文化固守的基本特征。这些文化固守的实现,往往会体现在人们的语言文字、族谱文献与历史传说、仪式与象征、图腾崇拜等多种文化事项中。这具有明显的连续性、地域性和民族性特征。当然,如前所述,基于不同的民族历史与文化环境,不同群体或社会文化模式也会在民风、民俗的不同领域中展示文化固守个性,并相应地在不同的领域彰显文化变迁的独特魅力。

在武陵地区蒙古族村落调查发现,湖北蒙古族早已无人穿戴蒙古族民族服装,甚至很多人本来就没有亲眼见过民族服饰是什么样子。但是,调

---

① 钟敬文:《民俗学》,《白山黑水》(创刊号),东北师范大学中文系民俗学社编印,1984年。

查期间，笔者就发现有蒙古族群众自己购买并收藏民族服装，认为只有这个才代表他们的民族与文化。在重庆蒙古族村落调查期间发现，大块吃肉、大碗喝酒也是重庆蒙古族的重要饮食风俗。即使是在平时待人接物的时候，蒙古族也十分喜好饮酒，并以酒代茶，招待客人。在婚丧嫁娶、喜庆节日、祭祀神祖、招待宾朋时定会一醉方休，体现出了豪爽耿直、诚恳待人的民族特性。笔者认为，这是重庆蒙古族饮食文化习俗固守的重要表现。

同时，笔者调查还发现，随着社会不断变化与发展，尤其是改革开放以来，重庆蒙古族也往往通过重修族谱、新建文化标志、传承民族传说与民间故事、祭祀蒙古先祖、访问内蒙古故地并与北方蒙古族进行交流、雕刻并通过墓碑记载等多种方式来实现文化认同与民族认同的维持，重构和强调自己民族的文化边界，这是文化固守在行为和仪式上的重要体现。

实际上，多个学术案例已经证明，很多民族群体行为或文化模式也往往成为一些民族特殊的文化标志和文化边界。如侗族的鼓楼，土家族的白虎崇拜、西兰卡普、摆手舞，壮族的"三月三"、瑶族的"盘王节"、蒙古族的长调、苗族的服饰、白族的本主崇拜等，不胜枚举。笔者以为，这也是文化固守的一种标志和象征。

总之，笔者以为，在人们共同体恒定不变的文化变迁过程中，社会与文化体系的文化固守也系统存在，并与文化变迁相依相存，互为矛盾，不可分割。在物质文化、精神文化、制度文化和行为文化发生变迁的同时，文化固守行为也相应地在上述某些领域同时存在和发生，这是社会与文化模式发展过程中真实的客观存在。

三　文化固守的基本特征

笔者以为，作为一种文化现象和文化状态，人类社会的文化固守主要体现在社会与文化体系的物质层面、精神层面、制度层面和行为文化中。由于不同的社会历史背景和特殊的生态环境等因素影响，人类社会的文化固守往往会在社会文化体系的某个领域甚至是某个领域的某个方面以不同的形式和样态体现出来，并以此展示不同文化体系的不同文化特征。基于不同地域和不同民族的个案表明，虽然文化固守行为体现了一定的地域性和民族性特征，但是，作为一种文化现象，不同地域和不同民族的文化固守行为又有着一些相同的文化特征，展现了作为一种文化形态的共性。

第一，客观性。不管是作为一种文化现象，还是作为一种文化样态，抑或是一种文化行为，文化固守都是一种客观存在，是伴随着人类社会与文化体系本身而存在的一种客观事实。这是符合历史唯物主义和辩证唯物主义基本规律的。

在文化人类学田野调查过程中，调查者往往会发现人们共同体个体成员或人类社会文化本身会有意或无意地维持对现有文化系统和人们过去的一种向往和回忆。台湾历史人类学家王明珂先生认为，如家庭成员记得夫妻的结婚纪念日、子女的生日，家庭成员记得开创祖，一个族群也往往会强调"共同的起源"。一个族群常会以共同的仪式定期或不定期地加强集体记忆，或以建立永久性的实质纪念物来维持族群的集体记忆，或民族国家以历史教育来制度化地传递集体记忆。不同族群的集体记忆"往往也（会）以族谱、传说、历史记载、祠堂、手札、古墓、碑刻等种种面貌存在着"，"甚至有时他（它）们被刻意保留下来"[1]。著名民族学家汪宁生曾指出："中国各族近四十年来经历了剧烈的变化，当前正或快或慢地走向工业化和现代化；然而，在我看来，固有的社会结构、特别是思想观念，在很多地区并非完全消逝。"[2] 笔者以为，这些"并非完全消逝"的"社会结构"或"思想观念"，就是文化固守的重要体现，也是一种以"族谱、传说、历史记载、古墓、祠堂、手札、碑刻"等为载体存续文化的客观存在。由此，可以认为，客观性是文化固守的基本特征之一。

第二，动态性。历史唯物主义认为，事物是运动的，不存在静止不变的客观存在。文化人类学家认为，每一种文化都处于一种恒常的变迁之中。[3] 作为一种客观存在，一个与文化变迁相对应的文化现象或文化行为，文化固守也体现出了极强的动态特征，甚至可以认为，动态性就是文化固守的重要基本特征之二。

在人类社会与文化持续变迁的过程中，传统少数民族社会与文化会不断调适并不断重构自己的社会文化内容，从而使新的社会与文化传统逐渐形成。因此，"在传统被发明的地方，常常并不是因为旧的方式已不再有

---

[1] 王明珂：《华夏边缘：历史记忆与族群认同》，中国社会科学出版社2006年版，第31—32页。
[2] 汪宁生：《文化人类学调查——正确认识社会的方法·序言》（增订本），文物出版社2002年版，第1—2页。
[3] [美]克莱德·伍兹：《文化变迁》，施惟达等译，云南教育出版社1989年版，第1页。

效或是存在，而是因为它们有意不再被使用或是加以调整"①，在此条件下，在"社会传统"被"有意不再被使用或是加以调整"的过程中，新的文化变迁与文化固守相伴相存，互为整体。于是，"当社会的迅速转型削弱或摧毁了那些与'旧'传统相适宜的社会模式，并产生了旧传统已不再能适应的社会新模式时；当这些旧传统和它们的机构载体与传播者不再具有充分的适应性和灵活性，或是已被消除时"，"当需求方或供应方发生了相当大且迅速变化时"②，都可以明显看到社会传统的"被发明"。

所以，在某一特定时空内，少数民族社会某些文化特征或文化特质得以"不再被使用或是加以调整"，产生了剧烈的社会与文化变迁，"新的传统被发明"，而与此同时某些文化特征或文化特质却未被"加以调整"而得以保存或固守下来，产生了"顽固"的文化固守行为。但是，在下一个或另一个特定的时空内，那些在上一个时空"固守"下来的文化特征或文化特质可能因为文化生态的变迁而产生较大变化，而那些在上一个时空内已经产生了急剧变迁的文化特征或文化特质却在这一个阶段被"顽固"地保留了下来，由此反复，连续不断，推动少数民族社会与文化螺旋式的更新、发展与进化。因此，历史人类学者就借助"集体记忆"和"结构性失忆"来解释这种社会变迁与文化固守行为。在他们看来，"以血缘或假血缘关系凝聚的基本人群，其维持、延续与发展都需要借助集体记忆和结构性失忆来重组过去以适应变迁"，在一个特定时空范围内"可能（会）强调一部分，（而）隐瞒、（甚至是）忽略另一部分"③，"通过这种新的集体记忆来重塑、再植族群认同的根基，凝聚和维系族群认同"④，哈布瓦赫也就由此认为"集体记忆在本质上是立足现在而对过去的一种重构"⑤。

基于以上论述可见，在少数民族社会与文化变迁过程中，文化固守往往呈现出连续不间断的动态性特征，并通过社会传统的不再被使用或是加

---

① ［英］E. 霍布斯鲍姆、T. 兰格：《传统的发明》，顾杭、庞冠群译，译林出版社 2004 年版，第 11 页。
② 同上书，第 5 页。
③ 王明珂：《华夏边缘：历史记忆与族群认同》，中国社会科学出版社 2006 年版，第 31—32 页。
④ 杨文炯：《回族形成的历史人类学解读》，《民族研究》2006 年第 4 期。
⑤ ［法］莫里斯·哈布瓦赫：《论集体记忆》，毕然、郭金华译，上海人民出版社 2002 年版，第 59 页。

以调整、被发明、结构性失忆、集体记忆、文化重构等方式来达成固守目标。

第三，相对性。历史唯物主义和辩证唯物主义认为，人类社会遵循着从低级向高级、从野蛮向文明演化发展的历史规律，在社会不断进步与发展的过程中，各个民族社会与文化也在不断进化与发展。

在文化人类学家眼中，从某种意义上来说，文化是人类适应自然、遵循自然规律、改造自然、解决人类生存与发展问题的手段。各种文化要素，诸如生产工具、经济组织与制度、亲属组织与制度、社会组织与政治制度乃至宗教信仰等一起密切配合，形成一个一体化的文化体系。它具有一定的弹性，能适应和改造自然环境，同时，它具有相对的稳定性，这是因为它所适应和改造的自然环境具有相对的稳定性，以及人类对这些自然的物质条件的反映与看法具有相对的独立性。[1] 笔者认为，姑且不论文化"相对稳定性"的具体原因，但文化的"相对稳定性"的的确确是客观存在，事实上文化的"相对稳定性"就是文化固守实现和产生作用的最真实表现。又如前文所述，在文化人类学家看来，社会处于恒定的变迁之中，文化具有变异性，文化变迁不断、经常发生着。

在笔者看来，在社会的变迁与发展过程中，一方面，文化在不断地发生着恒定的、持久的变化、发展和进步；另一方面，在文化变迁的同时，文化又在呈现出"相对稳定的状态"，文化固守无时无刻不在产生作用，维持"文化变迁"与"文化固守"的交错状态，推动文化体系本身的循环往复、螺旋式发展，进而推动社会的不断向前进步。因此，笔者认为，在文化进化与发展过程中，文化变迁中孕育着文化固守，文化固守中伴随着文化变迁，二者不可分割，互为依靠。换句话说，没有文化变迁，就没有文化固守；没有文化固守，也就没有文化变迁，甚至可以说，文化固守和文化变迁是文化体系本身互为矛盾的两个方面，缺一不可。因此，笔者认为，文化固守是相对文化变迁而言的，相对性是文化固守的第三个基本特征。

作为一种文化现象、文化样态抑或文化行为，文化固守都是文化的基本属性。作为文化体系的客观存在，文化固守体现出客观性、动态性和相对性的基本特征，这也是文化固守本身的内在基本特性。

---

[1] 石奕龙：《文化人类学导论》，首都经济贸易大学出版社2010年版，第304—305页。

四 文化固守理论建构的基本价值取向

作为一个与文化变迁相伴相生、互为矛盾的文化行为或文化现象，尽管长期以来文化人类学家和文化研究者在实际调查研究中刻意关注或无意忽视，文化固守都是一种客观存在并在学术研究中被忽视或关注不足，这是毋庸置疑的。迄今为止，笔者仅见卢鹏[①]、吴雪梅[②]、汤欣烨和龚霓[③]、丁慧倩[④]以及冯阿锐[⑤]等发表论文关注到文化变迁过程中文化的固守行为，并在个案的基础上进行了初步探讨。

笔者认为，学术界往往关注到并较多地对社会与文化变迁进行了系统研究，发表或出版了大量研究成果，这值得肯定。但是，在笔者看来，已有的社会与文化变迁研究的价值维度多是"向前"，即主要探讨已有的变迁或变化对社会与文化的未来发展产生什么影响、怎样影响和产生什么后果以及要如何应对等，却往往忽视了一种"向后"的新的研究视角，即在已有变迁和发展的过程中，社会与文化体系仍然存在维持"相对稳定的状态"的文化固守，已有研究缺乏对这种文化固守的内在原因、动力机制、基本特性、对文化变迁与社会发展的影响等内容的深入研究和把握，更缺乏对文化固守理论的建构和梳理，这是当前学术界研究中的明显不足。

在社会各界大力呼吁保护与传承非物质文化遗产，大力推进民族文化产业化发展的大历史背景下，在国家极力推动民族文化大繁荣、大发展的关键时刻，学术界在对民族文化研究的过程中，不仅仅需要"向前"研究的价值取向，探讨社会与文化变迁的前提下文化遗产的挖掘、整理、保护与传承问题，而且更需要转换研究角度，强化"向后"研究，尤其是

[①] 卢鹏：《文化的固守与变迁——一个哈尼山村寨神林的人类学考察》，《红河学院学报》2007年第6期。

[②] 吴雪梅：《移民族群文化的固守与传承——以小茅坡营保存苗语为例》，《湖北民族学院学报》（哲学社会科学版）2005年第2期。

[③] 汤欣烨、龚霓：《持守与变迁——贵州安顺地区"屯堡人"文化及文化嬗变表征的人类学考察》，《贵州民族学院学报》2009年第6期。

[④] 丁慧倩：《坚守与融通：清代华北回族聚居区的内部管理和外部调适——以沧州城回族聚居区为个案》，《回族研究》2007年第4期。

[⑤] 冯阿锐：《以人类学视角探究灾害中的固守情结》，《贵州民族学院学报》（哲学社会科学版）2010年第5期。

对那些只有语言没有文字的人口较少族群、散杂居民族等弱势群体进行调查与研究时，更需要从这些族群的民族文化底层深处去探索和寻找，特别是民族语言、故事传说、歌谣、祭祀、信仰、风俗、民族认同、仪式等文化事项中去深入调查研究，从文化固守的价值维度去探寻这些族群的文化遗产，将大有收获。因此，可以说，文化固守理论的梳理和初步建构具有较强的理论价值和现实意义。

从理论价值来说，文化固守研究的价值维度主要体现两个方面，即对少数族群或少数民族文化发展史和文化体系进行重构，以及对少数族群或少数民族文化现象和文化内容进行去伪存真的鉴别。

在少数族群或少数民族文化发展史和文化体系进行重构方面，文化固守的研究起到了不可替代的作用。在我国的少数族群或少数民族社会，这些人群往往是有语言无文字，也没有较为全面反映社会发展历史和文化历史演变的通史性文献传世，因此，在对这些族群或少数民族社会进行社区或村落文化调查研究时，往往会存在文献不足甚至根本就没有文献材料的困境。因此，在此背景下，文化人类学者或文化学者往往会借助口述文献、族谱、碑刻、神话传说、英雄史诗、民族认同、民间信仰与宗教文化、风俗习惯、仪式等来"重构"或"复原"这些族群或少数民族"消失"的社会发展历史，恢复这些族群或少数民族社会的本来面貌。当然，这些材料因没有被较为正式的文献记载传世，所以也受到部分传统历史学者的质疑甚至是诟病，但这并不影响这些材料所起到的重要作用和价值，因为这种"复原"或者"重构"的社会与文化发展史固然还不是被主流社会所认可的"正史"，但最起码也是一家之言，是一种对历史或过去事实的当下判断和解读，其价值也不言而喻。

对少数族群或少数民族文化现象和文化内容进行去伪存真的鉴别，这是文化固守研究在学术理论领域的第二个重要贡献。近年来，随着民族旅游业的迅速发展，某些地方政府和开发者基于各种利益的考量，特意"创造"出一些特有的"稀有民俗"，进而出现一些"假民俗"表演和假冒伪劣民族旅游商品，带来了一些不良的社会影响和后果。笔者认为，民俗活动在保持原生态的基础之上，适当进行一些艺术加工是可以的，也是必要的，但一些"民俗表演"却一味错误地去迎合旅游者的各种需求，进而造成一定程度上的文化异化，失去了民族文化的"原汁原味"，变成了失去自我甚至是媚俗的"假民俗"。① 所以，这些"假民俗"往往会混淆视听，因为经过一段时间的"开发与利用"，不仅会散见于当时的一些文献中，而且还会给后世传递一些不正确和错误的信息，带来对当时社会的一些歪曲和不正确的认识。因此，要真正辨别这些民俗的"假"与"真"，就必须借助"文化固守"的价值判断，从民间社会底层中去寻找答案，从基层社会民众的社会生产、生活中去寻找蛛丝马迹，还历史以本来面目。这是文化固守研究的第二个贡献。

从现实角度来说，文化固守研究的价值维度主要在于对当下民族文化遗产挖掘、整理、保护与传承的反思。近年来，随着社会的急剧变迁与发展，社会各界积极呼吁并实际投入到保护与传承民族文化遗产的运动中来，对民族文化的发掘、整理、传承与开发成为当下的一个热门话题。随着各级政府和社会各界的不懈努力，我国的民族文化发掘、整理、传承与开发已取得卓越的成效。从实践角度而言，先后颁布了《非物质文化遗产保护法》，评定了三批国家级非物质文化遗产项目代表性传承人，基本建立健全了国家、省、市、县四级非物质文化遗产保护名录体系。从学术层面而言，经过民俗学、民族学、文化人类学、文化学等学科学者的努力，"非物质文化遗产"这一学术概念已被广泛接受，非物质文化遗产学的学科体系也已基本确立。②

但是，不可否认，在我国非物质文化遗产保护行动中的确还存在一些需要修正和改进的做法和措施，也还需要进一步更新文化观念。就文化观念来说，某些地方政府和部门因为旧思想和旧观念的严重束缚，至今也还没有搞清楚民族文化在整个民族与社会发展中所处的重要地位和特殊作用。同时，很多决策者甚至在决策过程中，基于经济利益的考量，将那些不能进行开发和不能立即产生经济效益的文化遗产排除在外，对这些文化遗产民族文化传承过程中起到的重要作用视而不见，如弘扬民族精神的民族创世史诗、维护民族社会稳定团结和传承民族优秀传统的民族禁忌与风俗习惯等。事实证明，这种选择性和差别化的保护与传承政策，甚至会造成民族文化生态系统的进一步破坏，进而带来民族优秀文化传统的丢失，

---

① 黄柏权：《从民族文化资源之争引发的思考》，《湖北民族学院学报》（哲学社会科学版）2004年第3期。

② 杨洪林、姚伟钧：《乡村文化精英与非物质文化遗产保护》，《江西社会科学》2011年第9期。

这是对民族文化遗产保护的失职。

相反,在当下文化遗产保护与开发物质化、利益化的背景下,文化固守研究的价值取向向社会各界证实了一个不可否认的重要问题:即对于少数族群或少数民族社会尤其是那些有语言无文字的人群和那些在历史上一直处于社会弱势地位的边缘人群而言,很多优秀的文化遗产往往是没有物质载体并事实上真正存在于这些人群社会生产、生活的最底层,贯穿于这些人群社会生活、生产的方方面面,饱含古代先民世代积累下来的认识自然、改造世界的伟大智慧和知识,是古代先民世代积累下来并传之后世的宝贵财富。所以,在市场经济体制下,来探讨我国民族文化遗产的保护、开发与利用问题,不得不对当下的一些政策和措施进行深刻反思和重新审视,这不仅是一种历史责任,而且是一种对文化的敬畏和尊重。

参 考 文 献

一 志书与地方文献类

[1] （清）庄定域修、支承祜等纂：《彭水县志》，光绪元年刻本。

[2] 内蒙古自治区编写组：《蒙古族社会历史调查》，内蒙古人民出版社1985年版。

[3] 中国人民政治协商会议彭水苗族土家族自治县委员会文史资料研究委员会编辑：《彭水文史资料·工商史料专辑》（第4辑），彭水县印刷厂，1988年。

[4] 恩施市民族志编写组：《恩施市民族志》，民族出版社1991年版。

[5] 彭水县志编纂委员会：《彭水县志》，四川人民出版社1998年版。

[6] 彭水县《张氏源流》编委会编纂：《张氏源流》（内部资料），1999年。

[7] 四川省地方志编纂委员会编纂：《四川省志·民族志》，四川民族出版社2000年版。

[8] 重庆民族宗教事务委员会编纂：《重庆民族志》，重庆出版社2002年版。

[9] 杨圣敏主编：《中国民族志》，中央民族大学出版社2003年版。

[10] 彭水苗族土家族自治县民族宗教志编纂委员会：《彭水苗族土家族自治县民族宗教志》，重庆出版社2003年版。

[11] 张远杨、张友安整理：《四川彭水鹿鸣乡向家坝蒙古族张、谭姓氏源流》（残谱），1985年印，2004年重印。

[12] 王希辉等：《乌江流域建置沿革》，中央文献出版社2007年版。

[13] 《彭水苗族土家族自治县概况》编写组、《彭水苗族土家族自治县概况》修订本编写组：《彭水苗族土家族自治县概况》，民族出版社

2007年版。

[14]《蒙古族简史》编写组、《蒙古族简史》修订本编写组：《蒙古族简史》(修订本)，民族出版社2009年版。

[15] 内蒙古自治区编辑组、《中国少数民族社会历史调查资料丛刊》修订编辑委员会：《蒙古族社会历史调查》，民族出版社2009年版。

二 著作类

[1] [美] 沃尔夫：《乡民社会》，张恭启译，巨流图书公司1983年版。

[2] [英] 弗雷泽：《金枝》，徐育新、汪培基、张泽石译，中国民间文艺出版社1987年版。

[3] [美] 路易斯·亨利·摩尔根：《古代社会》，杨东莼、马雍、马巨译，商务印书馆1987年版。

[4] [美] 克莱德·伍兹：《文化变迁》，施惟达等译，云南教育出版社1989年版。

[5] [芬] 韦斯特马克：《人类婚姻史》，刘小幸等译，商务印书馆1992年版。

[6] [英] 泰勒：《原始文化》，连树声译，上海文艺出版社1992年版。

[7] [法] 列维·斯特劳斯：《结构人类学》，谢维扬、俞宣孟译，上海译文出版社1995年版。

[8] [法] 莫里斯·哈布瓦赫：《论集体记忆》，毕然、郭金华译，上海人民出版社2002年版。

[9] [英] E. 霍布斯鲍姆、T. 兰格：《传统的发明》，顾杭、庞冠群译，译林出版社2004年版。

[10] [加] 大卫·切尔：《家庭生活的社会学》，彭铟旎译，中华书局2005年版。

[11] 邓少琴：《巴蜀史迹探索》，四川人民出版社1983年版。

[12] 何光岳：《南蛮源流史》，江西教育出版社1988年版。

[13] 王迅、苏赫巴鲁：《蒙古族风俗志》（上），中央民族出版社1990年版。

[14] 伍新福、龙伯亚：《苗族史》，四川民族出版社1992年版。

[15] 郑晓云：《文化认同论》，中国社会科学出版社1992年版。

[16] 谢辰生、吕济民：《中国大百科全书·文物博物馆卷》，中国大百科

全书出版社 1993 年版。

[17] 王钟翰主编：《中国民族史》，中国社会科学出版社 1994 年版。

[18] 黄学光主编：《中国的民族识别》，民族出版社 1995 年版。

[19] 陈枝烈：《台湾原住民教育》，台湾师大书苑有限公司 1997 年版。

[20] 丁文：《家庭学》，山东人民出版社 1997 年版。

[21] 周大鸣：《现代都市人类学》，中山大学出版社 1997 年版。

[22] 林耀华主编：《民族学通论》（修订本），中央民族大学出版社 1997 年版。

[23] 常建华：《宗族志》，上海人民出版社 1998 年版。

[24] 费孝通：《乡土中国　生育制度》，北京大学出版社 1998 年版。

[25] 王希恩：《民族过程与国家》，甘肃人民出版社 1998 年版。

[26] 郑杭生：《社会学概论新修》（修订本），中国人民大学出版社 1998 年版。

[27] 马戎、周星主编：《田野工作与文化自觉》，群言出版社 1998 年版。

[28] 肖克主编：《中国文化通志民族文化典》，上海人民出版社 1998 年版。

[29] 吴德清：《当代中国离婚现状及发展趋势》，文物出版社 1999 年版。

[30] 钟年：《文化之道》，湖北人民出版社 1999 年版。

[31] 龙子建、田万振等：《湖北苗族》，民族出版社 1999 年版。

[32] 马世雯：《蒙古族文化史》，云南民族出版社 2000 年版。

[33] 宋蜀华、陈克进主编：《中国民族概论》，中央民族大学出版社 2001 年版。

[34] 沈林、和佳、王云新：《散杂居少数民族统计与分析》，民族出版社 2001 年版。

[35] 沈林、张继焦等：《中国城市民族工作的理论与实践》，民族出版社 2001 年版。

[36] 哈经雄、滕星主编：《民族教育学通论》，教育科学出版社 2001 年版

[37] 沈林：《散杂居民族工作概论》，民族出版社 2001 年版。

[38] 内蒙古社会科学院历史所、《蒙古族通史》编写组：《蒙古族通史绪论》（上、下册），民族出版社 2001 年版。

[39] 图道多吉主编：《中国民族理论与实践》，山西教育出版社 2002

年版。
[40] 孟广耀：《蒙古民族通史》（第1卷），内蒙古大学出版社2002年版。
[41] 曹永年等：《蒙古民族通史》（第2卷），内蒙古大学出版社2002年版。
[42] 阿拉塔·扎什哲勒姆：《四川蒙古族——源的追溯，根的赞美》，香港大地出版社2004年版。
[43] 常建华：《社会生活的历史学——中国社会史研究新探》，北京师范大学出版社2004年版。
[44] 马京、金海主编：《蒙古族——内蒙古正蓝旗巴彦胡舒嘎查调查》，云南大学出版社2004年版。
[45] 李富强：《让文化成为资本——中国西部民族文化资本化运营研究》，民族出版社2004年版。
[46] 黄淑聘、龚佩华：《文化人类学理论方法研究》，广东高等教育出版社2004年版。
[47] 张岱年、方克立主编：《中国文化概论》（修订本），北京师范大学出版社2005年版。
[48] 马戎：《民族社会学导论》，北京大学出版社2005年版。
[49] 林惠祥：《文化人类学》，商务印书馆2005年版。
[50] 罗康隆：《文化人类学论纲》，云南大学出版社2005年版。
[51] 陈茂同：《中国历代衣冠服饰制度》，百花文艺出版社2005年版。
[52] 张志永：《婚姻制度从传统到现代的过渡》，中国社会科学出版社2006年版。
[53] 庄孔韶主编：《人类学概论》，中国人民大学出版社2006年版。
[54] 王明珂：《华夏边缘——历史记忆与族群认同》，社会科学出版社2006年版。
[55] 张海洋、良警宇主编：《散杂居民族调查：现状与需求》，中央民族大学出版社2006年版。
[56] 邓伟志、徐新：《家庭社会学导论》，上海大学出版社2006年版。
[57] 曾超：《巴人尚武精神研究》，中国教育文化出版社2006年版。
[58] 和少英：《社会文化人类学初探》，云南大学出版2007年版。
[59] 王军、董燕主编：《民族文化传承与教育》，中央民族大学出版

2007 年版。

[60] 玉时阶等：《现代化进程中的岭南水族——广西南丹县六寨龙马水族调查研究》，民族出版社 2008 年版。

[61] 张丽剑：《散杂居背景下的族群认同——湖南桑植白族研究》，民族出版社 2009 年版。

[62] 《蒙古族简史》编写组、《蒙古族简史》修订本编写组：《蒙古族简史》（修订本），民族出版社 2009 年版。

[63] 顾江：《文化遗产经济学》，南京大学出版社 2009 年版。

[64] 《蒙古族简史》编写组、《蒙古族简史》修订本编写组：《蒙古族简史》（修订本），民族出版社 2009 年版。

[65] 雷振扬主编：《散杂居民族问题研究》，民族出版社 2011 年版。

[66] 王希辉、安仕均、黄金、龚建涛：《田野图志——重庆彭水少数民族非物质文化遗产考察》，西南交通大学出版社 2012 年版。

[67] 秦红增：《乡土变迁与重塑——文化农民与民族地区和谐乡村建设研究》，商务印书馆 2012 年版。

[68] 莫代山、王希辉：《重庆世居少数民族研究·侗族蒙古族卷》，重庆出版社 2013 年版。

[69] 杨洪林：《明清移民与鄂西南少数民族地区乡村社会变迁研究》，中国社会科学出版社 2014 年版。

三 学术论文类

[1] 费孝通：《论中国家庭结构的变动》，《天津社会科学》1982 年第 3 期。

[2] 赵开国：《泪凝诗句僻壤隐天骄——向家坝蒙古族的由来考察记》，《绿荫轩》（内部出版资料）1984 年第 3 期。

[3] 李绍明：《从川黔边杨氏族属看侗族与土家族的历史关系》，《贵州民族研究》1990 年第 3 期。

[4] 周玲：《简论蒙古族婚姻习俗》，《长春师范学院学报》（社会科学版）1993 年第 1 期。

[5] 田晓岫：《说"蚩尤"》，《中央民族大学学报》（哲学社会科学版）1997 年第 3 期。

[6] 陈丽华：《台北市阿美族学童族群认同发展之研究》，《国家科学委员

会研究专刊》（人文社会科学版）1999年第3期。

[7] 冯尔康：《中国传统家族文化的当代意义》，《江海学刊》2003年第6期。

[8] 东人达：《成吉思汗在西南的后裔》，《内蒙古大学学报》（社会科学版）2004年第1期。

[9] 庄孔韶：《中国乡村人类学的研究进程》，《广西民族学院学报》（哲学社会科学版）2004年第1期。

[10] 刘魁立：《非物质文化遗产及其保护的整体性原则》，《广西师范学院学报》（哲学社会科学版）2004年第4期。

[11] 李星星：《论"民族走廊"及"二纵三横"的格局》，《中华文化论坛》2005年第3期。

[12] 段超：《再论民族文化生态的保护和建设》，《中南民族大学学报》（人文社会科学版）2005年第4期。

[13] 张卫民：《我国非物质文化遗产保护新路向——非物质文化遗产教育探究》，《民族艺术研究》2005年第5期。

[14] 杨文炯：《回族形成的历史人类学解读》，《民族研究》2006年第4期。

[15] 王希辉、田万振：《承传与遗忘——湖北苗族移民特征的文化人类学分析》，《汕头大学学报》（人文社会科学版）2006年第6期。

[16] 王希辉：《民族杂居山区农民工与农民土地意识变迁——以乌江下游小王村为个案》，《湖北民族学院学报》（哲学社会科学版）2007年第1期。

[17] 王希辉：《"打工族"与西部民族杂居山区的社会文化变迁——以湖北省恩施土家族苗族自治州小王村为例》，《重庆邮电大学学报》（社会科学版）2007年第4期。

[18] 李绍明：《论武陵民族区与民族走廊研究》，《湖北民族学院学报》（哲学社会科学版）2007年第3期。

[19] 黄柏权：《武陵民族走廊及其主要通道》，《三峡大学学报》（人文社会科学版）2007年第6期。

[20] 李昕：《论非物质文化遗产保护的基本原则》，《兰州学刊》2007年第12期。

[21] 萧放：《关于非物质文化遗产传承人的认定与保护方式的思考》，

《文化遗产》2008 年第 1 期。
[22] 李荣启:《论非物质文化遗产保护的主要原则与方法》,《广西民族研究》2008 年第 2 期。
[22] 贺金瑞、燕继荣:《论从民族认同到国家认同》,《中央民族大学学报》(哲学社会科学版) 2008 年第 3 期。
[23] 王巨山:《非物质文化遗产保护原则辨析——对原真性原则和整体性原则的再认识》,《社会科学辑刊》2008 年第 3 期。
[24] 王希辉:《论乌江流域少数民族文化的开发与保护》,《黑龙江民族丛刊》2008 年第 6 期。
[25] 荣盛:《乌江河畔的蒙古人(上、下)》,《北方新报》2009 年 4 月 21 日。
[26] 解志萍、吴开松:《全球化背景下国家认同重塑——基于地域认同、民族认同、国家认同的良性互动》,《青海民族研究》2009 年第 4 期。
[27] 张宝成:《民族认同与国家认同之比较》,《贵州民族研究》2010 年第 3 期。
[28] 王希辉:《重庆彭水"象鼻塞碑"考释》,《黑龙江民族丛刊》2010 年第 3 期。
[29] 黄柏权:《费孝通先生与"武陵民族走廊"研究》,《中南民族大学学报》(人文社会科学版) 2010 年第 4 期。
[30] 王云霞:《文化遗产的概念与分类探析》,《理论月刊》2010 年第 11 期。
[31] 李星星:《再论"民族走廊":兼谈"巫山—武陵走廊"》,《广西民族大学学报》(哲学社会科学版) 2013 年第 2 期。
[32] 王希辉:《重庆蒙古族来源及其社会文化》,《西南民族大学学报》(人文社会科学版) 2011 年第 3 期。
[33] 杨洪林、姚伟钧:《乡村文化精英与非物质文化遗产保护》,《江西社会科学》2011 年第 9 期。
[34] 王希辉、李琴:《重庆蒙古族研究与展望》,《湖北民族学院学报》(哲学社会科学版) 2012 年第 1 期。
[35] 王希辉、李秋芳:《李绍明先生与土家族研究》,《广西民族研究》2012 年第 1 期。

[36] 王希辉：《李绍明先生的田野实践与田野观》，《西南民族大学学报》（人文社会科学版）2012年第8期。

[37] 黄金：《李绍明先生与武陵民族走廊研究》，《西南民族大学学报》（人文社会科学版）2012年第8期。

[38] 王希辉：《文化农民与民族地区和谐乡村社会建设新探索——秦红增〈乡土变迁与重塑〉评介》，《广西民族研究》2013年第2期。

[39] 王希辉：《中国散杂居民族研究的最新尝试——评〈重庆民族乡概况丛书〉》，《中国民族报》2013年11月15日。

[40] 王希辉：《论文化人类学文化固守理论的初步建构》，《广西民族研究》2014年第1期。

[41] 王希辉、李亮宇：《民族文化在教育传承中存在的问题及对策研究——基于重庆市酉阳县民族完小个案调查分析》，《民族教育研究》2014年第1期。

[42] 王希辉：《李绍明先生的应用民族学思想及其实践》，《青海民族研究》2014年第1期。

[43] 王希辉：《湖北三家台村蒙古族的生计变迁与文化适应》，《广西民族大学学报》（哲学社会科学版）2014年第2期。

[44] 王希辉、马广成：《中国散杂居民族研究反思》，《北方民族大学》（哲学社会科学版）2015年第1期。

四 学位论文类

[1] 许才明：《民族乡政府管理研究》，博士学位论文，中央民族大学，2005年。

[2] 胡云生：《河南回族历史变迁研究》，博士学位论文，复旦大学，2005年。

[3] 杨涛源：《论彭水苗族土家族自治县的民族关系》，硕士学位论文，中央民族大学，2006年。

[4] 李京桦：《河南省散杂居少数民族问题研究》，硕士学位论文，中央民族大学，2006年。

[5] 张志明：《蒙元社会婚姻制度流变浅析》，硕士学位论文，西南政法大学，2007年。

[6] 许燕：《散杂居回汉民族关系调查与研究——以洛阳瀍河回族区为

例》，硕士学位论文，中央民族大学，2007年。

[7] 王莲花：《蒙古族家庭教育及其传承研究》，硕士学位论文，内蒙古师范大学，2008年。

[8] 马京：《云南兴蒙蒙古族婚姻家庭的变迁》，博士学位论文，云南大学，2010年。

[9] 张宝成：《磨合与交融：呼伦贝尔巴尔虎蒙古人的民族认同与国家认同研究》，博士学位论文，中央民族大学，2010年。

[10] 张枚：《散杂居民族的宗教多样性研究——云南省华宁县盘溪镇宗教生态分析》，硕士学位论文，中南民族大学，2010年。

[11] 井莉：《民族散杂居地区回汉通婚研究——以河南省睢县城关回族镇为例》，硕士学位论文，中南民族大学，2010年。

附录　重庆向家坝蒙古族调查问卷

问卷对象（男□　　女□）　　年龄（　　）　　职业（　　）

1. 您上过　　　　　　　　　　　　　　　　　　　　　　　[　　]
   A. 本科　　B. 专科　　C. 高中或中专　　D. 初中　　E. 小学　　F. 小学没毕业

2. 您认为，蒙古族和其他民族的最明显区别在于　　　　　　[　　]
   A. 民族语言　　B. 民族服饰　　C. 民族歌曲　　D. 其他（注明：　　）

3. 您认为，向家坝蒙古族和周围其他民族有区别吗？　　　　[　　]
   A. 有　　B. 没有　　C. 说不清楚　　D. 不知道

4. 您认为，向家坝蒙古族和周围其他民族的区别在于　　　　[　　]
   A. 有族谱、祠堂等　　B. 民族意识强烈　　C. 其他

5. 您认为，北方蒙古族和向家坝蒙古族的最明显区别在于
　　　　　　　　　　　　　　　　　　　　　　　　　　　　[　　]
   A. 居住地不同　　B. 语言不同　　C. 服装不同　　D. 生产生活方式不同　　E. 其他（注明：　　）

6. 您认为，向家坝蒙古族是我国蒙古族的一部分吗？　　　　[　　]
   A. 是　　B. 不是　　C. 不知道　　D. 说不清楚

7. 您认为，向家坝蒙古族是中华民族的一分子吗？　　　　　[　　]
   A. 是　　B. 不是　　C. 不知道　　D. 说不清楚

8. 您向往北方草原吗？　　　　　　　　　　　　　　　　　[　　]
   A. 向往　　B. 无所谓　　C. 不知道　　D. 说不清楚

9. 您知道成吉思汗吗？　　　　　　　　　　　　　　　　　[　　]
   A. 知道　　B. 不知道　　C. 听说过　　D 说不清楚

10. 您知道中国历史上的元朝吗？　　　　　　　　　　　［　　］
　　A. 知道　B. 不知道　C. 听说过　D. 说不清楚
11. 您知道向家坝蒙古族是怎么来到重庆的吗？　　　　［　　］
　　A. 知道　B. 不知道　C. 听说过　D. 说不清楚
12. 您是从哪里知道您是蒙古族的？　　　　　　　　　［　　］
　　A. 族谱　B. 祖上　C. 国家认定　D. 说不清楚
13. 您会给您的孩子申报蒙古族民族成分吗？　　　　　［　　］
　　A. 会　B. 不会　C. 难说　D. 不知道
14. 您认为蒙古族的民族成分有好处吗？　　　　　　　［　　］
　　A. 有　B. 没有　C. 不知道　D. 难说
15. 您认为蒙古族的民族成分有哪些明显好处？　　　　［　　］
　　A. 孩子读书加分　B. 国家照顾更多　C. 不知道　D. 其他（请注明：）
16. 您认为向家坝蒙古族和国外蒙古族是一个民族吗？　［　　］
　　A. 是　B. 不是　C. 不知道　D. 说不清楚　E. 不好说
17. 您认为热爱蒙古族就是热爱国家？　　　　　　　　［　　］
　　A. 是　B. 不是　C. 不知道　D. 说不清楚　E. 不好说
18. 您认为热爱蒙古族就是热爱中华民族吗？　　　　　［　　］
　　A. 是　B. 不是　C. 不知道　D. 说不清楚　E. 不好说
19. 您认为学校有必要开设关于蒙古族社会历史文化的课程吗？
　　　　　　　　　　　　　　　　　　　　　　　　　［　　］
　　A. 有　B. 没有　C. 不知道　D. 无所谓
20. 您愿意主动告诉别人自己的蒙古族身份吗？　　　　［　　］
　　A. 愿意　B. 不愿意　C. 不知道　D. 无所谓
21. 您是否以蒙古族民族身份而感到自豪和骄傲？　　　［　　］
　　A. 是　B. 不是　C. 不知道　D. 说不清楚　E. 不好说
22. 您是否赞同别人认为蒙古族和汉族已经没有任何区别的看法？
　　　　　　　　　　　　　　　　　　　　　　　　　［　　］
　　A. 是　B. 不是　C. 不知道　D. 说不清楚　E. 不好说
23. 您了解蒙古族的宗教习俗吗？　　　　　　　　　　［　　］
　　A. 了解　B. 不了解　C. 不知道　D. 无所谓
24. 您知道蒙古族的信仰习俗吗？　　　　　　　　　　［　　］

A. 知道　B. 不知道　C. 不好说　D. 无所谓

25. 很多人认为蒙古族已不是少数民族了，您生气吗？　　[　　]

A. 会　B. 不会　C. 不知道　D. 无所谓

26. 蒙古族一些典型习俗逐渐消失或者淡化，您是否感到担心？
[　　]

A. 是　B. 不是　C. 不知道　D. 说不清楚　E. 不好说

27. 您认为还有必要恢复蒙古族的婚丧嫁娶习俗吗？　　[　　]

A. 有　B. 没有　C. 不知道　D. 无所谓

28. 您认为有必要恢复蒙古族语言文化？　　[　　]

A. 有　B. 没有　C. 不知道　D. 无所谓

29. 您认为向家坝蒙古族是否有必要加强与内蒙古自治区蒙古族的联系？　　[　　]

A. 是　B. 不是　C. 不知道　D. 说不清楚　E. 不好说

30. 您认为向家坝蒙古族内部是否很团结？　　[　　]

A. 是　B. 不是　C. 不知道　D. 说不清楚　E. 不好说

31. 您认为向家坝蒙古族内部是否有必要进一步加强团结？
[　　]

A. 是　B. 不是　C. 不知道　D. 说不清楚　E. 不好说

32. 如果可以，您认为向家坝蒙古族是否还有必要修复祠堂、族谱等？　　[　　]

A. 是　B. 不是　C. 不知道　D. 说不清楚　E. 不好说

33. 您认为向家坝蒙古族和周边民族关系是否很融洽？
[　　]

A. 是　B. 不是　C. 不知道　D. 说不清楚　E. 不好说

34. 您认为向家坝蒙古族和向家坝非蒙古族同胞有很大区别吗？
[　　]

A. 有　B. 没有　C. 不知道　D. 不好说　E. 说不清楚

35. 对您而言，您觉得向家坝蒙古族比内蒙古蒙古族更亲近吗？
[　　]

A. 是　B. 不是　C. 不知道　D. 差不多　E. 不好说

36. 对您而言，您觉得向家坝蒙古族比重庆其他地方的蒙古族更亲近吗？　　[　　]

A. 是　B. 不是　C. 不知道　D. 差不多　E. 不好说

37. 在您看来，重庆其他地区的蒙古族比内蒙古蒙古族更亲近吗？

[　　　　]

A. 是　B. 不是　C. 不知道　D. 差不多　E. 不好说

后 记

本书是由我的博士论文修订而成，也是笔者主持的教育部人文社科青年项目"散杂居民族的文化变迁与文化固守——重庆蒙古族的个案研究"的最终成果。

2011年，我考入华中师范大学攻读博士学位，并有幸成为姚伟钧老师的学生。在攻读博士学位期间，姚老师不仅教给我严谨的治学态度和科学的研究方法，而且还身体力行，以身作则，教给我为人处世、待人接物的人生道理，这些都是促使我不断学习和前进的无穷动力。对博士学位论文选题，姚老师提出，博士论文是一个学术研究新起点，视野不仅要"站得高"，而且还要"看得远"。在充分考虑学科性质、我的学科出身和工作需要的基础上，再加上我前期对武陵山少数民族历史文化的调查与研究，姚老师就建议选择散杂居少数民族社会与文化变迁来做博士学位论文，于是我就以《从马背到牛背：散杂居蒙古族社会与文化变迁——以重庆彭水向家坝村为考察中心》作为论文选题，并于2014年6月通过答辩顺利毕业。作为攻读博士学位期间的最终学术答卷，我的博士学位论文也凝聚了姚老师的心血、希望和期待。在此，特向姚老师表达弟子发自内心的感谢！

在本书即将付梓之际，我要特别感谢一直以来教导和关心过我的老师们。特别是湖北民族学院本科阶段的老师们、广西民族大学硕士阶段的老师们和华中师范大学博士阶段的各位老师们，正是各位老师的鼓励、支持和辛勤付出，才使我能够不断去学习、探索和进步！各位老师的教诲和鼓励，是我一生的宝贵财富。借此机会，向老师们表示真诚感谢！

感谢长江师范学院党委书记彭寿清教授、副校长张明富教授等领导的关心与支持，感谢广西民族大学博士生导师、学报主编秦红增教授，三峡大学民族学院院长黄柏权教授、湖北民族学院法学院党委书记刘伦文教授、民族研究院院长谭志满教授、重庆邮电大学周兴茂教授等众多老师的教导。感谢长江师范学院关心、支持我的同事和各位朋友，正是你们的支持与帮助，才使我得以安心学习，按时完成学业。尤其是我的大学老师张芳德教授和师母宋发群老师待我如子，我一定会好好努力来汇报他们！

感谢在博士学位论文匿名评审和答辩过程中提出宝贵意见的各位评审专家和答辩委员会刘玉堂研究员、王玉德教授、蔡靖泉教授、刘固盛教授和张全明教授！

感谢一起求学的各位同学和朋友。三年来，任晓飞、杨洪林、王胜鹏、李亮宇、崔磊、罗秋雨、尹阳硕、敖以升、陈池华、卜祥伟、熊茂松、吴柱、由迅等同学给了我无私的支持、理解和帮助，我们因此也结下了深厚的友谊，这是我人生道路上不可多得的宝贵财富！感谢湖北民族学院陈沛照博士为英文摘要翻译所做出的贡献，感谢廖兴光、杨杰、谢冠军等同学的贡献！

另外，我还要感谢为本论文田野调查和研究提供无私帮助的各位朋友！在整个论文的田野调查与写作过程中，得到了重庆市彭水苗族土家族自治县民族宗教事务委员会办公室主任、民族研究所所长安仕均先生，重庆市彭水苗族土家族自治县原高谷镇武装部长、蒙古族张友安老先生，鹿鸣乡向家村村民委员会主任张权先生，成都铁路局重庆段张敬意先生，向家村谭树雄先生等社会人士的支持与帮助，也得到向家坝村蒙古族村民的热情帮助与款待！在此，向上述提供无私帮助的朋友表示感谢！

最后，还要感谢我的家人对我的信任、鼓励和支持。感谢年过花甲的父母仍对我谆谆教导，感谢岳父岳母无微不至的照顾，感谢哥哥嫂嫂的真挚关怀！尤其要感谢我爱人黄金博士给予的理解和支持，还要感谢女儿王梓棋给我求学路上带来的无限牵挂和无尽的快乐！特别是我的岳父岳母，不远千里从东北吉林来重庆替我照顾妻儿，解决了我求学路上的后顾之忧！我想，我一定用我的成长和努力来回报他们！

由于才疏学浅，本书还有很多缺陷甚至是错误，恳请各位多批评、指正！

王希辉

2015年于重庆涪陵